Kruis en munt

Lans Bovenberg & Paul van Geest

Kruis en munt

De raakvlakken van theologie en economie

KokBoekencentrum Uitgevers | Utrecht

Ontwerp omslag: Sander Patelski
Lay-out binnenwerk: Garage BNO

ISBN 978 90 435 3382 9
ISBN 978 90 435 3384 3 (e-book)
NUR 700
www.kokboekencentrum.nl

KokBoekencentrum Uitgevers vindt het belangrijk om op milieuvriendelijke en verantwoorde wijze met natuurlijke bronnen om te gaan. Bij de productie van het papieren boek van deze titel is daarom gebruikgemaakt van papier waarvan het zeker is dat de productie niet tot bosvernietiging heeft geleid

Inhoud

Inleiding

De geschiedenis leert dat economische voorspoed voor beleidsmakers en politici haast altijd de reden is economische systemen als op zichzelf staande krachten op te vatten. Dat is logisch en onbegrijpelijk tegelijk. Het is logisch omdat als een economisch systeem de grootst mogelijke welvaart voor het grootst mogelijk aantal mensen brengt, het haast onmogelijk is om ons te distantiëren van het 'liberale' idee dat de mensheid de markt toch vooral haar werk moet laten doen. Maar dit 'autonome marktdenken' is ook onbegrijpelijk omdat de markt haar werk pas kan doen bij de gratie van het feit dat mensen consumeren; steeds meer consumeren en hierin soms de vrijheid en autonomie verliezen die zij hopen te vinden. Niet alleen politici en beleidsmakers worden in tijden van voorspoed sterk gevormd door het 'autonome marktdenken'. Ook economen worden sterk beïnvloed door de tijdgeest en de visie op de markt die zich hierin ontwikkelt. De econoom en Nobelprijswinnaar Ronald Coase bracht impliciet vooral de onbegrijpelijkheid hiervan op noemer, toen hij schreef dat in de economische wetenschap de economische activiteit vaak beschreven wordt zonder institutionele context, consumenten zonder menselijk karakter, bedrijven zonder organisatiestructuur, en handel zonder marktordening.[1]

De onbegrijpelijkheid en betrekkelijkheid van het exclusieve geloof in het autonome marktdenken wordt in tijden van crises weer vaar-

1 R. Coase, 'The relevance of transaction costs in the economics analysis of law', in: F. Parisi en C. Kershaw Rowley (eds.), *The origins of law and economics: essays by the founding fathers* (Cheltenham, UK: Edward Elgar, 2005), 200: 'Exchange takes place without any specification of its institutional setting. We have consumers without humanity, firms without organization, and even exchange without markets'. Zie ook: R. Coase, *The Firm, the Market and the Law* (Chicago: University of Chicago, 1988), 5 en passim.

dig over de mensheid. Of dit nu een crisis zoals de Great Depression na de beurskrach op Wall Street Crash in oktober 1929 is, een crisis zoals de financiële crisis van 2008, of de recente coronacrisis: alle crises doen het bewustzijn ontwaken dat een al te groot geloof in het autonome marktdenken tekortschiet, alleen al omdat economie meer is dan markteconomie. Economie is een sociale praktijk, waarin mensen in beginsel niet alleen als consumerende maar vooral als relationele wezens moeten worden gezien. Dit inzicht is in de economie als wetenschapsdiscipline ontwikkeld. In de economische wetenschap beklijfde dientengevolge ook steeds meer de gedachte dat andere wetenschappen behulpzaam kunnen zijn bij het ontwikkelen van een visie op de economie als wetenschap en als praktijk. Natuurlijk wordt de mens hierin bezien als een wezen dat zich in economische activiteiten vervolmaakt en hierin tegelijk toegevoegde waarde levert aan de samenleving. Maar deze activiteiten zijn geen doel op zich. Ook al helpt de voor economisch denken noodzakelijke instrumentele rede ons om doelmatig, efficiënt en hopelijk duurzaam te werken: deze economische deugden dienen zelfs in een handelsrelatie vergezeld te zijn van andere deugden. Gedragseconoom Paul Zak schrijft dan ook dat iedere vorm van handel met eerlijkheid, betrouwbaarheid en inlevingsvermogen gepaard moet gaan om economische ontwikkelingen werkelijk kans van slagen te geven.[2] Anders gezegd: resoneren in het economisch verkeer andere deugden dan alleen die, die kenmerkend zijn voor de *homo economicus*, dan kan met een aan zekerheid grenzende waarschijnlijkheid gesteld worden dat het economisch verkeer bijdraagt aan een samenleving die gekenmerkt wordt door een cultuur van respect, vertrouwen, liefde en wederkerigheid. Nu bestaan er onbaatzuchtige liefde en possessieve liefde, waarbij in het laatste geval de 'liefde' van degene die hieraan lijdt voor de ander als enige doel de versterking van zijn eigen ego is. En, als in een continuum, bestaan er ook algemene wederkerigheid, tussen verwanten, vrienden, gewogen wederkerigheid waarin economische en materiële aspecten overheersen en die dus naar tijd, voorwerp, kwaliteit en kwantiteit voorwaardelijk kan zijn en negatieve we-

---

2 P. Zak, *Moral Markets. The Critical Role of Values in the Economy* (Princeton: Princeton University Press, 2008), passim.

derkerigheid, waarin mensen elkaar oplichten of uitbuiten.[3] In dit boek worden 'liefde' en 'wederkerigheid' consequent als positieve krachten opgevat.

Voordat de economische wetenschap zich in de achttiende eeuw tot een zelfstandige discipline ontwikkelde, werden vragen van economische aard behandeld in traktaten over God, de schepping, de mens en zijn val, de verlossing van de mens in Christus en het leven na de dood: in theologische traktaten dus. Vragen naar het menselijk gedrag, deugden en ondeugden in het sociale en economische verkeer, kwamen samen aan de orde in het bredere verband van religie en theologie. In het tweede hoofdstuk van dit boek zal in grote lijnen de wijze worden geschetst waarop in de filosofie van de antieke oudheid, het jodendom, het prille christendom en vooral in de werken van kerkvaders en scholastieke, reformatorische, contrareformatorische theologen economische vraagstukken aan de orde werden gesteld in verhandelingen over deugden en ondeugden, herstel van door fraude gebroken relaties en vergeving van zonden. Maar toen de economie zich verzelfstandigde als wetenschapsdiscipline, verdween God uit deze wetenschapsdiscipline. In het derde hoofdstuk worden enkele redenen op noemer gebracht waarom de ongewenstheid van een theologische inbreng bij wetenschappelijke reflecties over de economie begrijpelijk lijkt. Het verkeren onder theologen lijkt voor economen zelfs risico's in te houden.

Toch zochten economen toenadering tot de theologie en andere wetenschapsdisciplines, omdat hun eigen kanttekeningen bij de volmaaktheid van de rationele en immer consistente *homo economicus* als uitgangspunt voor hun modellen hen daartoe noopten. Deze toenaderingspogingen zullen in het vierde hoofdstuk summier worden weergegeven. Het blijkt nuttig te kunnen zijn, mogelijk zelfs noodzakelijk, de aloude banden tussen de economie en theologie als wetenschapsdisciplines weer aan te halen om het mensbeeld te verdiepen en te verrijken dat aan economisch onderzoek ten grondslag ligt, temeer omdat, zoals uit het vijfde tot en met achtste hoofdstuk blijkt, in de economie als wetenschapsdiscipline een stroming is ontstaan, de 'relationele economie', waarin

3 D. Pessers, *Liefde, solidariteit en recht. Een interdisciplinair onderzoek naar het wederkerigheidsbeginsel* (Amsterdam: Universiteit van Amsterdam, 1999), 79f.

de waarde van samenwerking, de wederkerigheid hierbij, het vertrouwen dat hiervoor nodig is en de waarden die hieraan inherent zijn, grote nadruk krijgen. Bovendien blijken economen heden ten dage te reflecteren op noties als 'gratuïteit', 'vertrouwen' en 'innerlijke drijfveren en intenties': noties die in de theologie al eeuwen worden overdacht. Zij lijken in te gaan op de suggestie die Daniel Kahneman in het slot van zijn boek *Thinking, Fast and Slow* deed. Hij stelde hier voor 'een rijkere taal' te ontwikkelen ten behoeve van de reflectie op economische processen. Hij achtte dit van belang voor het vaardig uitoefenen van constructieve kritiek: 'Net als in de geneeskunde is het vaststellen van beoordelingsfouten een diagnostische taak die een nauwkeurig vocabulaire vereist.'[4]

Behalve dat de twijfel aan een ontwikkeld mensbeeld de toenadering van economen en theologen tot elkaar rechtvaardigt, is er dus een tweede reden aan te wijzen voor hun dialoog. Op het niveau van de verklaring en het uitdiepen van begrippen die gangbaar zijn in hun wetenschapsdisciplines kunnen zij elkaar tot steun en inspiratie worden. Ter illustratie van het nut en de noodzaak van de uitwisseling van gedachten over de betekenis van cruciale termen, worden de werken van de economen Luigino Bruni, Bart Nooteboom en Samuel Bowles besproken. Zij vatten in hun recente werk respectievelijk de gratuïteit, het vertrouwen en de moraliteit in drijfveren als deugden op die essentieel zijn bij sociale en economische innovaties.

Maar drie economen kunnen de spreekwoordelijke uitzonderingen vormen op de regel dat theologie voor economen interessant is, omdat zij al eeuwen over de noties nadenken die zij voor het vak economie van belang vinden. Daarom worden in het negende hoofdstuk de in de economie cruciale noties *bounded morality, bounded rationality* en *bounded willpower* besproken. Dit zijn noties die in een nieuwe loot aan de stam van de economische wetenschap, de gedragseconomie, zeer dragend zijn. Bij de doordenking van deze noties kan de inbreng van theologen nuttig en noodzakelijk zijn; zeker als in een bepaalde vorm in de economie als wetenschapsdiscipline kanttekeningen worden geplaatst bij het model van de *homo economicus* en wordt overgegaan tot het ontwerp van, bijvoorbeeld, een economie waarin menselijke relaties belangrijker worden geacht dan economische transacties.

---

4 D. Kahneman, *Thinking, Fast and Slow* (London: Penguin Books, 2011), 8.

Dat in de wederzijdse verrijking van economie en theologie waardecreatie besloten ligt, en dat theologen en economen meer met elkaar gemeen hebben dan op het eerste gezicht lijkt, wordt ten slotte in de epiloog te berde gebracht.

Dankzij ruimhartige ondersteuning van de *Goldschmeding Foundation* en de *Templeton World Charity Foundation, Inc.* konden wij in het kader van onze respectievelijke leeropdrachten aan de *Erasmus School of Economics* en de *Erasmus School of Philosophy* ruimte geven aan vragen die op het grensvlak van theologie en economie leven. In het onlangs opgerichte *Erasmus Economics and Theology Institute* kunnen wij nu met andere theologen, filosofen, economen en bedrijfskundigen onderzoek doen naar noties uit de theologie die in de geschiedenis van de economie als praktijk of als wetenschap van invloed zijn geweest. Een voorbeeld van een dergelijke doorwerking is de metafoor van de onzichtbare hand die in een vrije markt tot een positieve uitkomst zou kunnen leiden. Wij mogen ook onderzoek doen naar noties die in de economie als praktijk en wetenschapsdiscipline aan de orde komen waarvan theologen vermoeden dat inzicht hierin verdiept kan worden met hun inbreng. Maar wij bezien ook hoe theologie en levensbeschouwing worden beïnvloed door economische en maatschappelijke ontwikkelingen. Economische systemen zoals feodalisme, communisme of kapitalisme weerspiegelen niet alleen de tijdgeest, maar hebben ook het theologisch spreken en denken over God medebepaald. In hoeverre zijn economische inzichten behulpzaam om taalgebruik in Bijbel en theologische traditie (patristische literatuur, middeleeuwen en protestantisme) te verdiepen en beter te begrijpen?
In onze oraties getiteld *Where is the love? Over waarde en waarden* en *In caritate radicati et fundati – In liefde geworteld en gegrondvest (Eph. 3:17). Over waarden en de onontbeerlijkheid van de theologie voor de economie*, beide gehouden op 1 november 2019 aan de Erasmus Universiteit Rotterdam, hebben wij de basis gelegd voor dit boek. Lans Bovenberg schreef het vierde tot en met het zevende hoofdstuk en Paul van Geest de inleiding, het eerste tot en met het derde, het achtste en het negende hoofdstuk. Samen schreven wij de epiloog. Het boek werd zeer zorgvuldig stilistisch gecorrigeerd door Marja van der Linden-Taal, aan wie wij dus grote dank verschuldigd

zijn. Zoals beide redes dit al waren, zo is ook dit boek een pleidooi voor een samenwerking tussen theologen en economen om het beeld van de mens als *homo economicus* beter te laten aansluiten op het weerbarstige en onvolmaakte verschijnsel dat de mens in werkelijkheid is. Weliswaar is niet de mens maar 'God' het onderzoekssubject van de theoloog. Maar wie de menselijke handel en wandel in het licht van de eeuwigheid duidt, is misschien wel beter in staat tendensen in het economisch verkeer op waarde te schatten. Niemand minder dan John Maynard Keynes gaf eigenlijk al een aanzet tot deze zienswijze toen hij in zijn *A Tract on Monetary Reform* (1923) schreef: 'In the long run, we are all dead'. Zeker: hij tekende deze gevleugelde woorden op om zijn vakgenoten erop te wijzen dat zij het langetermijnperspectief niet al te veel in ogenschouw moesten nemen. Ook de wereld waarin hij leefde veranderde immers snel. Maar, paradoxalerwijs, neemt dit niet weg dat hij hier evenzeer de betrekkelijkheid en vergankelijkheid van menselijke overwegingen en handelingen benadrukt: een van de weinige gedachten die in de bronnen van de theologie niet alleen steeds terugkeert maar ook op waarneming is gebaseerd.

1
Gods verschijnen en verdwijnen uit de economie

1.1 Ter inleiding

Een kopergravure van de eerste Leidse universiteitsbibliotheek aan de Faliede Begijnhof laat aan duidelijkheid niets te wensen over.[5] Theologen hebben aan de academie na de Verlichting een enorm marktaandeel verloren. De gravure van Willem van Swanenburg uit 1610 laat zien dat het boekenbestand voor de *literatores* twee kasten in beslag nam, dat van de *mathematici* één, de *historici* vier, de *medici* twee, de *philosophi* twee en de *iurisconsulti* vijf. De theologie nam letterlijk en figuurlijk de meeste ruimte in. Er blijken zes kasten gereserveerd voor boeken van en voor de *theologi*.[6] Alle wetenschapsdisciplines culmineerden in de theologie op basis van een aan de academie nu onvoorstelbaar uitgangspunt. Op gezag van de Schrift werd aangenomen dat God de oorsprong was van alles wat in tijd en ruimte gemeten en geverifieerd kon worden. De *manus domini*, de even sturende als onzichtbare hand van God, was hét onderwerp van reflectie. Bovendien leert deze gravure dat er voor 'de economie' geen plaats was ingeruimd. Deze wetenschapsdiscipli-

---

5 De auteur van dit hoofdstuk en van het vijfde tot en met negende hoofdstuk (Paul van Geest) dankt Roelien Bastiaanse, Ard Jan Biemond, Jaime de Bourbon de Parme, Lans Bovenberg, Harry Commandeur, Sylvester Eijffinger, Philip Hans Franses, Ingrid de Groen, Eric Holterhues, Eduard Kimman, Kees van der Kooi, Bert Jan Lietaert Peerbolte, Bas van Os, Wilma Paffen en Onno Ruding voor hun commentaar op eerdere versies van dit boek.

6 R.E.O. Ekkart, 'De Leidse Bibliotheek in 1610', in: *De Boekenwereld* 1 (1984-1985), 13-17.

ne was aan de Europese universiteiten nog niet zelfstandig.[7] Vóór Adam Smith (+1790), de grondlegger van de economie als wetenschapsdiscipline, waren het filosofen en theologen die nadachten over geld, eigendom, arbeid, handel, marktwerking of over het gedrag dat mensen ontwikkelen door en in het gebruik van al dan niet schaarse goederen en diensten. Pamflettisten als de mercantilisten creëerden een politieke filosofie, waarin, relatief onafhankelijk van de theologie, ook economische theorieën besloten lagen. De mercantilistische veronderstellingen dat de welvaart van een natie verband houdt met aanbod van kapitaal hierin en dat het volume van de internationale handel vaststaat waardoor winst van het ene land dus verlies van het andere inhield, zijn bepaald economisch van aard; evenals de hieruit voortvloeiende conclusie – vooral in Engeland en Frankrijk getrokken – dat export dus gestimuleerd en import gedemotiveerd moest worden door een protectionistisch ingestelde staat. In het kielzog van John Locke, oefende Smith in onder andere zijn *An Inquiry into the Nature and Causes of the Wealth of Nations* kritiek uit op het mercantilisme, omdat ook hij er van uitging dat de rijkdom van de wereld niet vastomlijnd was, maar door menselijke arbeid vermeerderd kon worden. Ook het Duitse cameralisme was een economische doctrine; zij was er vooral opgericht het bestuur van de staat zo in te richten dat zeventiende en achtiende eeuwse vorsten van de Duite koninkrijken een goedgevulde schatkist zouden krijgen. Niet zozeer de ontwikkeling van het handelsverkeer als wel de vervolmaking van de belastingleer was dus het doel, in de tijd dat aan de Duitse universiteiten, bijvoorbeeld in Halle in 1723, de eerste leerstoelen voor economie opgericht werden.

Hoe dit ook zij: vóór Adam Smith waren het dus en zoals gezegd filosofen en theologen die nadachten over geld, eigendom, arbeid, handel, marktwerking of over het gedrag dat mensen ontwikkelen door en in het gebruik van al dan niet schaarse goederen en diensten. Schumpeter stelde in zijn standaardwerk *History of Economic*

---

7 Cf. M.I. Finley, *The Ancient Economy* (London: Chatto & Windus, 1973), 17 en passim; H. Landreth, D. Colander, *History of Economic Thought* (Boston-Toronto: Houghton Mifflin Company, 2006. Vierde druk), 32-34. Zie ook: R.M. Cook, 'Speculations on the Origins of Coinage', in: *Historia: Zeitschrift für Alte Geschichte*, 7, nr. 3 (1958), 257-262.

Analysis zelfs vast dat Adam Smith in zijn *Wealth of Nations* geen enkel analytisch concept zou articuleren dat al niet door scholastieke auteurs in de eeuwen ervoor was verwoord.[8]

1.2 Klassieke filosofen over geld, goederen en het regelen van het huishouden

Zo sprak Plato in de vierde eeuw voor Christus in zijn *Wetten* over eigendom, fraude en over de noodzaak van een efficiënte arbeidsverdeling in een productieproces ten behoeve van de welvaart in een staat op een wijze die voor ons nog steeds herkenbaar is.[9] Zijn leerling Aristoteles schreef in zijn *Nicomachische Ethiek* over geld als ruil- en betaalmiddel, als rekeneenheid en als eenheid waarin de waarde van zaken en prestaties kon worden gemeten.[10]

Wel benadrukten deze klassieke filosofen dat handelsactiviteiten als zodanig soms als een noodzakelijk kwaad moesten worden op-

8 J. Schumpeter, *History of Economic Analysis* [edited from manuscript by Elizabeth Boody Schumpeter] (London-Boston-Sydney: Allen & Unwin 1986 (paperback edition)), 184. Dat Schumpeter dit ook met betrekking tot het werk van vroegchristelijke auteurs had kunnen opmerken, wordt aangetoond in J. Hengstmengel, 'The Paradox of Value in the Teaching of the Church Fathers', in: *European Journal of the History of Economic Thought*, ter perse. Hierin werden namelijk kanttekeningen geplaatst bij de aanname dat Adam Smith in *Wealth of Nations* I.iv.13 als de 'uitvinder' mag worden opgevat van de klassieke waardeparadox (noodzakelijke goederen als water zijn goedkoop en luxe zoals diamanten juist erg duur). Hoewel Smith hun werk niet had geraadpleegd, zijn er in het werk van deze vroegchristelijke auteurs tal van passages aanwijsbaar waarin deze paradox in soortgelijke bewoordingen als die van Smith is opgetekend.

9 Plato, *Wetten* XI, 913a-c; 914a-d, over eigendom; *Wetten* XI, 916d; 917a-d, over fraude; en *Wetten* XI, 918b-c, over de noodzaak van een efficiënte arbeidsverdeling in een productieproces ten behoeve van de welvaart in een staat.

10 É. Helmer, 'Platon et Aristote ou les pouvoirs politiques de la monnaie', in: *Revue du Mauss* 2015/2 (n° 46), 363-384.

gevat; inferieur ook aan landbouw en aan het veroveren van land en goed van vijanden. Vooral de detailhandel werd geassocieerd met fraude, bedrog en geldzucht. Mogelijk hield dit verband met het feit dat in zowel het denken van Plato als dat van Aristoteles bezit en materiële zaken niet als noodzakelijke voorwaarden werden gezien voor het verkrijgen van een gelukkig leven. De veranderlijkheid en vergankelijkheid die inherent was aan materie impliceerde voor Plato, zoals voor vele vroegchristelijke denkers die door zijn filosofie waren geïnspireerd, dat in de voornoemde voorwaarden het geluk juist níét besloten werd geacht. Dit neemt echter niet weg dat het verkrijgen van bezit en geld ook weer niet altijd als 'slechte' activiteiten werden opgevat. Mits niet in excessieve mate en als doel op zich vergaard, werden geld en bezit noodzakelijk geacht om een ordelijk en deugdzaam leven te leiden. Door middel van geld en goed kon men zich ook oefenen in deugden als matigheid en vrijgevigheid. Handel op macroniveau werd wel weer gewaardeerd, omdat hierdoor stadstaten konden worden voorzien van goederen die daar anders zouden blijven ontbreken.[11] Zowel op het niveau van het persoonlijk leven in het huishouden (*oĩkos*) als op dat van het leven in de stadstaat (*polis*) gold dat de voornoemde deugden samen met rechtvaardigheid en een goed inzicht, dan wel oordeelsvermogen, als onontbeerlijk werden beschouwd voor het verkrijgen van een gezonde 'economie'. Wie deze deugden immers gestalte gaf in het economische handelen droeg volgens de oude filosofen bij aan een samenleving waarin anderen tenminste geen schade werd toegebracht.

In deze tijd ook wijdde Xenophon – zoals Plato een leerling van Socrates – in zijn *Oikonomikos* enige gedachten aan het regelen (*nemein*) van het huishouden (*oĩkos*) en het hieraan inherente aansturen van samenwerkingsverbanden.[12] Tot dit huishouden werd het beheer van roerende en onroerende goederen in de 'extended family' gerekend, evenals de zorg voor kinderen en het aansturen van de slaven. Al dan niet met behulp van boekhouders of rentmeesters kweet de *pater familias* zich van de taak inkomsten te verwerven en relaties aan te knopen die in economisch opzicht relevant waren. Zo

11 D.A. Irwin, *Against the Tide: An Intellectual History of Free Trade* (Princeton NY: Princeton University Press, 1996), 11-15.

12 Xenophon, *Oeconomicus* 4.2-3; 6.5-10.

kon hij de continuïteit van zijn *oĩkos* borgen. Tot Xenophons werk is dus de visie te herleiden dat *oikonomiā* over het aansturen van samenwerking ging. Het behelsde eigenlijk 'samenwerkingskunde': een kunde die erop gericht was door bewust te kiezen en goed samen te werken meer welzijn te genereren voor een huishouden, een regio, provincie of een land. Overigens zou veel later, tijdens de opkomst van de natiestaten na de middeleeuwen, het idee van een staathuishouding (politieke economie) ontwikkeld worden. Hierbij hoorde de staathuishoudkunde (*political economy*).[13]

Vermeldenswaard is dat het stoïcijnse sleutelbegrip *oikeiōsis* eveneens te herleiden is tot *oĩkos*. *Oikeiōsis* behelst onder meer een bewustwordingsproces waarin mensen naarmate zij rationeler worden, meer en meer gaan beseffen dat zij een deel van de maatschappij en de kosmos zijn, waarvoor zij even goed moeten zorgen als voor zichzelf. Volgen zij dus hun natuur en is hun rede volledig ontwikkeld, dan ervaren ze dat ze sociale wezens zijn die hun leven zo moeten ordenen dat zij zich openen naar 'het geheel' dat hun bestaan overstijgt. Daarin ervaren ze de zin van het leven.[14]
Xenophons werk zou de opmaat vormen tot de ontwikkeling van een genre: *peri oikonomias*, 'over economie': een genre waarin systematisch werd nagedacht over de essentie van bezit en over het verkrijgen, behouden en het delen ervan. Behalve dat Xenophon aan deze materie drie traktaten wijdde, vervaardigden de pythagoreeërs Bryson en Callicratidas evenals de stoïcijn Hiërocles en de epicureeër Philodemus van Gadara verhandelingen hierover. Aan Aristoteles' leerling Theophrastus wordt ook een werk, *Oeconomica*, toegeschreven in dit genre, en uit het werk van Dio van Prusa zijn eveneens fragmenten over economische vraagstukken overgeleverd. Het meest invloedrijke werk in dit genre werd het eerste

---

13 Zie voor een overzicht van deze ontwikkeling: T. Hutchison, *Before Adam Smith: The Emergence of Political Economy*, 1662-1776. New York: Basil Blackwell, 1988.

14 Cf. M. Forschner, *Über das Glück des Menschen*. Darmstadt: Wissenschaftliche Buchgesellschaft, 1993; Chang-Uh Lee, *Oikeiosis. Stoische Ethik in naturphilosophischer Perspektive*. Freiburg-München: Herder, 2002.

boek van Aristoteles' *Politica*.[15]
Elk van deze auteurs legde een eigen accent in hun economische verhandelingen. Callicratidas schrijft vooral over de voorwaarden waardoor het voortbestaan van een huishouden gegarandeerd is; Aristoteles over als economisch te duiden relaties; Xenophon over de balans tussen inkomsten en uitgaven en over de hulp die armen geboden kan worden met overschot. Philodemus spreekt – evenals Aristoteles – over het uiteindelijke doel van de economie: het verkrijgen van zo veel mogelijk vrije tijd om hetzij een actief sociaal en politiek leven te ontplooien, hetzij een contemplatief leven te leiden waarin met vrienden doelmatig kon worden nagedacht over de zin van het leven en de essentie van geluk, waarheid, goedheid en schoonheid.[16] Deze vrije tijd (*otium*) werd wezenlijker geacht dan de werk- en handelstijd. *Ne-gotium* was eigenlijk niet veel meer dan een ontkenning van wezenlijker activiteiten.

1.3 Economische principes in het Oude en het Nieuwe Testament

In de boeken die cruciaal zijn in de joodse en christelijke traditie is minder systematisch geschreven over vraagstukken die vandaag de dag in economie als wetenschapsdiscipline worden behandeld. Dit neemt niet weg dat in zowel de boeken van het Oude als die van het Nieuwe Testament uitgangspunten en principes zijn verwoord die in de economie zeer bepalend werden. Zo wordt in Genesis 1 de oorspronkelijke situatie van de mens even na diens schepping bijvoorbeeld in termen van economische overvloed omschreven. De mens krijgt immers de beschikking over het zaaddragend gewas om in zijn voedsel te voorzien, maar ziet zich wel voor de taak gesteld om de vruchten van de natuur te bewerken (Gen. 1:29). Na de zondeval

---

15 J. Fitzgerald, 'Chapter 2: Early Greek economic thought', in: D.B. Hollander, Th.R. Blanton IV, J.T. Fitzgerald (eds.), *The Extramercantile Economies of Greek and Roman Cities. New Perspectives on the Economic History of Classical Antiquity* (London-New York: Routledge, 2019), 30-48 (*Routledge Monographs in Classical Studies*).

16 J. Hengstmengel, *De homo economicus. Een familiegeschiedenis* (Amsterdam: Boom Uitgevers, 2020), 34-39.

– een situatie die de mens zelf veroorzaakt door zijn neiging even almachtig als onkwetsbaar te willen zijn – wordt de situatie waarin de mensheid gaat verkeren aanmerkelijk minder paradijselijk. De mens wordt expliciet te kennen gegeven dat wat hij van de aardbodem te eten krijgt, niet dan door zwoegen wordt verkregen (Gen. 3:17): 'zweten zul je voor je brood' (Gen. 3:19). 'Armoede' als het ontbreken van consumptiegoederen wordt in het Oude Testament negatief gewaardeerd. Idealiter komt dit niet voor (Deut. 15:4) en de koning heeft de taak armen te helpen (Ps. 72:12-13). Ook het tiendenstelsel, waarbij een tiende over wijn, koren en vee werd geheven ten behoeve van levieten en armen, diende dus de armoedebestrijding (Lev. 27:30; Deut. 12:6; 14:22-29; 26:12). Toch worden vooral de gevolgen van het ontbreken van voedsel, kleding en behuizing als beklagenswaardig geduid; sociale verachting, isolement (Spr. 14:20; 19:7), de vrees om tot slaaf te worden gemaakt en om het verlies van kinderen hierbij (Am. 2:6) worden onder deze gevolgen gerekend. Materiële rijkdom wordt in het Oude Testament positiever gezien: de welvaart die zijn kudde Abraham bracht, wordt als zegen van God opgevat (Gen. 24:35). Zelfs de durf om te investeren en het genieten van rijkdom worden als positieve eigenschappen gewaardeerd. Aan de andere kant komt in het boek Prediker een geslaagd man aan het woord die de betrekkelijkheid van zijn rijkdom alsook van het aardse leven zeer pregnant aan de orde stelt (Pred. 1:1; 3:22; 5:17-18; 11:1-6 en passim). Hebzucht en de aantasting van privébezit worden in de Decaloog (Ex. 20:15; 20:17) veroordeeld.

Met betrekking tot armoede en rijkdom is er in de boeken van het Nieuwe Testament eenzelfde teneur waar te nemen. Armoede is ongewenst en om zijn volgelingen aan te sporen deze tegen te gaan, identificeert Jezus zich met degenen die in hun materiële nood bijgestaan dienen te worden: 'Ik had honger en jullie gaven mij te eten ... Ik was naakt, en jullie kleedden mij ... Alles wat jullie gedaan hebben voor een van de onaanzienlijksten van mijn broeders of zusters, dat hebben jullie voor mij gedaan' (Mat. 25:35-40). Ook wordt de durf om te woekeren met de talenten – een rekeneenheid en betaalmiddel – geprezen door Jezus (Mat. 25:14-30). Het verhaal van de bruiloft van Kana leert dat een hoge mate van welvaart en voorspoed allerminst wordt veroordeeld in het vroegchristelijke milieu waarin het evangelie van Matteüs ontstond. Desalniettemin

houdt Jezus, in het midden van zijn Bergrede, ook de betrekkelijkheid van vergankelijke rijkdom voor als hij erop wijst dat het leven méér is dan voedsel en kleding alleen en de mens zich de zorgeloosheid voor de dag van morgen moet toe-eigenen van de vogels: zij verzamelen immers niet in schuren (Mat. 6: 23-35; Luc. 12:22-34; cf. 1 Tim. 6:17-19). Zeker voor Paulus blijkt hebzucht de wortel van alle kwaad (1 Tim. 6:10; cf. 1 Kor. 5:11). Hij veroordeelt de aantasting van privébezit streng (Ef. 4:28).
Opvallend is ten slotte dat in de boeken van het Oude én het Nieuwe Testament enige normen worden gesteld die vanuit een vorm van kapitalisme te verklaren zijn en deze vorm ook richting geven. In de handel moet gebruik worden gemaakt van een juist afgestelde weegschaal en zuivere gewichten (Lev. 19:36; cf. Deut. 25:13-16; Spr. 20:10). Ook wordt erop gehamerd dat 'loon naar werken' gegeven moet worden (Lev. 19:13; 1 Kor. 3:8; 1 Tim. 5:18; 2 Tess. 3:10).[17]

Kortom: ook al werd er in de Bijbel niet systematisch geschreven over vraagstukken die vandaag de dag in de economie als wetenschapsdiscipline worden behandeld, toch worden er in Schriftpassages principes op noemer gebracht die in de economie als wetenschapsdiscipline uitvoerig zijn bestudeerd. Zo is het behoeftebeginsel weerspiegeld in de aansporing om de armen van de noodzakelijke levensbehoeften te voorzien en de arbeider direct uit te betalen. Het capaciteitsbeginsel van de econoom Amartya Sen resoneert in de vermaning armen niet alleen van leeftocht te voorzien en ze zo afhankelijk te houden, maar ze ook te ondersteunen in hun ontwikkeling, teneinde hen in staat te stellen zélf een vrij en waardig leven op te bouwen.[18]

---

17 Zie ook: J. Graafland, *Het oog van de naald. Over markt, geluk en solidariteit* (Kampen: Ten Have, 2007), 88-94; 206-214; 216-229; 313-314; 319.

18 Cf. L. Bruni, *The Economy of Salvation. Ethical and Anthropological Foundations of the Market Relations in de First Two Books of the Bible* (Heidelberg: Springer Verlag, 2019) (*Virtues and Economics* 4); S.A. Wagner-Tsukamoto, *Is God an Economist? An Institutional Economic Reconstruction of the Old Testament* (Basingstoke, UK-New York: Palgrave Macmillan, 2009).

Excurs: *Een proeve van een economische exegese*

Er is zelfs een tendens waarneembaar onder economen als Amartya Sen en Luigino Bruni om uit Schriftpassages *incentives* te destilleren voor een economisch verkeer waarin bepaalde waarden verdisconteerd zijn. De laatste ziet bijvoorbeeld in het verhaal over de barmhartige Samaritaan (Luc. 10:25-39) een *incentive* om de 'market theory as a morally neutral zone' te verrijken met een 'grammar of trust' voor 'economic and business relationships'. De contractuele afspraken die hierin immers gemaakt worden tussen de Samaritaan en de herbergier om de gewonde te verzorgen zijn op vertrouwen gebaseerd. De Samaritaan moet erop vertrouwen dat de herbergier het door hem betaalde geld daadwerkelijk gebruikt om de gewonde te verplegen; de herbergier moet erop vertrouwen dat het gegeven geld toereikend is voor de kosten die de verpleging met zich meebrengt. De herbergier kan ook opportunistisch handelen omdat er geen afspraken kunnen worden gemaakt waar de herbergier institutioneel aan gehouden kan worden.[19] Juist omdat er in de parabel geen blijk van gegeven wordt dat de afspraken zijn afgetimmerd in gedetailleerde contracten, wordt in de 'economische exegese' van de parabel geconcludeerd dat vertrouwen en generositeit belangrijke deugden van de markt zijn. Maar zinspelend op economische classificaties werd de barmhartige Samaritaan mede hierom al in 1975 als een pragmatische, niet strategische altruïst gekarakteriseerd, die wij 'modern men' niet meer herkennen.[20] Deze 'economische exegese' van het verhaal van de barmhartige Samaritaan vult de bestaande 'theologische' aan. Hierin wordt immers bij voorkeur benadrukt dat juist degene die in de sociaal-religieuze hiërarchie van weleer onder de hogergeplaatste tempelpriester en leviet staat, een hogere en meer waardevolle deugd betracht dan de priester en leviet. De barmhartigheid je-

19 L. Bruni, 'The Samaritan's trust game', in: *Journal of Economics, Theology and Religion* 1, no. 2 (ter perse). Cf. ook L. Bruni, R. Sugden, 'Fraternity: why the market need not to be a morally free zone', in: *Economics and Philosophy* 24 (2008), nr. 1, 35-64.

20 J. Buchanan, 'The Samaritan's dilemma', in: E.S. Phelps (ed.), *Altruism, Morality and Economic Theory* (New York: Russel Sage Foundation, 1975), 71-85, citaat 74.

gens de naaste wordt in dit verhaal immers hoger aangemerkt dan de deugd van het vervullen van de cultus- of tempelplicht, die de priester en leviet nastreven maar die hun ook verhindert een hoger goed in praktijk te brengen. Aldus wordt zowel de continuïteit als de discontinuïteit van Jezus met de joodse traditie geadstrueerd. Er is sprake van continuïteit omdat Jezus de bestaande rangen en standen op hun verantwoordelijkheid aanspreekt. Maar er is ook sprake van discontinuïteit omdat hij hun kerncompetentie relativeert en de laagste in klasse waardeert omdat deze het ethisch meest verantwoorde voorbeeld geeft, terwijl de andere zich keurig aan de cultuswetten houden. En er is sprake van discontinuïteit omdat hij in de waardering van de deugden een andere rangorde aanbrengt. Ziehier een eerste voorbeeld waaruit blijkt dat de dialoog tussen economen en theologen voor beiden verrijkend kan zijn.

1.4 Markt en moraal in de werken van kerkvaders

De eerste interpreten van de Schrift, de kerkvaders, concentreerden zich in de meer 'economische' passages in hun werk vooral op die perikopen uit het werk van het evangelie van Matteüs en Lucas waarin werd gewezen op de morele gevaren die de handelsactiviteiten in zich dragen.[21] Irenaeus van Lyon schroomt bijvoorbeeld niet de later ook veel geciteerde passage uit Lucas' evangelie over de 'Mammon van de ongerechtigheid' – de hang naar geld – (Luc. 16:9; cf. Mat. 6:24) als bron te gebruiken om het streven naar winst als abject te omschrijven, omdat hierin de hang naar geld wordt geïntensiveerd die een relatie met God in de weg staat.[22] Voor Tertullianus zijn handelsactiviteiten direct te herleiden tot de ondeugd van de hebzucht en daarom als afgoderij te karakteriseren.[23]

---

21 Zie bijvoorbeeld Leviticus 19:35-36; Deuteronomium 25:13-16; Ezechiël 45:9-12; Hosea 12:7-8; Amos 8:4-6; Micha 6:10-11; Spreuken 11:1; 11:26; 16:11; 20:10, 14, 23. Met dank aan Joost Hengstmengel.

22 Irenaeus, *Adversus Haereses*, 4.30.1.

23 Tertullianus, *De idolatria* 11.

Aristoteles kende geld als ruil- en betaalmiddel evenwel geen intrinsieke immoraliteit toe. Geld is voor goede mensen goed omdat zij er barmhartigheid mee kunnen betrachten en voor slechte mensen slecht omdat zij er hun hebzucht en daarmee hun isolement aanwakkeren.[24] Hij sluit ook niet uit dat handelaars, deugdzaam, de juiste prijs voor goederen betalen en verkopers erop wijzen als zij iets onbewust te goedkoop verkopen.[25] Winst om in het eigen levensonderhoud te voorzien acht hij ook honorabel.[26] Aan de andere kant onderkent hij ook dat handelaren vaak frauderen, meineed plegen en liegen over hun koopwaar.[27] Dat hij het verzieken van handelstransacties hoog opneemt, blijkt uit het feit dat hij niet schroomt te stellen dat wie fraudeert door God zal worden gestraft.[28] Stoïcijns benadrukt hij ook dat wanneer een mens zich verliest in *ne-gotium*, hij het gevaar loopt te zeer te gaan vertrouwen op het resultaat van het eigen werken en bij hem het besef teloorgaat dat er niet veel is dat men niet heeft ontvangen.[29] Het is in zijn idee onwenselijk dat de mens te meritocratisch denkt. Bovendien impliceert *ne-gotium* ook de ontkenning van de voor het menselijk welbevinden zo noodzakelijke stilte die gevonden wordt in een gebedshuis. Dit inzicht vormde, aldus Augustinus, voor Jezus aanleiding de handelaars uit het tempelcomplex te verdrijven.[30] Deze zogenaamde tempelreiniging, waaraan Augustinus refereert (cf. Mat. 21:12-17; Marc. 11:15-19; Luc. 19:45-48; Joh. 2:13-16), vormde voor hem een uitgangspunt bij het formuleren van kritiek op niet alleen handelaars maar ook op bisschoppen, priesters en diakens die zich schuldig maakten aan woekerhandel. Ook Hieronymus acht dit overigens onbestaanbaar.[31]

---

24 Augustinus, *Sermo* 50, passim.

25 Augustinus, *De Trinitate* 13.3.

26 Augustinus, *De opere monachorum*, passim.

27 Augustinus, *Sermo* 302.16: 'Oppressit me, cum essem negotiator. Tu ipsum negotium bene egisti? In ipso negotio fraudem non fecisti? In ipso negotio falsum non iurasti? Non dixisti?'

28 Augustinus, *Enarratio in Psalmum* 33 2.14: '... , non potest negotium esse sine fraude. Sed fraudem punit Deus. Time Deum'; *Enarratio in Psalmum* 70.1.17.

29 Augustinus, *Enarratio in Psalmum* 70.1.18.

30 Augustinus, *Enarratio in Psalmum* 70.1.15.

31 Augustinus, *Tractatus in Euangelium Johannis* 10.4.

De visie op buitenlandse handel bleek in het vroege christendom aan ontwikkeling onderhevig. Eerst stelde kerkvader en jurist Tertullianus dat de zee niet gemaakt was om winstbeluste handelaars naar partners te laten varen. Ambrosius voegde hieraan toe dat de zee was geschapen om de mensheid van vis te voorzien.[32] Maar in de vierde en vijfde eeuw werd door een aantal voornamelijk Griekse bisschoppen de handel overzee juist als een onderdeel van de door God gewilde orde opgevat omdat zij, in de geest van de Griekse retoricus Libanius van Antiochië, uit de buitenlandse handel wederzijdse afhankelijkheid en verbondenheid tussen volkeren zagen voortvloeien en deze handel het bovendien mogelijk maakte goederen te ruilen die anderen meer nodig hadden.[33] De overtuiging dat in het ontwerp van de wereld ook van Godswege internationale handel was voorzien als activiteit die mensen verbindt en een betere verdeling van geld en goederen bewerkstelligt, komt eveneens in vele vroegmoderne economische teksten voor.[34]

---

32 Tertullianus, *De patientia* 7.12; Ambrosius, *De Helia et Ieiunio* 19.70-71.

33 J. Hengstmengel, *De homo economicus. Een familiegeschiedenis* (Amsterdam: Boom Uitgevers, 2020), 70-74, waar bewijsplaatsen.

34 Zie voor een keur aan schriftuurlijke bewijsplaatsen bijvoorbeeld Tomáš Sedláček, *De economie van goed en kwaad. De zoektocht naar economische zingeving van Gilgamesj tot Wall Street* (Schiedam: Scriptum, 2015), 160-206; voor bewijsplaatsen uit patristische bronnen: J. Hengstmengel, 'Wealth-Poverty', in: D. Hunter, P. van Geest, B.J. Lietaert Peerbolte (eds.), *Brill Encyclopedia of Early Christianity* (Leiden: Brill) ter perse; S.R. Holman (ed.), *Wealth and Poverty in Early Church and Society* (Grand Rapids: Baker Academic, 2008), passim (*Holy Cross Studies in Patristic Theology and History*); J.L. Gonzalez, *Faith and Wealth. A History of Early Christian Ideas on the Origin, Significance, and Use of Money*. San Francisco: Harper & Row, 1990; zie ook: A. Schüle, '"Do not sell your soul for money"; economy and eschatology in biblical and intertestamental tradition', in: J. von Hagen, M. Welker (eds.), *Money as God? The Monetization of the Market and its Impact on Religion, Politics, Law, and Ethics* (Cambridge: Cambridge University Press, 2016), 365-378; E. Lupieri, 'Businessmen and merchants will not enter the places of my Father', in: *ibidem*, 379-413; J. Hengstmengel, 'Trade', in: D. Hunter, P. van Geest, B.J. Lietaert Peerbolte (eds.), *Brill Encyclopedia of Early Christianity* (Leiden: Brill), ter perse.

1.5 Economie als onderdeel van de theologie in de scholastiek

In het oude Europa ontstond vanaf de vroege middeleeuwen een agrarisch-feodale samenleving. Rond 1300 nog leefde in Vlaanderen bijvoorbeeld meer dan tachtig procent van de bevolking op het platteland. Horigen waren in het feodale tijdperk gebonden aan het land van de feodale heer, die zij in ruil voor zijn bescherming tijdens oorlogen betaalden met een deel van de oogst, met arbeid of met geld. Maar zij waren mobiel: zij konden verplaatst worden door de heer of trachten 'vrij' te worden en te vertrekken. Onder Karel de Grote en zijn zoon Lodewijk de Vrome verspreidde het op de Regel van Benedictus geënte kloosterleven zich snel over Europa. Omdat vorsten en landsheren al tijdens hun leven of ook bij testament doteerden met veel geld en (on)roerend goed – als sloten zij een verzekeringspolis voor de hemel af – groeide ook de feodale macht van de rijke abdijen. Maar ook de abdijen die in de hoge middeleeuwen als reactie op de decadentie in de kerk vanuit de armoedebewegingen ontstonden, zoals de cisterciënzers, werden machtig. In oude en nieuwe abdijen werden landbouwmethoden en irrigatietechnieken ontwikkeld en technische innovaties in de vorm van de molen, de karploeg en de smederij doorgevoerd.

Later vond in het oude Europa de transitie plaats van een agrarisch-feodale maatschappij naar een stedelijk-kapitalistische samenleving. De marskramer vestigde een kraam op de markt en vanaf dat moment werden het voedsel en de grondstoffen door de boeren geleverd en op de markt in de stad verhandeld. Het belang van de steden groeide door de toename van de welvaart en deze maakte het de burgerij mogelijk om in de stijl van de opkomende gotiek imposante stenen huizen rond de markt, een waag, vleeshallen en een Latijnse school in het centrum van de steden te construeren. In Noord- en Midden-Italië, waar niet alleen goederen- maar ook factormarkten het eerst tot bloei kwamen, zou de koopkracht van de bevolking al rond 1300 tussen de 1000 en 1500 dollar hebben gelegen. En in Holland, het noordwestelijke gedeelte van de Nederlanden, ontstonden bloeiende markten die eraan bijdroegen dat rond 1500 de groei van het bruto binnenlands product per hoofd tot 1500 dollar was gestegen.[35] De in het feodale tijdperk rijk geworden benedictijnse kloosters waren vaak financier van de gotische kathedraal. Dit nam niet weg dat de gotiek bij uitstek de uiting van de zelfbewustheid van de burgerij was, evenals van de nieuwe sociale, institutionele en economische ordening.[36] Hierin speelden de gilden een cruciale rol: als opleidingen tot een ambacht en als instantie die kwaliteit controleerde en sociale zekerheid bood.[37] De zich hierin organiserende stadsbewoners waren vrij, verrichtten geen diensten meer voor een heer, en de steden begonnen allengs ook het politieke, economische en religieuze gezag te herbergen. In West-Europa nam de wolhandel een hoge vlucht en werden kleding, hout en wapens de exportproducten naar Byzantium. De orden die in de veranderde samenleving inspeelden op de eveneens aan verandering onderhevige kerkelijke organisatie, zoals de franciscanen en de dominicanen, kwamen voort uit de Europese, middeleeuwse hervormings- en armoedebewegingen die de decadentie aan de kaak stelden, zoals deze zich manifesteerde in de kringen van de *have's*. Niet gebonden aan één klooster, zoals de monniken van de oude orden, vestigden zij zich in de steden en richtten er universiteiten op. Zo drukten in de hoge en late middeleeuwen niet alleen steden en gilden, maar ook de nieuwe kloosterorden een zware stempel op de economie, religie en cultuur.

Aan de universiteiten die door geestelijken, bijvoorbeeld door Robert de Sorbon in Parijs, waren opgericht, werd theologie tot de koningin en de moeder aller wetenschappen. Theologen wa-

35 B. van Bavel, *De onzichtbare hand. Hoe markteconomieën opkomen en neergaan* (Amsterdam: Prometheus, 2018), 145-183; 225- 248 [transl. from *The Invisible Hand? How Market Economies Have Emerged and Declined Since AD 1500*. Oxford: Oxford University Press, 2016]. De Nederlandse versie is een aangevulde versie.

36 Cf. F. Braudel, *Beschaving, economie en kapitalisme (15de-18de eeuw)*. Amsterdam: Contact, 1989. 2dln. [vert.]. Deel 1: *De structuur van het dagelijks bestaan*, 471-498; deel 2: *Het spel van de handel*, 19-211; A.E. Monroe, *Monetary Theory before Adam Smith* (Harvard: Harvard University Press; Reprint 2014), 14f (*Harvard Economic Studies* 25).

37 J. Lucassen, T. de Moor, J. Luiten van Zanten, 'The return of the guilds. Towards a global history of the guilds in pre-industrial times', in: *International Review of Social History* 53 (2008), 5-18.

ren destijds vooral bekend met het woord 'economie' omdat zij met Xenophons en Aristoteles' gebruik van het woord voor 'huishoudkunde' vertrouwd waren geraakt. Zij waren het, samen met de filosofen en juristen, die de ingrijpende gevolgen van de voornoemde overgang van een agrarisch-feodale naar een stedelijk-kapitalistische maatschappij voor de handel, de rente en marktmechanismen bespraken.[38] Maar zij besteedden er ook weer niet te veel aandacht aan. In hun handboeken ging het vooral om het wezen en de werkzaamheid van de drie-ene God. De economische thema's kwamen kort ter sprake in die delen van hun werk waarin de vergeving van de zonden aan de orde werd gesteld.[39] Aan de voornoemde universiteit van Parijs, centrum van de theologische studies in de middeleeuwen, werd aandacht besteed aan economische kwesties in filosofische en theologische commentaren bij de integrale vertalingen die in het Latijnse Westen inmiddels van Aristoteles' *ethica* en *politica* waren gemaakt. Vooral de commentaren van Albertus de Grote, Hendrik van Gent en Albertus' leerling Thomas van Aquino deden de economische principes, die door Aristoteles waren verwoord, ingang vinden in de scholastieke theologie.[40] Thomas geldt als de architect van de 'scholastieke economie'. In zijn *Summa theologiae* en *Summa contra gentiles* komen economische vraagstukken aan de orde als hij rechtvaardigheid verklaart in het kader van de natuurlijke orde die inherent is aan de schepping. Voor Thomas stond het algemeen welzijn (*bonum commune*) centraal omdat de mens in deze natuurlijke orde toch eerst en vooral als sociaal wezen is opgevat. Bij de handelwijze van degenen die zich te zeer richten op de verwerkelijking van hun persoonlijk, materiële goed plaatst hij dan ook fundamentele kanttekeningen en niet zelden hebben deze betrekking op wat wij nu onder economische handelwijzen zou-

38 Cf. O. Langholm, *Economics in the Medieval Schools: Wealth, Exchange, Value, Money and Usury according to the Paris Theological Tradition, 1200-1350* (Leiden: Brill, 1992), 8.

39 Cf. O. Langholm, *Economics in the Medieval Schools*, passim en O. Langholm, *The Legacy of Scholasticism in Economic Thought: Antecedents of Choice and Power*. Cambridge: Cambridge University Press, 1998.

40 Langholm, *The Legacy of Scholasticism*, 27, 198-274 (Thomas).

den verstaan.[41] Zo spoort Thomas zijn lezer bijvoorbeeld aan zich niet al te afhankelijk van handelaren op te stellen. Hij benadrukt ook dat het inherent is aan de menselijke natuur – en dus ook inherent aan de hierop afgestemde maatschappelijke orde – eigen bezit te verkrijgen en te koesteren. Een maatschappij raakt beter geordend als iedereen verantwoordelijk is voor het eigen bezit en tevreden is met het zijne.[42] Inzake transacties is Thomas ten slotte vooral gericht op de rechtvaardigheid ervan en veel minder op de gevolgen voor de (efficiency van de) marktwerking.[43] Met het heffen van rente op leningen heeft hij moeite, omdat in zijn idee mensen in dit geval/ hier geen geld vragen voor een dienst maar geld vragen voor iets dat niet meer van hen is.[44] Dit kwam hem op kritiek te staan. Als iedereen immers zou afzien van rente op leningen terwijl er wel risico op verlies van het geleende geld bestaat, zou niemand deze dienst aan de economie en maatschappij meer aanbieden. Een nuancering tussen rente en woeker bleef dan ook een desideratum.
In zijn *History of Economic Analysis* schrijft Schumpeter:

> 'St. Thomas ... was indeed interested in political sociology, but all the economic questions put together mattered less to him than did the smallest point of theological or philosophical doctrine, and it is only where economic phenomena raise questions of moral theology that he touches upon them at all.'[45]

Zo was het dus ook werkelijk. Daarom is het ook logisch dat op basis van Thomas' *Summa* nog steeds fundamentele kanttekeningen worden geplaatst bij de ethische tekortkomingen van het kapitalisme,

41 S. Thomae Aquinatis, *Opera omnia iussu impensaque Leonis XIII P. M. edita*. Deel 6-7: *Prima secundae Summae theologiae*. Roma: Ex Typographia Polyglotta S.C. de Propaganda Fide, 1891-1892, II-II, Q. 183, A2.

42 Thomas van Aquino, *Summa theologiae* II-II Q. 66, A1 (S Th II-II Q. 66, A2 (noodzakelijk voor menselijk leven)).

43 Thomas van Aquino, *Summa theologiae* II-II, Q. 77, A1-A2. Zie ook D. Koehn, B. Wilbratte, 'A Defense of a Thomistic Concept of the Just Price', in: *Business Ethics Quarterly* 22 (3), 501-526.

44 Thomas van Aquino, *Summa theologiae* II-II, Q. 78, A1; *Summa theologiae* II-II, Q. 78, A4.

45 J. Schumpeter, *History of Economic Analysis*, 90.

het nutsdenken en het rationele-keuzemodel. Vanuit Thomas' visie op het goede leven frustreert vooral dit laatste model het streven naar geluk, omdat er vele aspecten van het menselijk leven veronachtzaamd worden die eveneens relevant zijn.[46] Deze overtuiging zal in dit boek nog langs verschillende wegen onderbouwd worden.

Thomas was niet de enige die het economische verkeer uitdrukkelijk en slechts in het kader van deugden wilde duiden. De franciscaan Johannes Duns Scotus (1266-1308) stelde in zijn *Ordinatio* bijvoorbeeld dat vrijwillige transacties een element van naastenliefde bevatten omdat de natuurwet erin besloten is, die luidt: 'Behandel de ander zoals je zelf behandeld wilt worden.'[47] De dominicaan Giles van Lessines (1235-1304) en de franciscaan Richardus van Middleton (1249-1308) streefden er in deze periode van de scholastiek eveneens naar de rechtvaardigheid in het handelsverkeer te waarborgen.[48] Ook bisschop Nicolaas van Oresme en de priester Gabriel Biel wijdden traktaten aan het nut en de macht van geld en fraude die gepleegd kan worden met geld als betaalmiddel. Hierna zal hun werk nog aan de orde komen.

De variaties in het denken over welvaart, handel, geld en rente, zoals die in de verschillende scholen in de Parijse theologische tradities van franciscanen en dominicanen bestonden, zijn in hun samenhang beschreven door O. Langholm. Sommigen lieten zich drijven door idealisme, anderen door realisme in hun duiding van economische processen in het kader van de beschrijving van de op God gerichte samenleving.[49] Maar hoe geschakeerd de visie op de rente was die in de *Summa* van Willem van Auxerre of die van Alexander van Hales, in de *quodlibeta* van Bernard van Auvergne, de biechtboeken, het economi-

46 M. Hirschfeld, *Aquinas and the Market. Towards a Humane Economy* (Harvard: Harvard University Press, 2018), 34-65 en passim.

47 Johannes Duns Scotus, *Opus Oxoniense* IV.15.2.15 (vgl. Odonis, *De contractibus* 3; Johannes Nider, *De contractibus mercatorum* IV; Bernardinus van Siena, *Sermones* XXXV.1.2; Antoninus van Florence, *Summa theologiae* II.1.16.3).

48 Giles van Lessines, *De usuris in communi et de usuram contractibus* IX en III; Richardus van Middleton, *Commentum super quator Sententiarum* III.33.3.4.

49 Langholm, *The Legacy of Scholasticism*, 565.

sche werk van Lessines of in de commentaren op Thomas door Remigius van Florence of Joannes van Napels werd gegeven; hoe gelaagd het beeld ook was dat werd geschetst van de verhouding tussen het voor allen noodzakelijk geachte privébezit tot de cumulatie van rijkdom door enkelen: door allen werd bezit en een zekere welvaart als noodzakelijke materiële basis gezien om een goed en deugdzaam leven te kunnen leiden.[50] Bij allen ook was rechtvaardigheid het onontbeerlijk uitgangspunt en doel bij de productie, distributie en consumptie van goederen. Bovendien werden de reflecties op de economie altijd in verband gebracht met persoonlijke keuzes waarin de rechtvaardigheid als *conditio sine qua non* en welwillendheid jegens anderen als vanzelfsprekend werden verondersteld. Economie werd ook allerminst als een systeem van bovenpersoonlijke mechanismen gezien, waarin persoonlijke motieven als irrelevant werden opgevat.[51] Maar in de individualistische kijk op de economie was wel een aanname verdisconteerd dat de mens zichzelf vooral in het perspectief van een groter sociaal verband moest evalueren. Opvallend is ten slotte ook dat er soms een ambivalente houding jegens welvaart werd ontwikkeld. Uit armoedebewegingen voortgekomen die de excessieve welvaart in de kerk aan de kaak stelden, wezen de franciscanen op de gevaren van excessieve welvaart, omdat deze deugdbeoefening verhinderde. Maar tegelijk waren zij zich er ook zeer van bewust dat zij met hun keuze voor vrijwillig gekozen armoede de onvrijwillig arm geworden mensen brood uit de mond stootten en 'de economie' ontregelden.[52]

1.6 Markt, moraal en mensbeeld in Reformatie en Contrareformatie

Zelfs in tijden waarin andere faculteiten zich allengs een grotere plaats verwierven aan de Europese universiteiten, bleef de visie van theologen op economische aangelegenheden invloedrijk, ook omdat zij zich, zoals Johannes Calvijn, actief bezighielden met bijvoorbeeld

50 Langholm, *The Legacy of Scholasticism*, 572-573; 586-588, 591. Cf. ook J. T. Noonan, *The Scholastic Analysis of Usury* (Cambridge, Ma: Harvard University Press, 1957), 82-99 (rechtvaardige prijs), 249-268; 340-364 (rente).

51 Langholm, *The Legacy of Scholasticism*, 568-573; 595.

52 Langholm, *The Legacy of Scholasticism*, 567.

de inrichting van het openbaar bestuur en de publieke financiën.[53] Calvijn schroomde bijvoorbeeld niet om eigendom en in samenhang hiermee menselijke relaties uitdrukkelijk in het licht te zien van de soevereiniteit van God als eigenaar van de aarde en als heerser over alles wat daar leeft en beweegt.[54] Een mens kan in zijn idee dus nergens een absolute eigendomsaanspraak op doen gelden. Zo onderbouwde hij ook zijn overtuiging dat mensen niet voor zichzelf geboren worden, ook niet als economische wezens. In het verlengde hiervan zag hij rechtvaardigheid dan ook niet als een deugd die bij het afsluiten van contracten even in de herinnering moest worden geroepen.[55] De *habitus* – de innerlijke gesteldheid en levenshouding – van de contractanten moest hier te allen tijde door worden bepaald. De overtuiging dat God soeverein is en God de aarde toebehoort, helpt hen een contract af te sluiten waarin zeker niet alleen het eigenbelang prevaleert. Calvijn bracht deze *habitus* op noemer toen hij de rente-kwestie besprak. Hierbij brak hij met de lange kerkelijke traditie, waarin op grond van Exodus 22:25, Leviticus 25:35-38 en Deuteronomium 23:19-20 het verbod op rente was ontwikkeld en dat door Thomas van Aquino het meest compact en omvattend was verwoord. Calvijns distantiëring van de gebruikelijke visie op rente werd vooral ingegeven door zijn grote maatschappelijke en sociaaleconomische bewustzijn. In zijn tijd was er geen sprake meer van een gesloten economie, waarin, zoals in de agrarisch-feodale tijd, producten uitsluitend bestemd waren voor de lokale consumptie. Door de behoefte aan producten en goederen die niet in een bepaalde regio gekweekt of geproduceerd werden, ontstond in Calvijns tijd de noodzaak om in transport te investeren. Juist omdat Genève, waar Calvijn woonachtig was, zich ontwikkelde als kruispunt van transportroutes, werd hij zich er zeer van bewust dat de ontwikkeling van een gesloten naar een open economie andere vormen van finan-

53 Cf. C. van der Kooi, 'Protestant thinking on markets, morality and money: Calvin, Kuyper, and the Ecumenical Movement', ter perse.

54 Johannes Calvijn, *Responsio ad Sadoleti epistulam* (1539), in: *Ioannis Calvini Opera Selecta* (ed. P. Barth). Dl. I (München: Kaiser Verlag, 1926), 463.

55 G.H. Haas, *The Concept of Equity in Calvin's Ethics* (Waterloo, Ontario: Wilfrid Laurier UP, 1997), 2; A. Biéler, *Calvin's Economic and Social Thought* (Geneva: World Alliance of Reformed Churches, World Council of Churches, 2005), 139-179.

ciering vereiste. De behoefte aan banken en investeerders groeide.[56] Omdat hij het onrechtvaardig achtte de risicolopende geldschieter niet voor zijn risico te compenseren, nuanceerde hij zijn visie op rente.[57] Woeker bleef evenwel uit den boze.[58] Economische relaties waren voor Calvijn immers vóór alles sociale relaties waarin liefde en rechtvaardigheid bepalend moeten zijn. De staat moet hier in zijn idee zelfs de voorwaarden voor scheppen. Deze gedachte werd door latere reformatoren overgenomen.[59] Overigens hangt voor Calvijn een liefdevolle en rechtvaardige relatie samen met het menselijk vermogen zich open te stellen voor God als liefdevolle Vader in plaats van een wraakzuchtige God.[60]
Ten tijde van de Contrareformatie ontwikkelde zich het laatscholastieke thomisme. Kardinaal Thomas Cajetanus, de voornaamste theoloog in deze stroming, zag in zijn commentaar op Thomas van Aquino's *Summa* de vermeerdering van bezit als gunstig gevolg van iemands opklimmen op de sociale ladder. Hij veroordeelde noch de groei in aanzien noch de cumulatie van bezit zoals Thomas, die scherper dan zijn epigoon wees op de mogelijkheid dat door bezit de ondeugd van de hebzucht aangewakkerd zou kunnen worden. In een poging zakelijke leningen acceptabel te maken, maakte Cajetanus een onderscheid tussen deze vorm van lening en leningen aan consumenten. In tegenstelling tot Thomas en zoals Calvijn billijkte ook hij rente. In de eveneens thomistisch-scholastieke school van Salamanca werd door Domingo de Soto Cajetanus' billijking van renteheffing evenwel weer bekritiseerd op grond van een passage uit het evangelie van Lucas 6:35.[61] Hierin houdt Jezus volgens Lu-

---

56 Biéler, *Calvin's Economic and Social Thought*, 145.

57 Biéler, *Calvin's Economic and Social Thought*, 139-179.

58 Johannes Calvijn, Commentaries 3, 131. Cf. L. Schulze, *Calvin and "social ethics": his views on property, interest and usury*. Pretoria: Kital, 1985.

59 Cf. Biéler, *Calvin's Economic and Social Thought*, 421.

60 C. van der Kooi, *As in a Mirror. John Calvin and Karl Barth on Knowing God. A Dyptich* (Leiden-Boston: Brill, 2005), 136-138; J. Blosser, 'Christian Freedom in Political Economy. The Legacy of John Calvin in the thought of Adam Smith', in: P. Oslington (ed.), *Adam Smith as Theologian* (New York-London: Routledge, 2011), 46-60.

61 Zie voor de late Spaanse scholastieke theologen: M.N. Rothbarth, *Economic Thought before Adam Smith. An Austrian Perspective on the History of Economic Thought* (Auburn, Alabama: Ludwig von Mises Institute, z.j.), 99-133.

cas zijn leerlingen uitdrukkelijk voor dat zij hun vijanden moeten liefhebben, goed moeten doen en zelfs aan anderen iets moeten uitlenen zonder erop te rekenen dit terug te krijgen. Het gevolg van deze levensinstelling wordt in economische termen omschreven: 'Dan zal uw loon groot zijn'. Hoe dit ook zij: waarde herleidde Cajetanus ten slotte niet tot het bestaande vraag en aanbod, maar tot de verwachtingen op de markt. Zo werd een eminent godgeleerde de *founding father* van de economische *expectations theory*.[62]

Twee zaken vallen op als theologen in deze periode over de economie spreken. Ten eerste beschrijven zij ook in de tijd van de Reformatie en Contrareformatie economische ontwikkelingen niet, maar beoordelen zij primair de moraliteit van fasen of facetten hierin. Ten tweede en in het verlengde hiervan: theologische inzichten bepalen de visie op de economie. Dit is niet omgekeerd. Wij geven hier nog een enkel voorbeeld van.
Een laat lid van de school van Salamanca, Domingo de Banez (†1604), veronderstelde in de geest van de late Augustinus, dat mensen niets goeds konden doen of zelfs maar konden willen als niet eerst Gods genade vaardig over hen was geworden. De Leuvense hoogleraren Michael Baius (†1589) en Cornelius Jansenius (†1638) waren zijn overtuiging toegedaan en betoonden zich even somber over de situatie van de mens na de zondeval en over de noodzaak van Gods genade. De jezuiet Luis de Molina (†1600) was in zijn *Concordia liberi arbitrii cum gratiæ donis* (1588) evenwel optimistischer over de kracht van de vrije wil. Ook al werd hij gecensureerd door Bañez, hij putte moed uit het vroege werk van Augustinus waarin de kerkvader in het beginstadium van zijn denken over de vrije wil veronderstelde dat mensen zelf de kracht kunnen ontwikkelen om iets goeds te willen en dit vervolgens ook te doen. Zijn theologische uitgangspunten in ogenschouw nemend, behoeft het geen betoog dat Molina het vaststellen van wisselkoersen en staatsprijzen voor agrarische goederen door een regering niet goedkeurde. Hij wilde deze laten afhangen van de dynamiek van vraag en aanbod in de veronderstelling dat de mens met zijn vrije wil en gezonde verstand tot evenwichtige besluiten in dezen zou komen.[63] Weliswaar niet in

62 Hengstmengel, *De homo economicus. Een familiegeschiedenis*, 100-101.
63 Zie voor staatsprijscontrole: Hengstmengel, *De homo economicus. Een*

een uitdrukkelijke reactie op Molina, maar toch plaatsten de naar Jansenius genoemde jansenisten, zoals de augustijn Pierre Nicole (1695) en Jean Domat, kanttekeningen bij het optimisme van de Molina. Alle wandaden die in de katholieke traditie waren opgesomd en verband hielden met woeker en rente brachten zij weer in herinnering. Deze vormden voor hen de aanleiding om de eigenliefde als gif voor een samenleving maar paradoxalerwijs ook weer als remedie voor diezelfde samenleving op te vatten.[64] Zij waren ook de mening toegedaan dat de vaak als deugd van de naastenliefde vermomde eigenliefde door God toch gebruikt wordt om op samenlevingsniveau iets goeds en ordelijks te bewerkstelligen.[65] De stap naar het inzicht van Bernard Mandeville (1670-1733), dat ondeugd tot nut van het algemeen welzijn kan leiden, was niet groot.
Varianten op het denken van Nicole en Domat werden overigens geleverd door de priesters en economen Ferdinando Galiani (†1787) en Antonio Genovesi (†1767). In zijn vijfdelige *Della moneta* ('Over geld') stelde de eerste dat het aan Gods *suprema mano* ('opperste, soevereine hand') te danken is dat het egoïstische, nietsontziende en 'smerige' winstbejag van mensen er toch niet toe leidt dat er chaos ontstaat en marktevenwicht, rechtvaardige verhoudingen en geluk geborgd blijven.[66] Ook hij blijkt eerst en vooral geleid door de tijdsgeest die de theologie van zijn dagen kenmerkte. In de zestiende en zeventiende eeuw werd vooral Gods voorzienigheid omgevormd tot een meer abstracte en onpersoonlijke causaliteit, waardoor er vanzelf minder nadruk op de vrijheid van de mens was komen te liggen.[67]

---

familiegeschiedenis, 113-114.

64 D. Gilles, 'Le remède et le venin, « Vrai mal dont Dieu tire de bons effets » Prohibition de l'usure et valorisation de l'intérêt à Port-Royal', in: L. Brunori, S. Dauchy, O. Descamps, X. Prévost (eds.), *Le Droit face à l'économie sans travail*. Dl. 2: *L'approche internationale* (Paris: Classiques Garnier, 2020), 107-133 (*History of Law* 7).

65 Gilles, 'Le remède et le venin', 127.

66 Hengstmengel, *De homo economicus. Een familiegeschiedenis*, 123-127.

67 D. Fergusson, *The Providence of God: A Polyphonic Approach*. (Cambridge: Cambridge University Press, 2018), 110-133 (*Current Issues in Theology* 11); J. Hengstmengel, *Divine Providence in Early Modern Economic Thought*. London: Routledge, 2019.

Genovesi veronderstelde in zijn *Lezioni di commercio o sia d'economia civile* (1765) – het eerste werk over de Italiaanse nationale economie – dat de eigenliefde (*amor proprio*) toch samen moet gaan met de toe-eigening van de deugden die ten dienste staan van het algemeen welzijn. Het persoonlijk geluk hing in zijn idee immers fundamenteel samen met dat van anderen. Eigenliefde kan in zijn idee dus niet anders dan verbonden zijn met *l'amor della spezia*: liefde voor de soort, ook in het economisch verkeer. Ook al zag Genovesi in de geest van Nicole, Domat en later Mandeville dat een ondeugd als hebzucht kan leiden tot grote en goede zaken – de oprichting van een ziekenhuis bijvoorbeeld als daad van iemand die hierom eerst en vooral zélf bewonderd wil worden - toch legt hij een ander accent. De markt is voor hem een plaats waarin het eigenbelang dat hier aanvankelijk nagestreefd wordt uiteindelijk ook gepaard gaat met de ontwikkeling van een levenshouding waarin deugden als vertrouwen, hulpvaardigheid en vriendschap resoneren.[68]
Duidelijk mag zijn dat ook vooral Galiani zich als econoom-theoloog nog steeds liet leiden door *theologoumena* als Gods voorzienigheid, die, antropomorfistisch, wordt uitgedrukt in de woordgroep 'Gods hand'. Meer dan bij zijn voorgangers kwam zijn visie op de economie voort uit de theologie van zijn dagen. En wat bleef, was dat theologen niet nalieten te zoeken naar een intrinsiek verband tussen moraliteit en markt vanuit een overtuiging dat ieder mens geschapen was naar Gods beeld en gelijkenis (Gen. 1:26-28). Vanwege de hierdoor geborgde intrinsieke waardigheid van iedere mens diende het streven naar rechtvaardigheid en barmhartigheid in het economisch verkeer te prevaleren boven het nastreven van rijkdom uit pure en onstilbare hebzucht en ten koste van anderen. Dit immers zou afbreuk doen aan juist die intrinsieke waardigheid van ieder mens: de waarheid die mensen zonder uitzondering zijn aangeboren en ingeschapen en waarvoor zij geen enkele prestatie hoeven te verrichten of status te bereiken.

De tijd dat oude filosofen en theologen ondeugden zoals hebzucht en deugden zoals matigheid als ijkpunten te berde brachten om de moraliteit én het nut van bepaalde economische ontwikkelingen of

68 Cf. M.L. Perna, 'Genovesi Antonio', in: M. Caravale (ed.), *Dizionario biografico degli italiani* (Catanzaro, 2000). Vol. 53, 148-149.

handelingen te beoordelen is evenwel voorbij, evenals de tijd waarin alle wetenschapsdisciplines culmineerden in de theologie. God verdween – *etsi Deus non daretur* – ook steeds meer uit de wetenschapshypotheses en dus ook uit die van de economie.

Daarmee raakte de theologie steeds meer gemarginaliseerd aan de universiteiten in Europa. In het zevende hoofdstuk zullen we dieper ingaan op de redenen waarom dit geschiedde. Wie dus, bijvoorbeeld, nu in de catalogi van de universiteitsbibliotheek – thans *E-learning center* – van de Erasmus Universiteit Rotterdam op zoek gaat naar de afdeling 'theologie' vindt niets (meer).[69] En zo verdween God dus niet alleen uit de economie, maar ook uit de universiteitsbibliotheken.

Hier lijken ook andere goede redenen voor. We staan in het volgende hoofdstuk stil bij de redenen waarom de ongewenstheid van een theologische inbreng bij wetenschappelijke reflecties over de economie begrijpelijk lijkt. Het verkeren onder theologen lijkt voor economen zelfs risico's in te houden.

---

69 In 2015 is dankzij bemiddeling van drs. J. Jüngen, bibliothecaris van de Rotterdamse universiteitsbibliotheek, de theologische collectie van de EUR geschonken aan de Tilburg School of Theology van Tilburg University. Cf. J. Jüngen, 'UB wordt E-learning center: de eurolib-projecten van de UB-EUR', in: *Informatie professional* 7 (2003), nr. 10, 18-23.

2
De ongewenstheid van de theologie bij reflecties over de economie

2.1 Preambule: religie en economie of theologie en economie?

Als theologen ter sprake worden gebracht in verband met 'de economie', gebeurt dat meestal in studies waarin onderzocht is hoe religieuze en levensbeschouwelijke factoren van invloed zijn op individueel en collectief economisch gedrag.[70] Een van de meest spraakmakende werken in dit genre is het boek van de grondlegger van de moderne sociologie, Max Weber. Zijn *Die protestantische Ethik und der Geist des Kapitalismus* verscheen voor het eerst in 1905. Weber vond Luthers gedachte dat mensen niet alleen geroepen zijn afwachtend te bidden om genade maar ook een zekere waardigheid moeten bewerkstelligen door hun alledaagse arbeid zélf, heel bepalend voor het arbeidsethos van het latere 'protestantisme'.[71] In de naar hem genoemde Weber-these stelde hij dus niet dat het calvinisme aan de basis van het kapitalisme had gestaan.[72]

---

70 Voor een meer uitputtend overzicht van de studies naar de wisselwerking tussen economie en religie, naar economie op basis van religieuze inzichten, naar religie en economische ontwikkeling, economie als religie en naar de studie naar religie als economisch fenomeen, zie: P. van Geest, *Theology and Economics* (Leiden: Brill, 2021), ter perse.

71 M. Weber, *The Protestant Ethic and the Spirit of Capitalism* (London: Unwin University Books, 1930), 40-44 (Eerste Duitse versie *Die protestantische Ethik und der Geist des Kapitalismus* (*Archiv für Sozialwissenschaft und Sozialpolitik* 20 (1904) en 21 (1905).

72 Historici van de economie vonden Webers studie te ongedocumenteerd en haastten zich te vermelden dat het ontstaan van kapitalisme eeuwen voor de Reformatie plaatsvond. Cf. R. Stark, *The Victory of Rea-*

Dat zou ook een misvatting zijn geweest. In het vorige hoofdstuk hebben wij gezien dat de overgang van de agrarisch-feodale samenleving naar een stedelijk-kapitalistische al had plaatsgevonden voordat paus Leo X in 1521 Maarten Luther in de kerkelijke ban had gedaan. Onderzoek naar de cijfers van de economische groei in 272 steden in het Duitse gebied van het Heilige Roomse Rijk tussen de jaren 1300-1900 wees ook uit dat de Weber-these niet gehandhaafd kon blijven.[73] Bovendien werd ook recent vastgesteld dat bijvoorbeeld Lessius geen standpunt innam voor of tegen kapitalisme, maar dat zijn geschriften over wettelijke en morele problemen vooral bijgedragen hebben aan de juridische goedkeuring van een kapitalistische economie. Er is 'evidence for the thesis that the spirit of commercial capitalism may have been fostered by Catholic theologians rather than by Reformers'.[74] Maar Weber was er wel van overtuigd dat een meer moderne vorm van kapitalisme in een puriteinse vorm van calvinisme kon beklijven. Meer dan in eerdere vormen, was in deze vorm van kapitalisme het rationeel gebruik van kapitaal en andere productiefactoren verdisconteerd. Voor hem behelsde het nieuwe kapitalisme, dat door het calvinisme kon ontstaan, de rationalisering en institutionalisering van winst maken op basis van exacte calculaties en een meer inzichtelijke boekhouding dan voorheen.[75]

Het ontstaan van deze nieuwe vorm van kapitalisme herleidde Weber dus vooral tot het vermogen van mensen om even praktisch als rationeel gedrag te ontwikkelen. Dit gedrag zag hij vooral gevoed door het ascetische protestantisme, omdat de hierin nagestreefde

---

son: How Christianity Led to Freedom, Capitalism, and Western Succes (New York, 2005), xii. Weber was zich hier evenwel van bewust, zie Stark, *The Victory of Reason*, xxxiii.

73 D. Cantoni, 'The Economic Effects of the Protestant Reformation: Testing the Weber Hypothesis in the German Lands' [Job Market Paper] https://web.archive.org/web/20121119001845/http://www.people.fas.harvard.edu/~cantoni/cantoni_jmp_2_7_1.pdf

74 W. Decock, 'The Catholic Spirit of Capitalism? Contrasting Views on Profit-Making through Capital Investment in the Age of Reformations', in: W. Decock, J. Ballor, M. Germann, L. Waelkens (eds.), *Law and Religion: The Legal Teachings of the Protestant and Catholic Reformation* (Göttingen: Vandenhoeck und Ruprecht, 2014), 22-44, citaat 42.

75 Weber, *The Protestant Ethic*, xxxvi.

levensinstelling gekenmerkt zou zijn door werkkracht, het streven naar het nakomen van gemaakte afspraken en matigheid. Dit ascetisme borgde ook weer de continuïteit van een bedrijf.[76] De 'protestantse' matigheid en soberheid hadden, samen met de bereidheid van ondernemers en werknemers harder te werken dan strikt nodig was voor het levensonderhoud, tot gevolg dat er kon worden geherinvesteerd in dit bedrijf. Dit maakte een bedrijf tot een succes. Hoewel het in Webers idee bepaald puriteins was om niet te genieten van de weelde die vergaard was, werd succes in het protestantisme wel weer ervaren als een vorm van uitverkiezing.[77] Zo was het voor hem zeer aannemelijk dat het protestantse ascetisme de nieuwe economisch-kapitalistische orde had bepaald.

Nu werd er door R.H. Tawney in zijn *Religion and the Rise of Capitalism*, eveneens een klassieker op het gebied van de studie naar de invloed van religie op de sociale en economische praktijken, op gewezen dat zowel de kapitalistische geest als de protestante ethiek complexer waren dan Weber veronderstelde.[78] Nog veel later werd er door D. McCloskey opgemerkt dat de versie van het kapitalisme, die Weber had bestudeerd om zijn these te staven, helemaal niet zo representatief was voor het kapitalisme in de tijd die hij beschreef.[79] Hoe dan ook: zowel in het werk van Weber als in dat van zijn critici werd duidelijk dat zij maar één bepaald uitgangspunt en doel hadden: zij wilden allen het handelsverkeer herleiden tot religieuze of ethische drijfveren. De these van Max Weber over de wisselwerking tussen het puriteinse calvinisme en het moderne kapitalisme vormde wel de meest concrete uit werking van de overtuiging dat religie en economisch handelen nauw verbonden zijn.

In recenter tijd werd de verhouding tussen economie *casu quo* het kapitalisme en religie vanuit een ander gezichtspunt beschreven. Walter Benjamin suggereerde bijvoorbeeld dat het kapitalisme religie verving, omdat het dezelfde zorgen, angst en ongerustheid wegnam als religie in de periode voor de opkomst van dit economi-

---

76 Weber, *The Protestant Ethic*, xxxix.

77 Weber, *The Protestant Ethic*, 111.

78 R. Tawney, *Religion and the Rise of Capitalism. A Historical Study* (Peter Smith; Reprint Edition, 1962), 317.

79 D. McCloskey, *Bourgeois Equality: How Ideas, Not Capital or Institutions, Enriched the World* (Chicago: The University of Chicago Press, 2016), xiv.

sche systeem deed.[80] Niet de aflaat maar de verzekeringspolis vormde de opmaat tot innerlijke rust. Ook de Russische priester Pavel Florensky wees op de gelijkenissen religie en economie, waarbij hij wel de kanttekening plaatste dat economische taal niet geschikt was om God te omschrijven omdat hierin steeds het principe *return on investment* resoneert: een ongoddelijk principe.[81]

Zeer recent werd door Eugene McCarraher ten slotte op basis van ontwikkelingen in de geschiedenis van de Verenigde Staten het kapitalisme zelfs als pervertering van de religie opgevat. De mormoonse obsessie voor goud en het verbond dat puriteinen met theologen sloten om bijvoorbeeld de slavenhandel te legitimeren, leidde in zijn idee tot een mechanisme waarin het kapitalisme geld als godheid centraal stelde en religie geperverteerd werd. Andere waarden kwamen centraal te staan dan die in de van Godswege gewenste scheppingsorde. Juist omdat 'the American way of life' onhoudbaar is dient de mensheid in zijn idee terug te gaan naar een 'sacramental understanding of reality', waarmee zij vertrouwd was geraakt dankzij religie als vorm van zingeving die de mens doet uitstijgen boven het materiële.[82] Weliswaar verzuimt McCarraher de financiering van kerkelijke instellingen als abdijen, scholen, ziekenhuizen in Amerika – instanties waarin de sacramentaliteit van het leven in beginsel welzeker was verdisconteerd – te herleiden tot het kapitalisme. Die werkelijkheid paste niet in zijn model. Maar dit neemt niet weg dat hij de ontluistering die de wisselwerking tussen religie en kapitalisme in vele opzichten teweeg heeft gebracht heel treffend schetst.

Maar hoe vervlochten ook: religie en theologie zijn verschillende zaken. Zeer ruim opgevat zijn religies gebaseerd op openbaring en op bijzondere ervaringen van het transcendente door bepaalde bemiddelaars. Theologie is de wetenschapsdiscipline waarin

---

80 W. Benjamin, Fragment 74, 'Kapitalismus als Religion', in: W. Benjamin, *Gesammelte Schrifte*. Ed. R. Tiedemann, H. Schweppenhäuser (Frankfurt am Main: Suhrkamp Verlag, 1991), 100-103.

81 P. Florensky, *Early Christian Writings 1903-1909*. Transl. B. Jakim. Grand Rapids: Eerdmans, 2017.

82 E. McCarraher, *The Enchantments of Mammon. How Capitalism became the Religion of Modernity* (Cambridge, MA-London: The Belknap Press of Cambridge University, 2019), 6-13; 663- 679.

de geloofsinhoud die samenhangt met deze openbaring wordt bestudeerd. Dat theologen datgene bestuderen wat uit 'een openbaring' voortkomt lijkt hen alleen al ongeschikt te maken als gesprekspartner voor economen. In de volgende paragraaf gaan wij dan ook nader in op deze ongeschiktheid door de geschiedenis van de theologie als wetenschapsdiscipline, haar bronnen, haar wetenschappelijke uitgangspunten en haar epistemologie nader toe te lichten. Maar het zij hier al gezegd: dit deel in het boek vormt de opmaat tot de verheldering van de onontbeerlijkheid van de theologie voor de economie.

2.2 De loop van de geschiedenis als opmaat tot diskwalificatie van de theologie

Nu het verschil in de relatie van de economie tot respectievelijk religie en theologie is omschreven, wordt het tijd om nog wat dieper in te gaan op de redenen die, binnen de muren van de universiteiten, theologen mogelijk toch minder geschikt maken als structurele gesprekspartners voor economen. In deze paragraaf worden een aantal, voornamelijk historische, redenen aangedragen.[83]

Ten eerste werden in de vroegmoderne periode economische transacties en relaties niet langer meer, zoals in de scholastiek, van een waardeoordeel voorzien, waarin verdisconteerd was dat de mens zich *coram Deo*, voor het aanschijn Gods, te verantwoorden had. Al tijdens de Renaissance stelden humanisten als Pico della Mirandola (†1494) in hun synthese van de klassieke filosofen en de kerkvaders de mens centraal in hun beschrijving van de schepping en de wereld, en niet God als Schepper en ordenaar van alles en allen in ruimte en tijd. De menselijke vrijheid, diens rede en diens streven God, de wereld en zichzelf te kunnen vatten werden cruciaal. Della Mirandola opperde in zijn *Oratio de hominis dignitate* (Rede over de menselijke

83 Voor een meer uitputtend overzicht van de studies naar de wisselwerking tussen economie en theologie, de rol van de theologie in de economie, theologie en economische ontwikkeling, economische theologie en de gezamenlijke geschiedenis van theologie en economie en economie *in* de theologie, zie: P. van Geest, *Theology and Economics* (Leiden: Brill, 2021), ter perse.

waardigheid) dat de mens van Godswege bestemd was de vormgever en schepper van zijn eigen leven te zijn.[84] En hoewel hij de menselijke vrijheid geschonken zag door God en bestendigd zag in een leven volgens het evangelie, achtte Desiderius Erasmus (†1536) de bevrijding van religieuze autoriteiten inherent aan een christelijk humanisme, waarin de vrijheid en autonomie van het individu geborgd werden. Niet heel veel later stelde de jurist én theoloog Hugo Grotius (†1645) voor een maatschappijvisie en rechtssysteem te ontwerpen *etsi Deus non daretur*. Niet langer werd alles in wetenschap en wereld zo geduid alsof God hieraan ten grondslag lag en niet langer werden alles en allen herleid tot God als ultiem doel.
De perspectiefwisseling in het wetenschappelijke en maatschappelijke denken maakte dat de theologie vanaf de zestiende eeuw gemarginaliseerd werd en het beroep op een dogmatische traditie of openbaring als infantiel werd opgevat. God kwam steeds meer ter sprake in de vorm van het deïsme: Verlichtingsfilosofen als Locke (†1704), Hume (†1776), Newton (†1727), Voltaire (†1778) en Rousseau (†1778) veronderstelden een 'Opperwezen' dat het universum in gang had gezet, maar verder niet meer ingrijpt in het proces van de natuurwetten. God werd tot *Dieu horloger*, die zijn horloge, de Schepping, geheel zelfstandig liet lopen. En dus stelde Lockes landgenoot Isaac Newton (1642-1727), een gelovig christen, dat de wetmatigheden van de fysische werkelijkheid blootgelegd konden worden zonder dat religieuze premisses nodig waren: *etsi Deus non daretur* andermaal.
Het idee dat de mens de schepping kon doorgronden zonder christelijke dogma's was ronduit revolutionair.[85] En funest voor de theologie.

In de hierboven beschreven tijdsgewrichten werd in de economie de noodzaak van het inachtnemen van het collectief belang minder gevoeld dan in de periode van de scholastiek, waarin de gilden

84 Pico della Mirandola, *Rede over de menselijke waardigheid*. Vertaald en van aantekeningen voorzien door Michiel Op de Coul, met een inleiding en nawoord van Jan Papy (Groningen: Historische Uitgeverij, 2008), 48-51 (*Filosofie & Retorica* 2).

85 K. Schelkens, P. van Geest, J. van Gennip, *Het Katholicisme in Europa. Een geschiedenis* (Amsterdam: Boom, 2018), 269-270.

een goede levensstandaard voor haar leden trachten te borgen en sociale zekerheid verschaften. Zeker in de periode van het mercantilisme, dat in het begin van de zestiende eeuw opgang maakte, was er sprake van handelaars, die het eigen gewin meer centraal stelden dan het gemeenschappelijke belang van de samenleving waarvan zij deel uitmaakten. In het verlengde van het denken over de mens in de Renaissance, veronderstelden sommige mercantilisten zelfs dat de menselijke natuur bij alles wat mensen ondernamen bepaald werd door het streven naar eigenbelang; niet eens alleen bij economische transacties. Het economisch individualisme dat zich aandiende, werd als streven steeds positiever beoordeeld; ook, overigens, omdat het kon leiden tot economisch gewin voor een grotere groep mensen. Weliswaar werd het belang van de ander in het mercantilisme niet helemaal veronachtzaamd, feit is dat mercantilisten zeker in het licht van het scholastieke denken over economisch verkeer met welbehagen en goedkeuring de handelaar beschreven, die zich richtte op zijn individueel belang. Allengs bewoog het mercantilisme het economisch denken en handelen ontegenzeggelijk in een amorele richting. Deugdbeoefening en economisch handelen werden niet langer meer met elkaar in verband gebracht.[86] Daarmee werd de rol van normerende theologen marginaler.

De tweede, historische, reden waarom theologie zich manifesteerde als een discipline, die niet per definitie van toegevoegde waarde is voor economie als wetenschap, is in het vorige hoofdstuk al even aangestipt. Tot de cesuur die Johannes Calvijn aanbracht, weigerden de theologen over het algemeen rente als een moreel verantwoorde vergoeding te beschouwen voor een geldschieter. Bang als zij waren voor het gevaar dat rente tot woeker en vervolgens weer tot blinde hebzucht zou leiden, waren zij de mening toegedaan dat met geld geen geld gemaakt kon worden. Ook luiheid en vadsigheid konden immers het gevolg zijn van het verkrijgen van geld zonder dat daar arbeid voor geleverd werd.[87] Daarbij kwam ook nog

86 Hengstmengel, *De homo economicus. Een familiegeschiedenis*, 107-108, 116-118.

87 Cf. Noonan, *The Scholastic Analysis of Usury*, 82-99 ('just price') 249-268; 340-364 (rente).

dat theologen in vele traktaten, preken en *distinctiones* in *Summae* de als woeker voorgestelde rente als zonde tegen de (naasten-)liefde presenteerden, die de gemeenschapszin schaadde en daardoor een maatschappij in disbalans kon brengen. Door degenen die rente hieven als woekeraars te omschrijven gaven theologen er blijk van niet goed te hebben nagedacht over de onontbeerlijkheid van banken bij de internationalisering van handel en de overgang van een gesloten naar een open economie. De economische revolutie van de zestiende en zeventiende eeuw vroeg om een andere visie op geld en het moreel verantwoord inzetten daarvan dan de theologie destijds bood. Ook deze episode in de geschiedenis leert dat theologen mogelijk te diskwalificeren zijn als dialoogpartners voor economen, omdat in hun morele oordelen over bepaalde economische activiteiten te weinig rekening werd gehouden met de veranderingen in de markt. Het verleden lijkt geen aanleiding te geven voor economen om enthousiast de dialoog te zoeken.

Een volgende, ook historische, reden waarom theologen zich mogelijk geen waardevolle gesprekspartners voor economen betonen is gelegen in het feit dat er in het verleden bij theologische vraagstukken die grote economische relevantie hadden, moedwillig werd gezwegen of tegenstrijdigheden werden gedebiteerd. Deze onhebbelijkheden traden het meest manifest aan het licht in de periode waarin de slavernij immense vormen aannam.
In 1545 publiceerde de dominicaan Juan Ginés de Sepúlveda zijn *Democrates secundus, sive de iustis causis belli apud Indios*. Op grond van lezing van Aristoteles' *Politika* stelde hij vast dat er mensen waren met een 'serviele ziel'. Dit was een ziel, die hen ondergeschikt maakte aan degenen met een vrije ziel. Door de oorspronkelijke bewoners als serviele zielen te omschrijven en de Europeanen behept te zien met een superieure ziel, legitimeerde hij dat de 'sterke en volmaakte' Europese kolonisten in Centraal- en Zuid-Amerika vrij de oorspronkelijke 'zwakke en onvolmaakte' bewoners tot slaven maakten. Maatschappelijke en raciale ongelijkheid werd op grond van filosofisch-theologische gronden door Sepúlveda als natuurlijk fenomeen gebillijkt, zoals de Delftse rechtsgeleerde Hugo de Groot dit overigens precies zo deed in zijn *De iure belli ac pacis* (1625), toen de slavenhandel van de Vereenig-

de Oost-Indische Compagnie en de West-Indische Compagnie goed op gang was gekomen.[88]
Bartolomeo de las Casas, eveneens dominicaan, veegde samen met zijn medebroeder Francisco de Vitoria de vloer aan met de visie van Sepúlveda op de Indianen als *natura servi*: van nature slaven. 'Niemand is slaaf van nature' was zijn adagium; de Indianen waren tot de komst van de Spanjaarden ook altijd vrij geweest, hadden bezittingen gekoesterd en zij hadden zichzelf goed kunnen bedruipen. Tijdens het dispuut van Valladolid in 1550 bleven Sepúlveda en De las Casas lijnrecht tegenover elkaar staan. De laatste bleef benadrukken dat hij in de Schrift geen enkele bewijsplaats van Sepúlveda's aristoteliaanse mensbeeld kon vinden.[89]
Dat theologen over fundamentele noties in hun vakgebied – het mensbeeld in bovenstaand voorbeeld – al even fundamenteel van mening verschilden in het verleden, zou een reden kunnen zijn, hen in het heden binnen de muren van universiteiten niet als ideale gesprekspartner te bestempelen. Daarbij komt dat de meeste theologen van dienst zich naïef of afzijdig hielden in hun preken over het Rijk Gods toen de voornoemde verovering van Amerika de veroveraars welvaart bracht door de onderdrukking van de oorspronkelijke bewoners en tot slavernij van mensen uit Afrika.[90] Nu

88 M. Vink, 'Freedom and Slavery: The Dutch Republic, the VOC World, and the Debate over the 'World's Oldest Trade', in: *South African Historical Journal* 59 (2007), nr. 1, 19-46, inzonderheid 30-37.

89 Zie P. van Geest, 'Onenigheid en tweesporenbeleid. De visie op en omgang met slaven in de katholieke kerk tot de achttiende eeuw', in: *Nieuw Letterkundig Magazijn* 38 (december 2020), 6-11.

90 Cf. K. Gerbner, *Christian Slavery. Conversion and Race in the Protestant Atlantic World*. Philadelphia: University of Pennsylvania Press, 2019; J.F. Maxwell, *Slavery and the Catholic Church: The history of Catholic teaching concerning the moral legitimacy of the institution of slavery* (London: Barry Rose Publishers, 1975), 50-110. Cf. ook B. McLaren, *The Great Spiritual Migration: How the World's Largest Religion Is Seeking a Better Way to Be Christian*. z.p.: Convergent Books, 2016. De uitzondering was evenwel B. de las Casas, *Brevísima relación de la destrucción de las Indias* (Sevilla, 1552). Zie Schelkens, van Geest, van Gennip, *Het Katholicisme in Europa. Een geschiedenis*, 221-224. Zie voor getallen: Ph.H. Franses, W. van den Heuvel, 'Aggregate statistics on trafficker-destination relations in the Atlantic slave trade', in: *International Journal of Maritime History* 31 (2019), 624-633.

is dit laatste minder relevant als reden om al dan niet een academische interdisciplinaire samenwerking aan te gaan. En tegengeworpen kan worden dat paus Paulus III in *Sublimis deus* (1537) al stelde dat Indianen en Europeanen dezelfde redelijke ziel bezaten en slavernij van de eersten dus niet te rechtvaardigen was en dat veel later, in de pastorale constitutie van de concilievaders van Vaticanum II *Gaudium et Spes* (1965), een paar duizend theologisch geschoolden slavernij in één adem veroordeelden en gelijkstelden met verminking, deportaties, handel in vrouwen en kinderen.[91] Bovendien willen wezenlijke verschillen over cruciale noties in het verleden van een bepaald vakgebied niet zeggen dat de huidige beoefenaars hiervan ongeschikt moeten worden geacht voor een dialoog. Maar wat wel te denken geeft is dat bepaalde stromingen bij de ontwikkeling van cruciale noties in de theologie, zoals het mensbeeld, zich hierbij vooral laten bepalen door het heersende streven naar economisch gewin en niet door de woorden die in de Schrift zijn opgetekend over de mens en diens ziel.

Behalve dat zij in de geschiedenis dus aanleiding zagen om grote kanttekeningen te plaatsen bij de interdisciplinaire samenwerking tussen economen en theologen, geeft de opstelling van de laatsten in het heden deze samenwerking ook niet bepaald een stimulans. Ook nu nog werpen theologen zelf barrières op om een vruchtbare dialoog met economen aan te gaan.

Niet zelden benadrukken theologen voor een breed publiek nog steeds dat geld, naar het evangelie van Lucas 'mammon' genoemd, een verderfelijke kracht is. Economie en *finance* worden in dit verband niet zelden 'Mammon's modern aliases' genoemd. Deze is zo bepalend in de huidige maatschappij dat theologen niets anders te doen staat dan ernaar te streven Mammon van zijn troon te stoten en de waarden en voorkeuren van onze beschaving niet door diens kracht te laten besmeuren.[92] Nu kan literatuur die uitnodigt tot een

---

91 Zie *Gaudium et Spes* 27, in: *Vaticanum II. Conciliedocumenten.* Latijnse tekst en nieuwe Nederlandse vertaling (Antwerpen: Halewijn - Baarn: Adveniat, 2019), 647.

92 Cf. bijvoorbeeld het spiritueel-exegetische werkje van Justin Welby, *Dethroning Mammon. Making Money Serve Grace. The Archbishop of Canterbury's Lent Book 2017* (London-Oxford-New York-New Delhi-Sydney: Bloomsbury Publishing, 2017), 59-83; 131-158, inzonderheid 135.

grondige zelfevaluatie even confronterend als heilzaam zijn als wij in het dagelijks leven keuzes moeten maken. Maar voor de dialoog tussen de theologie en economie als wetenschapsdiscipline lijken zij een minder vruchtbaar uitgangspunt.

Daarbij komt dat als theologen op een meer academisch niveau de wetenschappelijke uitgangspunten van de economie als wetenschapsdiscipline overdenken, zij met enige regelmaat een tegenstelling opwerpen tussen economie en theologie, waardoor de economen al bij voorbaat in een patstelling terechtkomen.

In het verlengde van de in de vorige paragraaf besproken geleerden die economie als substitutie (Benjamin) of zelfs als pervertering (McCarraher) van religie zagen, uitten sommige theologen kritiek op de moderne economie. In hun idee boden economen een 'rivaliserende theologie' aan in hun pogingen antwoord te geven op vragen die buiten hun traditionele onderzoek naar de productie en consumptie van goederen lagen. Een aantal ethisch theologen in de Verenigde Staten schroomde niet de economie als wetenschapsdiscipline te verwijten uit te gaan van een visie op mens en wereld die haaks stond op het wereld- en mensbeeld zoals dit in het christendom was ontwikkeld. De 'economisch gelovende mens', zo werd geopperd, onderwerpt immers de natuurlijke leefomgeving aan marktkrachten door alles wat leeft en beweegt in flora en fauna als zaken op te vatten die geëxploiteerd, geconsumeerd en verhandeld kunnen worden. Hij is daardoor niet langer in staat zichzelf als deel van het geheel van de natuur en de schepping als een gave van God te ervaren: een manier van beleven die zij herleiden tot het christendom. De praktijken die de economisch denkende en gelovende mens ontwikkelden werden vanuit het christelijk perspectief dan ook als zondig en abject geduid. Theologen als John Milbank stelden onomwonden dat economie als wetenschapsdiscipline evenals andere sociale wetenschappen zich dienden te laten leiden door de theologie, 'the Queen of the Sciences'. Slechts dan zou de wereld al, zeer enigszins, kunnen gaan ervaren wat 'Gods verlossing' werkelijk inhoudt.[93] Maar juist omdat de economen zich in het geheel

93 Cf. D.S. Long, N. Ruth Fox, *Calculated Futures: Theology, Ethics, and Economics*. Waco: Baylor University Press, 2007; J. Milbank, *Theology and Social Theory: Beyond Secular Reason*. Malden-Oxford: Blackwell Publishing, 2006. Tweede editie.

niet herkenden in de beschrijving die de theologen van 'de markt' gaven, en marktmechanismen al heel snel in het procrustesbed van de eigen moraaltheologie werden geperst, misten de opmerkingen van de theologen ieder effect. Weliswaar beriepen economen zich in hun repliek al te gemakkelijk op de efficiency van de markt en toonden zij zich weinig bewust van het feit dat de dynamiek in markten bepaald wordt door menselijke drijfveren. Aan de andere kant: zolang theologen over 'de economie' spreken om economen te verwijten dat zij een beperkte visie op 'het goede leven' hadden en ethische tekortkomingen van het moderne kapitalisme aan de kaak stellen vanuit een gebrekkig begrip van de economie en zonder blijk te geven van een goed inzicht in de wijze waarop de markt individueel gedrag beïnvloedt, zal ook langs deze weg onbegrip blijven bestaan en een vruchtbare interdisciplinaire samenwerking uitblijven.

Toch zij hier alvast opgemerkt dat het noodzakelijke wederzijdse begrip als basis voor een interdisciplinaire samenleving wél gekweekt wordt door systematisch naar raakvlakken te zoeken in de economische en theologische visie op, bijvoorbeeld, schaarste, de natuur en de wisselwerking tussen deugdzaamheid en markt. Zeer recent stelde Spencer Banzhaf bijvoorbeeld dat als schaarste niet als gebrek wordt opgevat maar met de eindigheid van alles in de schepping in verband wordt gebracht, theologen economen behulpzaam zouden kunnen zijn bij het ontwikkelen van 'economics *of* the environment', in plaats van zich te verschansen achter de stelling dat 'economics *versus* the environment' het leidend principe bij economen is.[94] Nu stelde Aart de Zeeuw dat de meeste economen bij hun reflectie op de optimale allocatie van schaarse hulpbronnen en de groei van welvaart het moeilijk vinden in de uitgangspunten van hun vak die van de ecologie te integreren. Zij zijn zich er nog niet voldoende van bewust dat de welvaart, gezondheid en *well-being* van de volgende generaties veel meer verband zullen houden met de beschikbaarheid van natuurlijke hulpbronnen. Toen de milieukwesties zich aandienden in de zeventiger jaren van de vorige eeuw, werden die door economen ook niet in ogenschouw

94 S. Banzhaf, 'Economics and Theological Ethics: An Environmental Economist Replies to his Queen', in: *Journal of Economics, Theology and Religion (JETR)*, 1, no. 2, ter perse.

genomen.[95] Mogelijk dus toch iets te optimistisch, wijst Banzhaf erop dat in de *environmental economy* de mens zeker niet alleen als 'restless consumers' is opgevat , maar ook als onderdeel van de natuur die door de mens als niet te exploiteren gebruiksvoorwerp wordt gezien.[96] Tegenover de bedenking van sommige theologen dat de markt gegrondvest is in een 'ontology of violence' (J. Milbank) of nietsontziende machtsuitoefening veronderstelt 'rather than to be subservient to God', stelt Banzhaf dat Adam Smith zijn lezer al voorhield dat handelaars altijd het belang van de ander in ogenschouw moeten nemen en dat economen als McCloskey, Bruni en Sugden deugden als wijsheid, rechtvaardigheid, moed, zelf-

---

95 A. de Zeeuw, *Integrating Economics and the Environment. Valedictory Adress delivered by Aart de Zeeuw as Professor of Environmental Economics at Tilburg University on 22 september 2017* (Tilburg: Tilburg University, 2017), 8-21. Dat ontwikkelingen in de economie en ecologie nauw verbonden zijn en bovendien raken aan morele vraagstukken, maakte paus Franciscus overigens pregnant duidelijk in zijn sociale encycliek *Laudato Si'* (2015). Onomwonden stelde hij dat klimaatverandering, de schaarste aan drinkwater en de afnemende biodiversiteit vooral de armen het meest raakt en zullen blijven raken. Schaarste aan water betekent voor hen namelijk een lagere gewasopbrengst. Daarbij achtte de paus het ontoelaatbaar dat deze klimaatveranderingen ook nog eens veroorzaakt werden door de ongebreidelde behoefte van mensen in de rijke landen aan consumeren. Ecologie en sociale rechtvaardigheid hebben dus een directe band. Cf. *Laudato Si'* 24, 30, 49, 165, 169, 225. Cf. ook Franciscus, *Evangelii Gaudium* 71 en diens boodschap voor de Internationale Dag van de Vrede in 2015: *No longer slaves, but brothers and sisters*'. http://www.vatican.va/content/francesco/en/messages/peace/documents/papa-francesco_20141208_messaggio-xlviii-giornata-mondiale-pace-2015.html.

96 Zie voor de theologische kritiek: W. Cavanaugh, *Being Consumed: Economics and Christian Desire* (Grand Rapids: Eerdmans, 2008), 90; D. Bell, *The Economy of Desire: Christianity and Capitalism in a Postmodern World*. Ada, MI: Baker Academic, 2012; N. Wirzba, *The Paradise of God: Renewing Religion in an Ecological Age* (Oxford: Oxford University Press, 2003), viii-ix: 'The desperate, frantic, and anxious character of much of our lives, as well as the languishing of many of the earth's habitats, suggests that we have not yet learned what it is to be creation; A properly human life depends upon the acceptance of our own poverty, ... the acceptance of our being one part of an interdependent order'. Zie voor Banzhafs repliek, 'Economics and Theological Ethics', ter perse.

controle en vertrouwen in het economisch verkeer zien gedijen.[97] Milieueconoom Banzhaf speurde in zijn eigen vakgebied naar inzichten die door theologen waren veronachtzaamd maar die door hen wel verdiept zouden kunnen worden. Over de eindigheid van het leven, de natuur als geschenk, de mens als deel van de universele natuur die zij in acht moet nemen zoals hij anderen moet respecteren, hebben theologen immens veel geschreven. Maar het is dus wél een econoom die handreikingen biedt aan de theologen voor een uitwisseling van gedachten over raakvlakken tussen hun beider vakgebieden. Dat moet economen dan toch weer te denken geven.

2.3 De theologie en haar irrelevante bronnen

Er lijken ook nog andere redenen te bestaan om de theologie bij reflecties over economie op afstand te houden. Een daarvan houdt verband met de bronnen die theologen zelf vervaardigd hebben in de vorm van zelfstandige traktaten over een onderwerp dat de economie aangaat. Er zijn theologen geweest die – in de tijd dat de theologie bron en doel van alle wetenschappen was – zelfstandige traktaten hebben geschreven over thema's die nu aan de economische faculteit en niet aan de theologische zouden worden behandeld. Maar zij lijken geen bronnen meer te zijn voor reflecties over de economie als wetenschapsdiscipline. Nicolaas van Oresme – filosoof, wiskundige, natuurkundige, wegbereider van de heliocentrische theorie van Copernicus en Galilei en bisschop van Lisieux – schreef rond 1360 bijvoorbeeld *De Origine et Natura Iure et Mutacionibus Monetarum.*[98] De eerste hoogleraar in

97 J. Milbank, *Theology and Social Theory*, 278-326. Zie voor Banzhafs repliek, 'Economics and Theological Ethics', ter perse. Zie voor de positie van Bruni, Sugden en McCloskey p. 0000 van dit boek.

98 Nicolaas van Oresme, *De Origine et Natura Iure et Mutacionibus Monetarum (De Moneta of Nicholas Oresme and English Mint documents)*. Translated with introduction and notes by Ch. Johnson. London-Edinburgh-Paris-Melbourne-Toronto-New York: Thomas Nelson and Sons, 1956 (*Medieval texts*). Zie voor zijn persoonlijkheid: Ch. Johnson, 'Introduction', in: *De Moneta of Nicholas Oresme and English Mint documents*, ix-xii. Zie ook: A. Labellarte (ed.), *Nicola Oresme. Trattato sull'origine, la natura, il diritto e i cambiamenti del denaro*. Bari: Stilo Editrice, 2016.

de theologie aan de universiteit van Tübingen, Gabriel Biel wijdde in zijn *Collectorium circa quattuor libros Sententiarum* een *quaestio* aan economische aangelegenheden.[99] Deze werd in 1516 door de jurist Johannes Adler omgewerkt tot het zelfstandige *De potestate et utilitate monetarum.*[100] Globale lezing van deze traktaten leert al snel dat áls theologen zelfstandige verhandelingen over de economie schreven, deze als bron hooguit voor historici interessant lijken.

Zowel Biel als Oresme hernemen bijvoorbeeld Aristoteles' visie op geld als een nuttig en neutraal ruil- en betaalmiddel, dat de uitwisseling van goederen vergemakkelijkt.[101] Beiden stellen ook dat een

---

99 Gabrielis Biel, *Collectorium circa quattuor libros Sententiarum.* Auspiciis Hanns Rückert. Collaborantibus Martino Elze Volker Sievers et Renata Steiger. Ediderunt Wilfridus Werbeck et Udo Hofmann. Tübingen: J.C.B.Mohr (Paul Siebeck), 1973-1992. 4 dln. Dl. IV/2, *Libri quarti pars secunda (dist. 15-22)* (Tübingen: J.C.B. Mohr (Paul Siebeck), 1977), 175-189. In *distinctio* 15 van het vierde boek snijdt Biel in het kader van een verhandeling over boete en vergeving (sic) een aantal kwesties (*quaestiones*) aan die de economie betreffen. Hier komen aan de orde: de restitutie na roof en diefstal (*quaestio* 3), uitbuiting van eigen en vreemd personeel (*quaestio* 5), corruptie bij het verkrijgen van kerkelijke ambten en plichtsverwaarlozing (*quaestio* 8), valsemunterij (*quaestio* 9), bedrog bij transacties en arbeid (*quaestio* 10), rente en woeker (*quaestio* 11), bezit door verjaring (*quaestio* 14). Hoewel *quaestiones* 5, 8 en 10 voer voor economen bevatten, kiezen wij ervoor *quaestio* 9 van *distinctio* 15 over de valsemunterij aan de orde te stellen om de continuïteit van denken tussen Oresme en Biel hieromtrent aan te tonen; cf. ook: K. Menger, *Principles of Economics* (Auburn-Alabama: Ludwig von Mises Institute, 2007 [herdruk]). Vertaling van: *Grundsätze der Volkswirtschaftslehre* (Wien, 1871), 316-317. Cf. P. van Geest, J. Hengstmengel, 'Lost in republication. Gabriel Biel's "humanistic" Treatise of Money compared with its late-scholastic original', ter perse.

100 Het zelfstandige traktaat kreeg als titel mee: *Integerrimi profundissimique viri Magistri Gabrielis Biel ex Spira: Sacratissimarum litterarum licenciati: florentissimi gymnasij Tubingensis dum in humanis esset ordinarij lectoris resolutissimi Tractatus de potestate et utilitate monetarum* (Oppenheim: Köbel, 1516). Zie ook: H. Mäkeler, 'Nicolas Oresme und Gabriel Biel. Zur Geldtheorie im späten Mittelalter', in: *Scripta Mercaturae. Zeitschrift für Wirtschafts und Sozialgeschichte* 37 (2003), 56-94.

101 Nicolaas van Oresme, *De Origine et Natura Iure et Mutacionibus Monetarum*, 4-5; cf. 17; Gabriel Biel, *Collectorium IV, Quaestio* 9, *Notabile* 1. Ed. Rückert, IV/2, 176.

munt een zeker gewicht moet hebben, van edelmetaal moet zijn gemaakt, de kwantiteit en kwaliteit van dit metaal gegarandeerd moet zijn door het merk van het bevoegd gezag en het materiaal (*materia*), de vorm (*forma*), de waarde (*valor*) en de naam (*nomen*) van *moneta* gewijzigd mogen worden als bijvoorbeeld het oorspronkelijke materiaal schaars is. Oresme en Biel bespreken ook het muntrecht, het eigenaarschap van muntgeld – het behoort het volk toe –, de bevoegdheid van de vorst munten te slaan en zijn plicht hier geen misbruik van te maken.
Als Biel stelt dat de waarde van het geld moet overeenstemmen met de waarde van het ongeslagen metaal – waarbij de kosten voor de vervaardiging en het loon wel verdisconteerd moeten worden ('saltem deductis expensis et labore') – dan wordt eens te meer zonneklaar dat zijn visie op geld gedateerd is.[102] Deze was eigenlijk in zijn tijd ook al achterhaald omdat in het begin van de veertiende eeuw krediet en wissels al zeer veel gebruikt werden door Italiaanse bankiers en geld als betaalmiddel dus geen reële waarde meer vertegenwoordigde.
Men kan Oresme en Biel natuurlijk niet verwijten dat zij geen licht wierpen op kwesties als de voorspelbaarheid van de markt en marktwerking, de groter wordende afhankelijkheid van de economie van de financiële sector of de voor- en nadelen van het Angelsaksische en het Rijnlandse model. Deze kwesties hadden zich in hun tijd eenvoudig nog niet aangediend. Er was nog niet eens sprake van natiestaten waarin belang werd gehecht aan een ordelijke staatshuishouding. Maar het lijkt evident dat de weinige zelfstandige traktaten die theologen over economische kwesties schreven interessant maar niet relevant lijken, omdat er een beperkte visie op economie in doorklinkt: economie heeft alleen maar met de betrouwbaarheid van een munt en (de hoeveelheid) van het gemaakte metaal te maken.[103] Maar economie gaat over meer dan alleen geld of het welbegrepen eigenbelang van de vorst. Het gaat ook over samenwerken, vertrouwen en het dienen van wederzijdse belangen.

---

102 Gabriel Biel, *Collectorium* IV, *Quaestio* 9, *Notabile* 3. Ed. Rückert, IV/2, 177.

103 Cf. voor de beschrijving van de handel en het monetaire systeem in deze tijd overigens: F. Braudel, *Beschaving, economie en kapitalisme (15de-18de eeuw)*. Amsterdam: Contact, 1989. 2dln. [vert.]. Deel 1: *De structuur van het dagelijks bestaan*, 433-470; deel 2: *Het spel van de handel*, 376-406.

Dat de voornoemde theologen in hun werken over de handel en geld niet spreken, lijkt hun werk irrelevant te maken. De reflectie van theologen op de nieuwe marktsituatie zou in de eerste helft van de zestiende eeuw accurater zijn. Later zou Calvijn in zijn koopmansstad Genève bijvoorbeeld benadrukken dat geld vermeerderd mag worden door het doen van investeringen.[104] Maar het woord 'lijkt' als werkwoord in de zin over de irrelevantie van de middeleeuwse theologen-economen is bewust gekozen. In de bespreking van de *bounded morality* zal deze stelling in het tegendeel gaan verkeren. De waarde van de traktaten van Oresme en Biel zal tijdlozer blijken dan hier nu gesuggereerd.

2.4 De wetenschapstheoretische veronderstellingen van theologisch onderzoek

Een volgend en laatste bezwaar tegen een theologisch departement aan een economische faculteit heeft betrekking op de wetenschapstheoretische veronderstellingen van theologisch onderzoek. Volgens de Tilburgse econoom Eric van Damme zijn er drie vormen van economische wetenschap. Deze kan worden opgevat als de gesystematiseerde kennis over het handelen op markten – de eerste vorm –, of – de derde vorm – als een analysemethode of denktechniek, 'an engine for the discovery of concrete truth' (Keynes); 'a technique of thinking' (Marshall).[105] De tweede vorm wordt

104 Johannes Calvijn, *Harmonie van de laatste vier boeken van Mozes.* Derde deel. [*Commentarius in Mosis reliquos quator libros.* Pars I,II.] Uit het Latijn vertaald door J. van den Heuvel (Kampen: De Groot Goudriaan, 1989), 20-21. Calvijn richt zich daar expliciet tegen Aristoteles: 'Als iemand die goed in zijn geld zit, willende grond kopen, een deel van het bedrag van een ander leent, mag dan niet degene die het geld betaalt uit de opbrengst van het land enige vrucht ontvangen, totdat het kapitaal weer terugbetaald zal zijn? Dagelijks gebeuren er veel zaken van dit soort, waarin wat de redelijkheid betreft, rente op geen enkele manier verfoeilijker is dan koop. Ook houdt het spitsvondige argument van Aristoteles geen stand, namelijk dat rente tegen de natuur zou zijn, omdat geld onvruchtbaar is en geen geld voortbrengt' (20-21).

105 E. van Damme, 'Waarom doceren wij ouderwetse economie?', in: A. L. Bovenberg, P. Haan (eds.), *Preadviezen van de Koninklijke Vereniging voor*

het breedst gedragen en leent zich goed om het verschil in wetenschapstheoretische veronderstellingen van theologisch en economisch onderzoek te benadrukken. Hierin wordt de economie opgevat als (gedrags)wetenschap waarin het efficiënt, doelmatig ofwel 'economisch' handelen van mensen wordt onderzocht in situaties waarin goed met de schaarse middelen moet worden omgesprongen. In deze opvatting gaat economie over hoe er gehandeld wordt, niet over hoe mensen zouden moeten handelen.

De voornoemde publicatie van het *Essay on the Nature and Significance of Economic Science* van Lionel Robbins vormde een van de oorzaken, die leidde tot deze opvatting van de economie als wetenschap. Analytisch en modelmatig, zonder evenwel te beweren dat de werkelijkheid overeenstemde met zijn model, droeg Robbins bij aan de ontwikkeling van het model van de *homo economicus*, de afspraak, het model en vertrekpunt voor analyses, waarin de werkelijkheid van het verschijnsel mens versimpeld werd omwille van die analyse.[106] Zijn werk vormde de opmaat tot disputen. Decennia van wetenschapstheoretische discussies leidden ertoe dat door de meeste economen de scheiding tussen positieve en normatieve wetenschap werd aanvaard.[107] Gevolg hiervan was dat ethiek uit de economie werd gebannen.

Ook het positivisme van de wiskundige econoom Vilfredo Pareto

---

de Staathuishoudkunde 2016: Economieonderwijs (Amsterdam: Koninklijke Vereniging voor de Staatshuishoudkunde, 2016), 162-165; citaten: 164.

106 L. Robbins, *An essay on the nature and significance of economic science*. [second edition, revised and extended]. (London: Macmillan & Co, 1945), 172: 'And thus in the last analysis Economics does depend, if not for its existence, at least for its significance, on an ultimate valuation – the affirmation that rationality and ability to choose with knowledge is desirable. If irrationality, if the surrender to the blind force of external stimuli and uncoordinated impulse at every moment is a good to be preferred above all others, then it is true the raison d'être of Economics disappears'.

107 Weergegeven in Van Damme, 'Waarom doceren wij ouderwetse economie?', 162-167. Zie ook: V. Pareto, *Manual of Political Economy. A Critical and Variorum Edition*. Ed. A. Montesano, A. Zanni, L. Bruni, J.S. Chipman, M. McLure (Oxford: Oxford University Press, 2014 [1906-1909]), 9-20, 192-219, 232-272, inzonderheid (o.a.) 13-14, waar Pareto expliciet pleit voor het verbreken van de banden tussen wetenschap waarin getoetst wordt, en die waarin dat niet gebeurt.

droeg eraan bij dat banden met sociologie, recht en het hedonisme uit de psychologie werden verbroken.
Vooral Pareto luidde een cesuur in de economische wetenschap in. Volgens het Pareto-criterium is er sprake van verbetering van de welvaart als de toename van welvaart van de winnaars voldoende is om die van de verliezers te compenseren.[108] Het was een nobel principe: het ging er immers om te zorgen dat er niemand op achteruit gaat. Verdeling is essentieel bij dit criterium. De in dit criterium geïmpliceerde mathematisering van de allocatie van middelen – en dus van de economie als wetenschapsdiscipline – hield het verlaten van de intersubjectieve nutsvergelijking van Adam Smith in. Het fundament voor de ontwikkeling van het model van de *homo economicus* werd ook op deze wijze gelegd. Vooral het verlaten van Smith's voornoemde principe werd later door economen zelf betreurd, evenals de gevolgen van het verbreken van de banden met andere wetenschapsdisciplines. Hoe behulpzaam en verhelderend theoretische modellen ook waren bij het inzichtelijk krijgen van marktmechanismen: er werd nauwelijks meer rekening gehouden met externe effecten die de economie als deelaspect van de waargenomen werkelijkheid bepalen – dus niet als wetenschap. Dat is een nadeel dat in elke versimpelde versie van welke realiteit ook besloten ligt. Economen verloren het zicht op het psychologisch mechanisme dat als de een rijker wordt en de ander hierdoor niet armer, er bij de ander toch een gevoel van onbehagen groeit. Tot Pareto's invloed werd dan ook de verschuiving van een breed naar een eng welvaartsbegrip in de economische wetenschap herleid. Een keuze voor het Pareto-criterium als ijkpunt bracht met zich mee dat er, bijvoorbeeld, zoveel belang werd gehecht aan de aandeelhouderswaarde, dat het probleem van maatschappelijke ongelijkheid, uit het blikveld van de economen verdween. Daarom werd er gesproken over 'verenging'.[109] Sommige economen zagen in deze beweging naar abstractie zelf overigens al het verval van de economie.[110]

108 V.K. Mathur, 'How Well Do We Know Pareto Optimality?', in: *The Journal of Economic Education* 22 (1991), 172-178; W.B.T. Mock, 'Pareto Optimality', in: D.K. Chatterjee (ed.), *Encyclopedia of Global Justice* (Dordrecht: Springer, 2011), 808–809.
109 Cf. J. Schumpeter, *History of Economic Analysis*, passim.
110 S. Eijffinger, 'De val van de economie en de economie van het verval',

Hoe dan ook: de verzelfstandiging van de economie als wetenschapsdiscipline werd concreet in de theorieontwikkeling en -toetsing, waarin 'observeren, interpreteren, modelleren, analyseren, toetsen, concluderen en integreren uiteindelijk leidden tot wiskundige modellen die ten grondslag lagen aan een theorie, waarin de veronderstellingen gepreciseerd werden'.[111]

De theoretische modellen die op grond hiervan ontwikkeld werden leidden – in ogen van economen zelf – tot een concept van de *homo economicus* die, als beginpunt van een redenering, met zijn consistente preferenties vanuit eigenbelang doelgericht handelt in situaties van schaarste en een onbeperkt cognitief vermogen heeft. Hier werd de werkelijkheid van het verschijnsel mens dus in versimpeld. Dat een dergelijk mens niet bestaat is evident. Hoe dan ook:

> 'Economie werd abstracte, rationele keuzetheorie, de wetenschap van het maximaliseren onder randvoorwaarden.'[112]

Hoe dit ook zij: kernachtiger kan het verschil in wetenschapsnormering van de economie en theologie niet ingeleid worden. Het gapende onderscheid werd al voorbereid toen Plato in zijn *Politeia* (379a) de term 'theologie' muntte als zoektocht naar het ware, goede en onveranderlijke in de mythologische verhalen. Ook Aristoteles droeg eraan bij. Hij vatte 'theologie' op als hoogste van de theoretische wetenschappen omdat zij gericht was op het goddelijke als eerste en actuele principe en legde daarbij geen expliciet verband met zijn opvatting over geld als ruil- en betaalmiddel, als rekeneenheid en als eenheid waarin de waarde van zaken en prestaties kon worden gemeten.

---

in: *Nexus* 64 (1999), 41-48.

111 Van Damme, 'Waarom doceren wij ouderwetse economie?', 166. Cf. T. Sedláček, *Economics of Good and Evil. The Quest for Economic Meaning from Gilgamesh to Wall Street* (Oxford: Oxford University Press, 2011), 321, 344-345, die eveneens stelt dat in de neoklassieke opvatting van economie als wetenschapsdiscipline wiskunde onontbeerlijk is om de werkelijkheid te kunnen vatten, maar dat dit wel tot gevolg had dat de economische taal tot wiskundige taal werd.

112 E. van Damme, 'Waarom doceren wij ouderwetse economie?', 164.

De toekomstige incompatibiliteit van economie en theologie werd in de tijden dat de economische wetenschap nog niet bestond door de ontwikkelingen in de laatste onvermijdelijk. Ten eerste had de incompatibiliteit te maken met het onderzoeksobject van de theologie. 'God' kan volgens de latere economische wetenschapsnormering niet anders dan als een dubieuze categorie worden gezien omdat God als onderzoekssubject niet te observeren of te meten is zoals een empirisch verifieerbaar subject of object. In het christendom wordt beleden dat de Heer verrezen is.[113] Het is moeilijk een verrezen subject uitgangspunt te doen zijn voor theorieontwikkeling en -toetsing.
Bedenkingen met betrekking tot het onderzoeksobject zijn eigenlijk te herleiden tot de wetenschapsnormering die gestalte kreeg in de traditie van het logisch empirisme van de Wiener Kreis.

Ten eerste. Dankzij de positivistische vooronderstellingen die hun ontstaan danken aan Galileo Galilei (1564-1642), René Descartes (1596-1650) en later met name David Hume (1711-1777) gingen de geleerden van deze kring ervan uit dat een uitspraak pas zinvol was als deze middels zintuiglijke waarneming kon worden geverifieerd en aan de observatie van de mens objectieve conclusies konden worden ontleend omtrent diens wezen. Uitsluitend analytische en synthetische *a posteriori* proposities behelzen wetenschappelijke kennis. Omdat waardeoordelen subjectief zijn, mogen zij in de wetenschap – en dus ook niet in de economie als wetenschapsdiscipline – op geen enkele wijze toonaangevend zijn. In de neoklassieke opvatting van de economie als wetenschap werd het vak dus als een positieve, waardevrije wetenschap, beschouwd, niet behept met de

---

113 Cf. B. Casper, K. Hemmerle, P. Hünermann, *Theologie als Wissenschaft. Methodische Zugänge*. Freiburg im Breisgau: Herder, 1970; W. Pannenberg, *Wissenschaftstheorie und Theologie*. Frankfurt am Main: Suhrkamp, 1987 [herdruk]; J. Ratzinger, *Theologische Prinzipienlehre. Bausteine zur Fundamentaltheologie*. München: Wewel, 1982; W. Kern, H.J. Pottmeyer, M. Seckler (eds.), *Handbuch der Fundamentaltheologie*. Deel 4: *Traktat theologische Erkenntnislehre*. Tübingen: Francke, 2000. Zie voor de situatie van de theologie als wetenschapsdiscipline in Nederland: *Klaar om te wenden. De academische bestudering van religie in Nederland: een verkenning*. Amsterdam: KNAW, 2015.

neiging tot waardeoordelen.[114] Zo hoopte men subjectieve invloeden in de wetenschapsbeoefening te vermijden, hetgeen schier onmogelijk is omdat er altijd waardeoordelen en overtuigingen besloten liggen in de wijze waarop men bijvoorbeeld 'efficiency bij allocatie van schaarse middelen' omschrijft of in de wijze waarop men tot de keuze komt deze uitgangspunten onderzoekswaardig te achten. Er ligt een oordeel aan ten grondslag het criterium 'efficiency' te prefereren, bijvoorbeeld het criterium 'wat is goed voor een gemeenschap' (waarbij het ene criterium het andere ook weer niet uitsluit). Ook aan de keuze voor een deductieve methode, waarbij de conclusie noodzakelijk uit de aannames moet volgen, of inductie, waarbij observaties leiden tot generalisaties, hoeft niet objectief te zijn. Onder andere Karl Popper (1902-1994) stelde al vanuit diezelfde vooronderstellingen dat het door inductie eigenlijk niet mogelijk was tot zekere algemene conclusies te komen. Hij plaatste fundamentele kanttekeningen bij dit verificatiecriterium door te suggereren dat men nooit kan controleren of alle zwanen wit zijn. Bovendien werd onderkend dat aan iedere 'neutrale' observatie hypothesen ten grondslag liggen die zowel de observaties sturen als de conclusies inkleuren.[115] Toch bleven uitspraken over God opgevat als emotionele, religieuze en dus illusoire uitspraken, omdat begrippen als 'God' niet verifieerbaar zijn en dus geen cognitieve betekenis hebben. Theologie was ideologie.

Ten tweede zijn er wat betreft het *objectum materiale*, waarin dus onverifieerbare uitspraken over het onderzoeksobject waren opgenomen, bedenkingen te uiten vanuit de wetenschapsnormering van de economie. Beoefenaren van de christelijke theologie baseren hun reflecties over het verschijnsel mens of over de idealen van het Rijk Gods hier op aarde altijd – direct of indirect via het onderzoek naar het werk van een voorganger – op de Schrift. Ook al worden Bijbelboeken historisch-kritisch onderzocht, de Schrift wordt

114 M. Boumans, J. Davis, *Economic Methodology: Understanding Economics as a Science* (London: Palgrave Macmillan, 2010), 169.

115 Vgl. voor de ambiguïteit in *sense-datum theories*: W. Sellars, *Empiricism and the Philosophy of Mind* (London: Routledge & Kegan Paul, 1963), 127-196, inzonderheid 127-134; 149-161 (oorspronkelijk gehouden in 1956 als London Lecture of Philosophy).

als *norma normans non normata* omschreven: de normerende norm, die zelf niet genormeerd is. Dat het *objectum materiale* van de hele christelijke theologie als normatief wordt opgevat strookt niet met de opvatting van economie als wetenschap waarin uitsluitend gezocht wordt naar een antwoord op de vraag hoe mensen handelen en niet naar een antwoord op de vraag hoe mensen zouden moeten handelen.[116]

En ten derde is de ordening in de bronnen van kennis die de theologiebeoefening eeuwenlang heeft bepaald onaanvaardbaar voor economen. Een van de meest gezaghebbende werken over de hiërarchische ordening van de verschillende bronnen van kennis over God in de katholieke theologie is *De locis theologicis libri duodecim* (1563) van de dominicaan Melchior Cano. Hierin bezetten de boeken van de Heilige Schrift de meest gezagvolle plaats (*locus*) en, thans onvoorstelbaar, de niet-schriftelijke vindplaatsen als de rede, de filosofie en de geschiedenis de laatste. Door de onderwaardering van de rede was er geen grond om de historiciteit – het ontstaansmilieu, de stijl, de redactielagen – van perikopen ter dis-

---

116 Heden ten dage wordt in de christelijke theologie als wetenschapsdiscipline een aantal vakken onderscheiden. In de exegese, de Bijbelse theologie, patristiek, patrologie en historische theologie vormen de Schrift, de werken van kerkvaders en de theologen tot de Verlichting de bronnen van onderzoek. In de systematische theologie, de fundamentele theologie, dogmatiek en ethiek vindt – vaak op basis van diezelfde bronnen – een analyse plaats van de inhoud van het christelijk geloof en de levenshouding die hiermee in verband staat. Dan is er nog de praktische theologie als 'kritische handelingswetenschap', waarin de praktijk wordt onderzocht die zich in geloofsgemeenschappen ontvouwt. Liturgiewetenschap bevindt zich op de raakvlakken tussen de voornoemde disciplines, zoals ook de *theologia ascetica et mystica*, die nu 'spiritualiteit' wordt genoemd. In de 20e eeuw werd interculturele theologie toegevoegd als discipline, die de relatie tussen christelijke theologie en praktijk in de context van verschillende culturen, religies en samenlevingen onderzoekt en interculturele en interreligieuze co-existentie hoog op de onderzoeksagenda heeft. De scheidslijn met religiewetenschappen is flinterdun. Zie de literatuur in voetnoot 38 en A.J. Denaux, *De plaats van theologie in universiteit, kerk en samenleving. Afscheidsrede, uitgesproken door Adelbert Denaux, bij zijn afscheid als decaan van de Tilburg School of Catholic Theology, op 14 december 2012* (Tilburg: Tilburg University Press, 2012), 10-21.

cussie te stellen. Cano's ordening leidde ertoe dat verstand en gezag in de Nieuwe Tijd opgevat werden als onverenigbare tegenstellingen, al is zeker niet gezegd dat in de protestantse en katholieke theologie gezagsdragers in deze tijd hun verstand niet gebruikten. Reformatoren vonden een soort uitweg. Zij maakten de theologie na de Verlichting meer een *scientia practica*, waarin niet zozeer het christelijk geloof gedicteerd alswel de praktijk en het doel van de praktijk van geloven bereflecteerd werd (Johann Salomo Semler). En Schleiermacher vatte theologie op als een soort bedrijfskunde, bestuurskunde ten behoeve van de leiding in de kerk.

Maar zelfs deze pogingen nemen niet weg dat theologie vanwege het onderzoeksobject ('God'), het *objectum materiale* (de Schrift) en de rangschikking in de bronnen waaruit kennis wordt vergaard, ongeschikt lijkt te moeten worden verklaard voor interdisciplinair onderzoek met economen.

Het dient opgemerkt dat, zoals hierboven al even aangestipt in de summiere weergave van de inductieve en deductieve methode, onder economen zelf al wel enige kanttekeningen werden geplaatst bij keuzes voor één bepaalde onderzoeksmethode. De neoklassieke, deductieve benadering, waarin het model van de *homo economicus* het vertrekpunt vormde, was een poging om het domein van de economie op elk terrein van het leven toe te passen, waarbij, deductief, hypotheses worden opgesteld, waarin getracht werd de werkelijkheid op basis van vereenvoudigende aannames te bevatten, en te evalueren op grond van de testuitkomsten.[117] Maar andere economen stelden vast dat in de keuze voor een model als uitgangspunt om de werkelijkheid te verantwoorden, de veranderlijkheid en grilligheid van deze werkelijkheid onmogelijk recht gedaan werd.[118] Zij schreven daarom economische geschiedenissen, waarin, eerder inductief, de studie van economische bronnen leidde tot vergelijkingen tussen de geconstateerde feiten en uiteindelijk tot generalisaties en conclusies, waarin getracht werd de complexiteit van de werkelijkheid zo veel mogelijk recht te doen.[119]

---

117 J.J. Graafland, *Economics, Ethics and the Market. Introduction and Applications* (London-New York: Routledge, 2007), 134.

118 Graafland, *Economics, Ethics and the Market*, 143.

119 Th. Piketty, *Capital et idéologie.* Paris: Seuil, 2019. B. van Bavel, *The Invisible Hand? How Market economies have emerged and declined since AD*

En er werd eveneens opgemerkt dat in de moderne economie al te gemakkelijk verondersteld werd dat het 'feitelijke gedrag' van de mens gelijkgesteld werd gesteld aan 'rationeel gedrag', waarbij dit laatste begrepen werd als consistent en op de maximalisatie van eigenbelang gericht gedrag. Maar door de studie van de bronnen van de eigen wetenschapsdiscipline werd duidelijk dat Adam Smith niet uitsluitend de voorkeur had gegeven aan een mensbeeld waarin het streven naar eigenbelang de mens werkelijk tot mens maakt.[120] Wat verloren bleek te zijn gegaan in de moderne economische interpretaties van het werk van Smith was, dat hij ook 'mutual sympathy' en andere deugden, naast het nastreven van het eigenbelang dus, bevorderlijk vond voor een goede verdeling van arbeid en noodzakelijk achtte voor het welslagen van transacties.[121] Het was voornamelijk de econoom Amartya Sen die hier kanttekeningen bij plaatste. Hij stelde dat het belang van sympathie en ethische overwegingen voor een goed functionerende samenleving in moderne economische interpretaties van Smith's werk verwaarloosd werden.[122] Deze vaststelling vormde een prelude voor zijn pleidooi om naast een uitsluitend 'technische' benadering in de economie als wetenschap, die zich vooral bezighoudt met de logistieke vraagstukken, plaats in te ruimen voor een ethiek omdat in zijn idee het samengaan van een ethische en technische benadering het handelsverkeer efficiënter maakt. Verdisconteert men, naast het legitieme streven naar eigenbelang, de menselijke motivatie en de ethische beoordeling hiervan – het *agency*-aspect – dan draagt men bij aan de verbetering van de economische analyse, omdat men verdisconteert dat ethisch verantwoord gedrag impact heeft op ontwikkelingen in de economie en deze dus beter kan voorspellen.[123] In de 'klassiek

500. Oxford: Oxford University Press, 2016.

120 M. Blaug, 'The fundamental theorems of modern welfare economics, historically contemplated', in: *History of Political Economy* 39 (2007), nr. 2, 185-207.

121 Cf. K. Haakonssen, 'Introduction', in: Adam Smith, *The Theory of Moral Sentiments*. Ed. K. Haakonssen (Cambridge: Cambridge University Press, 2002), viii-xxxi.

122 A. Sen, *On ethics and economics (The Royer Lectures)*. (Oxford: Blackwell, 1987), 28.

123 Sen, *On ethics and economics*, 40-41.

economische' uitgangspunten wordt een persoon verondersteld het eigen welzijn te maximaliseren door de eigen voorkeuren te kunnen vervullen, ongeacht de voorkeuren van anderen.[124] Handelende personen maximaliseren dus uitsluitend hun eigenbelang.[125] Sen nu streeft naar de vervaardiging van economische modellen, waar in de keuzes die mensen maken om hun nut te maximaliseren ook hun empathie, sympathie voor andere actoren, hun belang of de onderlinge verbondenheid als criteria opgenomen worden om de efficiency van de economie beter te kunnen toetsen.[126] Dat gedrag en keuzes altijd worden getoetst aan één criterium, namelijk het rationeel egoïsme, acht Sen dus problematisch.[127]
Hoe dit ook zij: deze latere kanttekeningen van economen bij de uitgangspunten laten onverlet, en maken zelfs begrijpelijker dat Schumpeter, schatplichtig aan zijn uit de Wiener Kreis voortkomende leermeesters, in zijn al genoemde *History of Economic Analysis* aan 'de theologie' nauwelijks aandacht schenkt. In het deel waarin hij de interdisciplinaire samenwerking tussen economie en andere disciplines als filosofie, sociologie, logica, geesteswetenschappen en (sociale) psychologie, biologie te berde brengt ten behoeve het ontwikkelen van een goede methode voor de economie (logica, wiskunde) of van de analyse van sociale fenomenen als maatschappijen, groepen en leiderschap, schrijft hij slechts dat economische proposities niet beïnvloed mogen worden door theorema's van filosofie of persoonlijke religieuze overtuigingen.[128] Religie moet wel in de economische analyse betrokken worden omdat dit gedrag verklaart.[129] Over theologie rept Schumpeter echter niet of nauwelijks.

---

124 Cf. J. Reiss, *Philosophy of economics: A contemporary introduction* (London-New York: Routledge, 2013), 213-214.

125 A. Sen, *Development as freedom* (Oxford: Oxford Paperbacks, 2001), 118.

126 Sen, *On ethics and economics*, 14. Cf. G. Akerlof, 'Loyalty filters', in: *The American economic review* 73 (1983), nr. 1, 54-63.

127 A. Sen, 'Rational fools: A critique of the behavioral foundations of economic theory', in: *Philosophy & Public Affairs* (1977), 317-344.

128 Schumpeter, *History of Economic Analysis*, 25-38, inzonderheid 26, 30-31.

129 Schumpeter, *History of Economic Analysis*, 31, 780.

Toch kan het kwalitatieve onderzoek van theologen naar, bijvoorbeeld, de mensbeelden die in Schrift en traditie zijn ontwikkeld, een basis vormen voor een dialoog met economen. Wij willen dit duidelijk maken aan de hand van een weergave van de bedenkingen tegen de wetenschappelijkheid van theologisch onderzoek die door theologen in loop der tijd op vele wijzen gepareerd werden. Wij noemen er drie.

Er werd, ten eerste en enigszins in de geest van Schleiermacher, geopperd dat het onderzoek aan theologische faculteiten zich zou kunnen beperken tot onderzoek waarin, met behulp van methoden uit de sociale wetenschappen, theologische theorieën empirisch getoetst zouden kunnen worden om te bezien hoe deze zich verhouden tot de praktijk in het kerkelijk leven. Het doel daarvan was tot begrip van de praktijk van het geloof en de kerk te komen of, breder gesteld, van de praktijk in instituties van onze samenleving – school, zorginstellingen, bepaalde overheidsinstanties – waarin zingeving aan de orde wordt gesteld.

Een ander soort reactie kwam uit de kring van de exegeten en de systematisch theologen. Zij namen als uitgangspunt dat God wel voorwerp van het geleefde geloof is, maar niet van de theologie als reflectie op dat geloof. Theologisch onderzoek behelsde onderzoek naar de wijze waarop mensen over God gedacht en gesproken hebben. Vaak werden oplossingen in deze richting voorzien van de *disclaimer* dat het denken en vervolgens spreken over 'God' op geen enkele wijze recht doet aan dit Mysterie, temeer omdat Johannes de evangelist schreef dat niemand God ooit heeft gezien en in de algemeen als deuteropaulinisch opgevatte eerste brief aan Timoteüs God als ontoegankelijk licht omschreef.[130]

Uit de erkenning dat God niet in woorden en denken gevat kon worden – en het woord 'licht' dus eigenlijk al incorrecte, want aan zintuiglijke waarneming ontleende, associaties oplevert – vloeide weer een ander inzicht voort.

In weerwil van haar normativiteit gold dus ook voor de woorden van profeten, evangelisten en apostelen in de Schrift dat hierin Gods wezen en ondoorgrondelijke werkzaamheid niet adequaat tot uitdrukking werden gebracht. Hun spreken over Gods 'jaloezie', 'rechtvaardigheid' en 'barmhartigheid' doet deze meer onrecht

130 Soera 112; Exodus 3:13-14; 33:18-23; Johannes 1:18; 1 Timoteüs 6:16.

dan recht, zoals zij zichzelf ook bewust waren blijkens, bijvoorbeeld, Jesaja's woorden over de verborgenheid van God of Paulus' herinnering aan Gods onbekendheid.[131] De theologen die ontkenden dat denken en taal toereikend zijn – de 'negatieve theologen' – bevonden zich in alle eeuwen in goed gezelschap. Voor Augustinus was de mensheid op aarde als een kindje dat aan het begin van zijn ontwikkeling uitsluitend melk kan verdragen.[132] Door het menselijk spreken en denken over God als vloeibaar voedsel voor de allerkleinsten te kenschetsen en niet als vaste kost voor volwassenen, gaven beiden dus voortdurend de ontoereikendheid hiervan aan. Zo werd in de theologie getracht enerzijds God als Mysterie te waarborgen. Maar tegelijkertijd werd er toch gesproken over God om – anderzijds en in het bewustzijn dat God in een weliswaar al even ondoorgrondelijke openbaring subject van menselijke kennis is[133] – dit geheim niet zo geheim te laten blijven dat niemand meer wist dat er sprake was van een geheim.

Waarover men niet spreken kan, moet men vooral niet zwijgen. Over de gedachtegangen die in de negatieve theologie werden ontvouwd, komen wij nog te spreken in het deel van deze verhandelingen waarin de negatieve én affectieve theologie als opmaat tot een verdiept inzicht in *bounded rationality* worden voorgesteld.

In deze kanttekeningen bij de Schrift als *objectum materiale* voor het onderzoek over 'God' werd wel duidelijk dat theologische exercities met recht 'onderzoek' genoemd kunnen worden omdat zij beantwoorden aan de criteria die aan kwalitatief onderzoek worden gesteld. Hierbij wordt niet beoogd, zoals in kwantitatief onderzoek, om theorieën te testen, maar wordt getracht inzicht te verkrijgen in de betekenis die mensen geven aan al dan niet aan den lijve ondervonden gebeurtenissen.

En dat, ten derde en ten slotte, Melchior Cano's ordening van bronnen van kennis in *De locis theologicis* niet betekende dat de rede als kenvermogen onbenut bleef maar wel degelijk werd gebruikt voor

---

131 Jesaja 45:10; Handelingen 17:23.

132 1 Korintiërs 3:2; Augustinus, *Sermo* 117. Cf. P. van Geest, *The Incomprehensibility of God. Augustine as a Negative Theologian* (Leuven-Dudley: Peeters, 2010), ix-x, 175-190. (*Late Antique History and Religion* 4).

133 Zie voor dit element: C. van der Kooi, *As in a Mirror. John Calvin and Karl Barth on Knowing God*, 291-299, inzonderheid 293, 299.

het doen van, bijvoorbeeld, tekstkritisch onderzoek bewijst Erasmus; overigens al vóórdat Cano gezaghebbend werd. Zijn weerzin tegen de 'summaatjes' van de scholastieke theologen – hij zag ze als tekenen van verval – vormde de basis voor zijn kritische edities van het Nieuwe Testament en van werken van kerkvaders als Hieronymus en Augustinus; een onderzoeksresultaat waarmee Erasmus paradoxalerwijs Cano's ordening een dienst bewees omdat de Schrift zoals gezegd de hoogste bron voor godskennis was. Hij wilde de kerkvaders niet opvatten als gezaghebbende instanties *(auctoritates)* die materiaal verschaften om een eigen theologisch bouwwerk op te trekken.[134] Hij beleefde hen als bronnen (*fontes*) waaruit de lezer zelf moest drinken ten behoeve van de maatschappelijke, kerkelijke en persoonlijke hervorming, die hem voor ogen stond.[135]

De dialectiek tussen de scholastieke en tekstkritische benadering van teksten is in de theologie overigens een constante. De neoscholastieke bouwwerken werden in de vijftiger jaren van de vorige eeuw ernstig gerelativeerd door voormannen van de *Nouvelle Théologie* als Henri de Lubac SJ en Yves Congar OP, die de vroegchristelijke bronnen weer integraal wilden lezen en met inachtneming van de intentie van de auteur. Zo ontdekten zij, bijvoorbeeld, dat de formulering van dogma's door culturele en historische omstandigheden was bepaald en waarheden in verschillende tijden en omstandigheden dus in andere termen werden uitgedrukt.[136] Daar waren neoscholastieke theologen nog niet op gekomen. Juist rond deze tijd ontpopte de theologie zich dan ook als interdisciplinair vak. Exegeten – theologen die vertrouwd waren met filolo-

---

134 Erasmus, *Hieronymi Vita in S. Hieronymi Stridonensis Opera Omnia* (Frankfurt am Main-Leipzig, 1684), vol. 1, fol. BB 5r. Cf. *Collected Works of Erasmus* (Toronto: University of Toronto Press, 1991), vol. 61, *Patristic Scholarship. The edition of St. Jerome*. Ed. J.F. Brady – J.C. Olin (Toronto: University of Toronto Press, 1992), vol. 1, 196.

135 Cf. Erasmus, *Exhortation à la lecture de l'Évangile*. Ed. A. Vanautgaerden. 2 dln. (Turnhout: Brepols, 2005). Dl. 1: *Le texte Latin*. Edition, annotation et introduction J.-F. Cottier. Traduction J.-F. Cottier - A. Vanautgaerden (Turnhout: Brepols, 2005), 104-108.

136 Cf. H. de Lubac, *Augustinisme et Théologie moderne* (Paris: Cerf, 1965), passim (*Théologie. Études publiées sous la direction de la faculté de théologie S.J. de Lyon-Fourvière* 63).

gische methoden – stelden de volledigheid, de authenticiteit, het ontstaansmilieu en de redactielagen van vroegchristelijke teksten vast.[137] Dogmatici bestudeerden het werk van de kerkvaders als geloofsgetuigenis binnen de gemeenschap van christenen.[138] Beiden hadden en hebben elkaar nodig. Dogmatici realiseerden zich dat zij de bevindingen van de exegeet niet konden veronachtzamen, omdat zij anders een ideologisch en ahistorisch luchtkasteel zouden optrekken. Maar de exegeten werden zich ervan bewust dat in een strikt filologische benadering het geloof van de interpretatie-, communicatie-, en receptiegemeenschap, die door christenen al millennia wordt gevormd, uit het oog verloren zou kunnen worden. In hun interactie werden in de Schrift en in werken die de traditie constitueerden, mensbeelden ontwaard waar de wereld op zit te wachten.

Kortom: het kwalitatieve onderzoek van theologen naar de mensbeelden die in de Schrift en de traditie zijn ontwikkeld kan een basis vormen voor een dialoog met economen. De laatsten schiepen dankzij kwantitatief onderzoek een concept van de mens, de *homo economicus*. Hiervan zeggen vele economen nu zelf dat het model niet adequaat genoeg is om de talrijke waargenomen economische gedragingen bevredigend te verklaren omdat het verschijnsel mens niet consistent is in voorkeuren of alleen maar het eigenbelang nastreeft. In nieuwe mensontwerpen verdisconteren zij dat de mens als sociaal, relationeel of zelfs liefhebbend wezen moet worden beschouwd, dat de basale behoefte heeft tot een groep te behoren.[139] Heeft de theologie wat dit betreft de economie iets te zeggen?

---

137 Cf. P. van Geest, 'Patristics among the tulips. Interdisciplinarity as a chance for theology and patristics', in: *Gregorianum* 95 (2014), 73-94.

138 Cf. A.-G. Hamman, *Études patristiques. Méthodologie, liturgie, histoire, théologie* (Paris: Beauchesne, 1991). (*Théologie historique* 85).

139 Kernachtig verwoord in onder andere: D. Kahneman, 'A psychological perspective on economics', in: *American Economic Review*, 93 (2003), nr. 2, 162-168; L. Bruni, R. Sugden, 'The road not taken: how psychology was removed from economics, and how it might be brought back', in: *Economic Journal* 117 (2007), 146-173; A.R. Damasio, *Descartes' error: emotion, reason and the human brain*. London: Penguin Books, 1994. Literatuur over economie en naastenliefde onder andere in: R. Dur, 'De economie van de liefde', in: *ESB Gedrag* 99 (2014), 780-782.

3
De nieuwe toenadering van economen tot de theologen: een eerste schets

Zoals in de *inleiding* van dit boek al getracht is duidelijk te maken, is er sprake van toenadering van theologen en economen tot elkaar. Die vindt niet plaats omdat economen de behoefte voelen om, bijvoorbeeld, inzicht te krijgen in de fiscale aspecten van Paulus' collecte voor de gemeenschap in Jeruzalem.[140] Die vindt evenmin plaats omdat economen het plan hebben opgevat een werkplaats van christelijke folklore te financieren waar auteurs worden bestudeerd die aantoonbaar de sociale, maatschappelijke en economische structuren herleiden tot een God en zijn ondoorgrondelijke orde.

Hun toenadering lijkt onlogisch. In een zeer invloedrijk essay omschreef Nobelprijswinnaar voor de economie George Stigler in 1988 de economie als een 'imperial science': 'The very nature of economic logic invites a sweepingly wider application of economic analysis to social phenomena'. Hij pleitte dus voor een veel ruimere toepassing van de economische analysemethoden om ontwikkelingen in de samenleving te kunnen duiden die niet primair tot het interesseveld van economen behoorden. Hij omschreef dit vooruitzicht 'as exciting as any development in the history of economics,

---

140 Zie hiervoor J.S. Kloppenborg, 'Fiscal Aspects of Paul's Collection for Jerusalem', in: *Early Christianity* 2 (2017), vol. 8, 153-198.

or, for that matter, in the history of science'.[141]
Zijn essay behelsde dus niet direct een uitnodiging aan economen tot een uitwisseling van gedachten met wetenschappers uit andere disciplines over hun wetenschapsmethodes.
Daarbij komt dat wederzijdse integratie van uitgangspunten die bepalend zijn voor respectievelijke wetenschapsgebieden lijken vanwege grote verschillen in hun methodologie, procedures en epistemologie uitgesloten, zoals gezien.[142] En behalve
de in het vorige hoofdstuk opgesomde bezwaren, zijn waarden als solidariteit, compassie, individuele vrijheid en gelijkheid door het christendom beklijfd in de geschiedenis van het Westen. Maar deze waarden hebben zich sinds de Verlichting in de moderne wereld geëmancipeerd van de kerkelijk-geïnstitutionaliseerde vormen in het christendom, waaraan juist de vroege theologen gestalte gaven.[143] Waarom zouden economen zich dan onledig moeten houden met deze kerkelijke auteurs, die de schepping, de maatschappij, het economische verkeer of het rechtssysteem beschreven vanuit een achterhaald wereldbeeld, hoe fascinerend ook uiteengezet? Bovendien gelden voor een toenadering tussen theologie en economie ook andere, meer wetenschappelijke bezwaren, zoals in het volgende hoofdstuk zal worden uiteengezet. Deze bezwaren hebben te maken met de wetenschapstheoretische fundamenten. Ter inleiding noemen we hier een van de belangrijkste.

Zo lag en ligt er aan vele economische modellen bijvoorbeeld het concept van de *homo economicus* ten grondslag. Dit is een model,

---

141 G. Stigler, *Memoirs of an Unregulated Economist* (New York: Basic Books, 1988), 193, 203.

142 Cf. T. Wilthagen, E. Aarts, P. Valcke, *Tijd voor interdisciplinariteit. Een essay over de meerwaarde van samenwerking voor wetenschap, universiteit en maatschappij* (Tilburg: Tilburg University Press, 2018), 11-14; 17-23 voor begripsverklaring, geschiedenis en interdisciplinaire initiatieven.

143 Charles Taylor stelde zelfs al in 1997 dat uitgerekend in de westerse samenleving van na de Verlichting christelijke waarden beter gestalte werden gegeven dan in de tijd dat de wereld nog christelijk was en pausen de machtigste heersers op aarde waren. Als voorbeeld noemde hij de erkenning dat ieder mens waar ook ter wereld dezelfde rechten heeft, de afschaffing van de slavernij en de werken van naastenliefde in de vorm van humanitaire hulp ten tijde van oorlog en natuurrampen.

een construct van de mens ten behoeve van de economische analyse, waarin de mens werd en wordt opgevat als iemand, die, met consistente preferenties en een onbeperkt cognitief vermogen, altijd vanuit eigenbelang zelfzuchtig en doelgericht handelt en daarom angst heeft zich te binden.[144] De *homo economicus* heeft maar twee doelen: de maximalisering van geldinkomen en kwantitatieve productiegroei.[145] Deze rationele mens werd en wordt dus als een individu opgevat, die niet bepaald wordt door anderen en die ook geen behoefte heeft om samen te werken, als doel op zich, omdat alleen de resultaten tellen.

Deze *homo economicus* kwam overigens niet zomaar uit de lucht vallen. Een van zijn 'voorouders' is bijvoorbeeld waar te nemen in het werk van Niccolò Machiavelli, die aan het einde van zijn diplomatieke carrière een uiterst realistische schets van het menselijke, in zijn ogen natuurlijk corrupte want heerszuchtig en hebzuchtige gedrag – van vooral de leider – in *Il principe* (De vorst) neerpende.[146] In een poging om macht te verkrijgen, tegen agressie op te treden en volgers te controleren, dienen leiders of ieder die dit maar worden of blijven wil, opportunistisch te handelen en zuiver voor hun eigenbelang te gaan.[147]
Dat Machiavelli's vorst in zeker opzicht de eigenschappen toegekend heeft gekregen die hem tot een voorouder van de *homo economicus* maken, valt ook op te maken uit de aan de vorst toegeschreven eigenschap beredeneerd externe doelen, zoals rijkdom, macht en status na te streven. Dit streven is in het eigen belang. Zoals bij

144 L. Bovenberg, 'Finance: A Relational Perspective', in: C. van Beuningen, K. Buitendijk (eds.), *Finance and the Common Good* (Amsterdam: Amsterdam University Press, 2019), 79-97, inzonderheid 79, waar verdere literatuur; id., 'Economics as a discipline of hope', in: P. Nullens, S.C. van den Heuvel (eds.), *Driven by Hope: Economics and Theology in Dialogue* (Leuven: Peeters Publishers, 2018), 21-40 (*Christian Perspectives on Leadership and Social Ethics* 6).

145 R. Haan, *Vergeten vragen. Humanisme in economisch-theologisch perspectief* (Vught: Skandalon, 2016), 36.

146 P.J. Galie, C. Bopst, 'Machiavelli & modern business: Realist thought in contemporary corporate leadership manuals', in: *Journal of Business Ethics* 65 (2006), nr. 3, 235-250.

147 Galie, Bopst, 'Machiavelli & modern business', 205-206.

de *homo economicus* is in het model van *Il Principe* het morele beginsel niet verdisconteerd dat de gevolgen van zijn beredeneerde streven voor anderen schadelijk zouden kunnen zijn.[148] In zekere zin betoont Machiavelli zich ook de wegbereider van de mens, die Adam Smith in zijn *Inquiry into the Nature and Causes of the Wealth of Nations* (1776) postuleerde. Smith schreef dat een 'economic man' zich onderscheidt omdat hij zich vrijwaart van principes waaruit welwillendheid, naastenliefde en liefde voor het publieke belang ontspruit. Deze 'mens' kenmerkt zich juist door het nastreven van zijn eigen belang zonder rekening te houden met die van anderen. Weliswaar huldigt Smith in zijn *Theory of Moral Science* een geschakeerder mensbeeld. Zoals Mandeville veronderstelt hij hierin dat individuele onhebbelijkheden kunnen leiden tot vermeerdering van welvaart voor allen als de staat hier voor de juiste voorwaarden schept. Maar dat neemt niet weg dat Smith in zijn *Inquiry into the Nature and Causes of the Wealth of Nations* het pad effende voor John Stuart Mill (1806-1873), die doelbewust het streven naar eigen belang en welvaart gescheiden wilde zien van andere drijfveren die mensen kunnen intensiveren. Aldus schiepen beiden een 'model' van het verschijnsel mens, waarin niet alle facetten en aspecten van het menszijn waren verdisconteerd.

Hoe lang de aanloop tot het ontwerp van de *homo economicus* ook was en hoe bepalend dit model in de economie ook is geweest: binnen de economische wetenschap zijn ontwikkelingen gaande waarbij een aantal veronderstellingen in het vak gerelativeerd worden op grond van observatie van het verschijnsel mens.[149] Na

---

148 Zie Berlins scherpe analyse van Machiavelli's ideeën; I. Berlin, *Against the current: Essays in the history of ideas*. Ed. H. Hardy (New York: Viking Press, 1980), 25-79.

149 E. van Damme, 'Waarom doceren wij ouderwetse economie?', 161-171. Van Damme merkt zelf op dat zijn visie verwant is aan die van D. Rodrik in diens *Economics Rules: The Rights and Wrongs of the Dismal Science*. New York: Norton, 2015. Zie ook id, 'Verwevenheid van recht en economie', in: M. Groenhuijsen, E. Hondius, A. Soeteman (eds.), *Recht in Geding* (Den Haag: Boom Juridische uitgeverij, 2014), id., 'Liefde, geluk en economische wetenschap', in: *Economisch Statistische Berichten* 101 (2016), 57-61; L. Bruni, 'Economics and Vulnerability: Relationships, Incentives, Meritocracy', in: P. Rona, L. Zsolnai (eds.), *Economics as Moral Science* (z.p.: Springer International Publishing, 2017), 107-128; O. Goodenough,

het verschijnen van Herbert Simons 'A behavioral model of rational choice' werden er door gedragseconomen steeds meer kanttekeningen geplaatst bij de rationaliteit als constante in de keuzes van mensen, als zouden zij op grond van de hun beschikbare kennis altijd de juiste keuzes maken, geen conflict tussen gevoel en verstand kennen en eenduidige en stabiele voorkeuren hebben.[150] Steeds meer werd er in de economische wetenschap onderkend dat er in de *homo economicus* als een 'afspraak', een concept of model vele aspecten van de realiteit van het verschijnsel mens werden weggelaten ter wille van de analyse. Dat maakte dat de *homo economicus* ook als 'a methodological tool rather than as an assumption about how people actually make decisions' niet meer voldeed aan de verwachtingen die wetenschappelijke economen van een model hebben.[151] Steeds meer werd er dan ook voor gepleit het concept van de *homo economicus* te vervangen door een realistischer model van de mens waarin verdisconteerd wordt dat mensen zich laten bepalen door hun omgeving bij het stellen van hun doelen en hun identiteit niet alleen ontlenen aan de resultaten die ze bereiken maar ook aan de groep waaraan ze dienstbaar willen zijn om zo gelukkig te worden. Ook werd de begrensdheid van de rationaliteit aan de orde gesteld, en daarmee ook, zonder

---

M. Gruter Cheney, 'Is Free Enterprise Value in Action?', in: P. Zak (ed.), *Moral Markets. The Critical Role of Values in the Economy* (Princeton-Oxford: Princeton University Press, 2008), xxiii-xxx; R. Solomon, 'Free Enterprise, Sympathy and Virtue', in: *ibidem*, 16-41; P. Zak, 'Value and Values: Moral Economics', in: *ibidem*, 259-279; L. Bruni, R. Sugden, 'Reclaiming virtue ethics for economics', in: *Journal of Economic Perspectives* 27 (2013), nr. 4, 141-164; en, meer populairwetenschappelijk: L. Bovenberg, 'Markteconomie is ondergeschikt aan menselijke relaties', in: P.J. Dijkman, e.a. (eds.), *Menselijke waardigheid* (Amsterdam: Boom, 2011), 97-104 (*CD Verkenningen* 2011-4).

150 H. Simon, 'A Behavioral Model of Rational Choice', in: *The Quarterly Journal of Economics* 69 (1955), Issue 1, 99-118.

151 Cf. G. Gigerenzer, 'Moral Satisficing: Rethinking Moral Behavior as Bounded Rationality', in: *Topics in Cognitive Science* 2 (2010) 528-554 (citaat: 531); zie ook: V. Pareto, *Manual of Political Economy. A Critical and Variorum Edition*. Ed. A. Montesano, A. Zanni, L. Bruni, J.S. Chipman, M. McLure (Oxford: Oxford University Press, 2014 [1906-1909]), 8.

het evenwel helemaal af te serveren, het rationele-keuzemodel [152] Economen begonnen zich weer te realiseren wat Adam Smith al in *The Theory of Moral Sentiments* te berde had gebracht. Mensen zijn niet uitsluitend en vooral rationeel. Behalve dat mensen ook tot 'mutual sympathy', geneigd zijn en naar harmonie streven, heerst er jaloezie, een emotie, die er het bewijs van blijft dat mensen niet zo rationeel zijn als in het model van de *homo economicus* verondersteld is.[153] Zij hebben gevoel.

In zekere zin is de bovenvermelde constatering van Herbert Simon ook weer te herleiden tot inzichten die Lionel Robbins al iets eerder had geformuleerd. Tot aan het begin van de vorige eeuw werd economie opgevat als dynamisme waarin gestreefd werd naar rijkdom en welvaart, en als wetenschap die bestudeerde hoe dit zo efficiënt mogelijk kon gebeuren. Adam Smith's *The Wealth of Nations* had deze titel niet toevallig meegekregen. Maar sinds het verschijnen van Robbins' *An Essay on the Nature and Significance of Economic Science* (1932) werd de economie toch meer in termen van schaarste beschreven. Zij werd de wetenschapsdiscipline, waarin menselijk *gedrag* in termen van keuzes tussen schaarse middelen werd bestudeerd. Omdat schaarste niet als uitnodiging tot hamsteren maar juist als basis voor samenwerking werd opgevat, 'verrees' naast het beeld van de *homo economicus* dat van de *homo cooperans*, zoals in het vorige hoofdstuk reeds gezien. Hierin werd uitdrukkelijk niet uitgegaan van de veronderstelling dat, zoals in de *zero sum game*, de winst van de één vanzelfsprekend wel moest leiden tot het verlies van de ander.

---

152 Deze ontwikkeling werd populariserend samengevat in: A.J. Biemond, H. Commandeur, P. van Geest, '*Homo dignus*. Erkenning van de intrinsieke waardigheid van de mens in de organisatie', in: *Management en Organisatie* 72-6 (2018), 26-39. Zie ook R.L. Ackoff, 'From data to wisdom', in: *Journal of Applied Systems Analysis* 16 (1989), 3-9; H. Opdebeeck, 'Rediscovering a Personalist Economy', in: P. Rona, L. Zsolnai (eds.), *Economics as Moral Science* (z.p.: Springer International Publishing, 2017), 69-79.

153 Cf. Adam Smith, *The Theory of Moral Sentiments*, Part I, Section III, Chap. II ('Of the origin of ambition') en III ('Of the corruption of our moral sentiments').

Paradoxalerwijs is dit inzicht ook weer te herleiden tot het denken van Smith. In een tijd waarin de natiestaten opkwamen en het mercantilisme de handel begon te bepalen, ontwikkelde hij samen met zijn vriend David Hume een gezonde aversie tegen de mercantilistische *jealousy of trade*. Zij gingen van de gedachte uit dat deze vorm van jaloezie tussen de handelsnaties juist een contraproductieve concurrentie tot gevolg had en dat betrokken staten juist door samenwerking de schaarste kunnen transformeren tot welvaart en welzijn. Hoe groter immers de diversiteit tussen partners is, hoe groter de potentiële meerwaarde van samenwerken ten behoeve van de economische groei.
Kortom: door de grondlegger van de economie als wetenschapsdiscipline en door latere economen werd, het belang van de *homo economicus* ten spijt, de mens als gevoelswezen opgevat en als wezen dat, zoals theologen als Augustinus, Thomas van Aquino, Maarten Luther en Johannes Calvijn al ver voor Smith eensgezind van mening waren, 'pronum ad malum', geneigd tot het kwade is.

Nu maken economen inmiddels ook studie naar vormen van misleiding, zondebokmechanismen, uitsluitingsmechanismen of naar 's mensen bereidheid kosten te maken om anderen te schaden.[154] In de geest van de jezuïet, theoloog en econoom Oscar von Nell-Breuning trachten zij de wisselwerking tussen het inzicht in de eigen drijfveren (de orde van de jezuïeten ontwikkelde in de loop der eeuwen talloze methoden tot introspectie en voor 'de onderscheiding der geesten') en het overzicht van economische ontwikkelingen met elkaar in verband te zien. In tegenstelling tot Freedman, die in zijn *Free to choose* het prijsmechanisme op de markt als ordenend, praktisch en efficiënt sturingsmechanisme aanprees, bleef Von Nell-Breuning beducht voor de complexiteit van de drijfveren die de concrete werkelijkheid van het verschijnsel mens bepalen. Waarschuwend voor de ideaalbeelden van het liberalisme als denkmodel, waarin de *homo economicus* als rationeel subject werd gepostuleerd, benadrukte hij in *Zur Kritik des wirtschaftlichen Liberalismus* dat mensen niet logisch volgens de marktwetten handelen, temeer omdat er juist in een hoogontwikkelde economie vaak sprake is van

154 L. Bovenberg, 'Finance: A Relational Perspective', passim.

monopolievorming.[155] Tot op hoge leeftijd pleitte de man, die als *ghostwriter* van paus Pius XI en als hoogleraar de katholieke sociale leer wezenlijk bepaalde, bij de ontwikkeling van economische en ethische theorieën dan ook voor de verdiscontering van de invloed van de omstandigheden en drijfveren van werknemers op het door hem toch meer gewenste dan verachte kapitalisme.[156]
In de geest van Von Nell-Breuning schrijft Philip Hans Franses, destijds decaan van de Erasmus School of Economics, in het woord vooraf van nota bene *De Canon van de economie*:

> 'De financiële crisis uit 2008 en de tegenspoed erna hadden de overmoed en blinde vlekken van economen blootgelegd; vele (nee, niet alle) hadden zich lange tijd blindgestaard op de voordelen van financiële innovatie, van zelfregulerende markten en van een gemeenschappelijke munt. Inmiddels zijn economen wakker geschud, maar voor hoe lang?'[157]

Kortom en hoe wonderlijk het ook klinkt: op het eerste gezicht lijken theologen economen behulpzaam te kunnen zijn in hun zoektocht naar een vollediger mensbeeld dat ten grondslag zou moeten komen te liggen aan de theoretische modellen.
Toch rijst de vraag naar de aard van hun interdisciplinaire samenwerking. Hoe diepgravend kan deze zijn? Om een antwoord op deze vraag te krijgen is het eerst van belang inzicht te krijgen in de zwaartepunten van een subdiscipline van de economie, die onder de omschrijving 'relationele economie' geboekstaafd is. In het hiernavolgende hoofdstuk geven wij een beschrijving van deze afdeling in de economie, omdat zij openingen biedt voor interdisciplinaire samenwerking tussen economen en theologen. Hierin wordt namelijk een mensbeeld verdisconteerd, waarin de mens als relationeel en transcendent wezen wordt gezien, die in staat is

155 O. von Nell-Breuning, 'Zur Kritik des wirtschaftlichen Liberalismus', in: id., *Wirtschaft und Gesellschaft heute*. Dl 1. *Grundfragen* (Freiburg i. Br.: Herder, 1956), 103-122.
156 O. von Nell-Breuning, *Unsere Verantwortung. Für eine solidarische Gesellschaft* (Freiburg im Breisgau: Herder, 1987), 23.
157 Ph.H. Franses, 'Een woord vooraf', in: S. Phlippen, G. Werner (eds.), *Canon van de economie* (Rotterdam: ESE, 2015), 8-11, inz. 9.

waarde en waarden te creëren door een samenwerking die op vertrouwen is gebaseerd. Aan de mens als relationeel en transcendent wezen, over vertrouwen en over waardencreatie hebben theologen eeuwenlang immers buitengewoon veel gedachten gewijd.

4
Wat is het hart van economie?

Wat is het hart van economie en wat doet dat hart kloppen? Dat zijn de twee vragen die we in dit hoofdstuk beantwoorden. In paragraaf 4.1 leggen we uit dat economie samenwerkingskunde is. Het hart van economie blijkt een soort wonderbare spijziging: meer met minder door samenwerken. Paragraaf 4.2 beschrijft het belang van vertrouwen in wederkerigheid om het hart van meer met minder door samenwerking daadwerkelijk te doen kloppen. Het is daarbij essentieel dat partijen zich geloofwaardig binden aan het belang van de partijen waarmee ze samenwerken. Commitment en vertrouwen activeren de scheppingskracht van de economie. Daarbij geldt: zonder kruis geen munt. Je kunt alleen iets waardevols verkrijgen van anderen als je hun er iets anders waardevols voor teruggeeft. De munt van de winst is onvermijdelijk verbonden met het kruis van commitment.

4.1. Welvaart door samenwerken

Terug naar de oorsprong

Om uit te leggen wat economie is, gaan we terug naar de oorsprong van het woord economie. Het Griekse *oikonomiā* betekent, zoals in het vorige hoofdstuk al gezegd, het regelen of besturen (*nómos*) van het huishouden (*oĩkos*).[158] Huishouden heeft hier de brede betekenis van een samenwerkingsverband. Dat kan een gezin zijn, maar ook een bedrijf, land of zelfs de wereld als geheel. Relationele economie is daarom eigenlijk een pleonasme. Economie gaat in de oorspronkelijke betekenis van huishoudkunde namelijk om het besturen van samenwerking oftewel samenwerkingskunde.

---

158 Zie pagina 19 van dit boek.

Schaarste en samenwerken: nieuw en oud

Sinds het spraakmakende boek van de econoom Robbins uit 1932 wordt economie ook wel gezien als de wetenschap van de schaarste: het doelmatig omgaan met beperkte middelen. Maar ook de oorspronkelijke betekenis van economie als huishoudkunde blijft actueel.[159] Want schaarste stimuleert mensen om samen te werken. Het geheim van economie als samenwerkingskunde is namelijk dat we samen meer kunnen dan alleen: 1+1=3. De *homo economicus* is allereerst een *homo cooperans*.[160]

Nulsomspel versus 1+1=3

Het feit dat samenwerken waarde kan scheppen kan triviaal lijken. Maar maatschappelijke discussies gaan vaak impliciet uit van een nulsomspel waarbij je alleen kan winnen ten koste van anderen. Zo verneem je bijvoorbeeld aan de linkerkant van het politieke spectrum dat winst diefstal is en dat economische groei slecht is voor het milieu. Aan de rechterkant hoor je dat economie draait om concurrentie: de één zijn dood is de ander zijn brood. Vanuit dit win-verliesperspectief is het leven een strijd om het verdelen van de schaarste.

De potentie van 1+1=3 biedt een andere bril om de economie te duiden. Jouw winst is niet noodzakelijkerwijs mijn verlies. Een ander mens of een andere groep hoeft geen concurrent te zijn die jou of jouw groep berooft, maar kan een potentiële samenwerkingspartner worden. Verder maakt een statisch, cyclisch wereldbeeld plaats voor een meer dynamische, evolutionaire visie op mens en maatschappij waarin vooruitgang en groei mogelijk is.

Schaalvoordelen als bron van scheppingskracht

De scheppingskracht van samenwerking komt voort uit zogenaam-

---

159 L. Robbins, *An essay on the nature and significance of economic science*. [second edition, revised and extended]. London: Mcmillan & Co, 1945.

160 T. de Moor, *Homo Cooperans. Instituties voor collectieve actie en de solidaire samenleving*. Utrecht: Universiteit Utrecht, 2013 [inaugurele rede]; G. Buijs, *Waarom werken we zo hard? Op weg naar een economie van de vreugde*. Amsterdam: Boom, 2019.

de schaalvoordelen. Door 1+1=3 is het geheel meer dan de som van de delen: met minder schaarse middelen kan meer welvaart worden gecreëerd. Er zijn drie bronnen van schaalvoordelen.[161] De eerste bron is het delen van risico's. Door de wet van de grote getallen kunnen we risico's weg verzekeren als we deze risico's spreiden over een grote groep. Niet-rivale goederen zijn een tweede bron van schaalvoordelen. Dat zijn goederen waarvan meerdere mensen kunnen profiteren zonder dat dit ten koste gaat van anderen. Denk bijvoorbeeld aan kennis. Door kennis te delen hoeft niet iedereen het wiel opnieuw uit te vinden. Ten slotte zijn er de dynamische schaalvoordelen verbonden aan leren. Door iets vaak te doen, leg je nieuwe verbindingen aan in je brein. Oefening baart kunst. Daarom kunnen we taken het beste over meerdere mensen verdelen. Op die manier kan eenieder zich bekwamen in een specifieke taak.

Coöperatie, creativiteit en kwetsbaarheid

De samenhang tussen samenwerking enerzijds en individueel leervermogen en diversiteit anderzijds zet een zelfversterkende spiraal in gang tussen coöperatie en creativiteit (zie figuur 4.1). De bovenste pijl in figuur 4.1 staat voor de causale relatie van coöperatie aan de linkerkant naar creativiteit en diversiteit aan de rechterkant. Meer samenwerken resulteert in toenemende specialisatie en dus meer verscheidenheid tussen mensen. Iedereen kan zich specialiseren en creatiever worden in wat hij of zij doet. Eenheid resulteert in verscheidenheid.

Maar er is ook een omgekeerde relatie in figuur 4.1 van rechts naar links. Door ons te specialiseren kunnen we steeds minder goed voorzien in onze eigen noden. Daardoor zijn we steeds meer aangewezen op samenwerking. Dat is de onderste pijl. De toenemende diversiteit als gevolg van specialisatie vergroot de voordelen van samenwerken verder. Hoe meer mensen verschillen in voorkeuren en talenten, hoe groter namelijk de potentiële meerwaarde van samenwerken. Meer verschil (-) genereert een grotere potentiële meerwaarde (+) van samenwerken oftewel - = +.

---

161 P. Seabright, *The Company of Strangers. A Natural History of Economic Life* (Princeton: Princeton University Press, 2010), 42-44.

De twee pijlen in figuur 4.1 zorgen door positieve terugkoppeling voor een zichzelf versterkende spiraal. We worden steeds waardevoller voor het geheel maar als individu worden we steeds beperkter, kwetsbaarder en minder zelfvoorzienend. Beperkt en waardevol – dat is de paradoxale essentie van de mens als coöperatief en creatief wezen. Deze beginselen van relationele economie gelden trouwens ook in de biologie. In complexe organismen specialiseren cellen zich meer waardoor ze steeds meer op elkaar zijn aangewezen. Net als de economie is het biologische leven één groot samenwerkingsproject.

Figuur 4.1 Coöperatie en creativiteit[162]

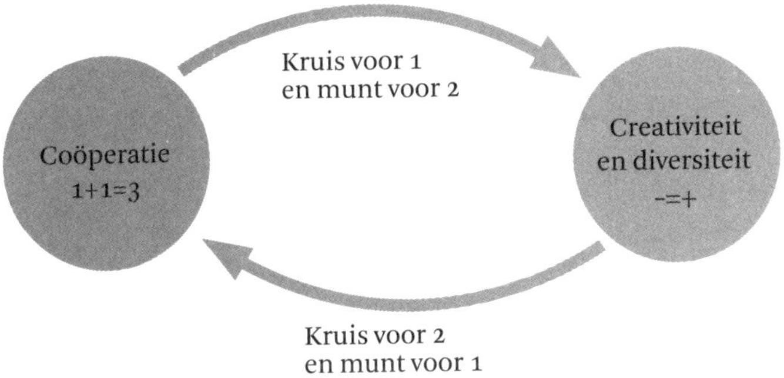

Scheppingskracht van vertrouwen

De explosie van scheppingskracht door samenwerking kreeg nog een extra impuls toen mensen durfden te geloven in 1+1=3. Kapitaalverschaffers en ondernemers zijn sinds de industriële revolutie steeds meer bereid geweest zich kwetsbaar op te stellen door vooruit te lopen op groei. Ze waren steeds meer bereid vooraf te investeren – ook al moesten ze nog wachten op mogelijke opbrengsten. In hun verbeelding zagen ze al iets wat er op het moment dat ze investeerden nog niet was. Investeerders geloofden in de creativiteit van ondernemers door krediet en eigen vermogen ter beschikking te stellen. Figuur 4.2 laat zien hoe het kapitalisme en de daarin belichaamde geest van geloof en hoop de levenstandaard van de mens-

162 De tabellen zijn door de auteurs zelf vervaardigd tenzij anders aangegeven.

heid de afgelopen twee eeuwen heeft doen exploderen. Als iemand uit 1500 naar deze tijd zou tijdreizen zou die zijn ogen niet geloven.

Figuur 4.2. Gemiddeld inkomen per hoofd in de wereld

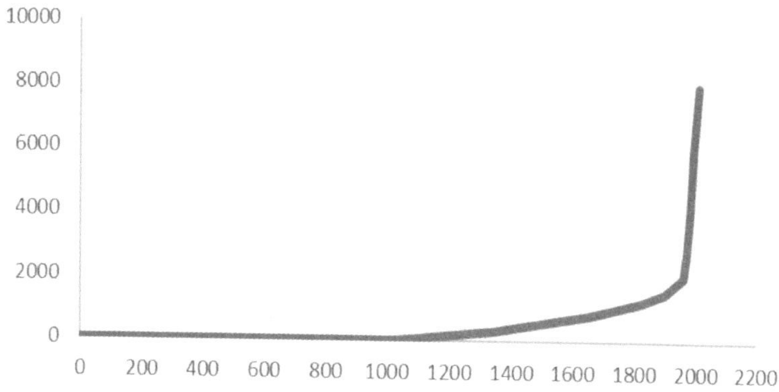

Bron: Our World in Data (2018) en eigen bewerkingen

4.2 Van de verdeling komt de winst

Individu houdt rekening met het geheel

Het befaamde Coase theorema formuleert de twee voorwaarden voor het scheppen van welvaart door samenwerking.[163] De eerste voorwaarde is dat individuele beslissers hun keuzes baseren op het belang van het huishouden als geheel in plaats van alleen het eigen belang. Bij hun keuzes houden beslissers rekening met alle kosten en opbrengsten voor alle belanghebbenden. Ze internaliseren dus alle externe effecten van hun gedrag op alle belanghebbenden.

Het geheel houdt rekening met het individu

De tweede voorwaarde is dat de winst van samenwerking zo verdeeld wordt dat alle betrokkenen profiteren. Deze voorwaarde

163 R.H. Coase, 'The Problem of Social Cost', in: *Journal of Law and Economics* 3 (1960), 1-44.

zorgt ervoor dat het geheel rekening houdt met de belangen van elk individu. Elke individuele beslisser wordt meer dan gecompenseerd voor de bijdrage aan het geheel. Door alle betrokken partijen mee te laten profiteren van de samenwerking, krijgt iedereen een gezamenlijk belang bij het slagen van de samenwerking. Vanwege vertrouwen in deze zogenaamde simultane belangenbehartiging zullen alle betrokkenen zich vrijwillig inzetten voor het geheel. Het verdelen van de winst van samenwerking over alle belanghebbenden maakt zo het vermenigvuldigen van de ingezette schaarse middelen mogelijk: delen is dus vermenigvuldigen (/=x). De befaamde Rotterdamse econoom Jan Tinbergen, de eerste Nobelprijswinnaar in de economie, zei ooit: 'Van de verdeling komt de winst.'[164]

Wederkerigheid

Het Coase theorema als de grondwet van economie als huishoudkunde resulteert in wederkerigheid: niemand kan van anderen eisen om alleen maar te ontvangen en niemand hoeft alleen maar te geven. Niemand is alles overheersend en niemands belang mag geheel worden geofferd ten bate van het geheel. Vertaald naar de metafoor van het lichaam, zorgt elk orgaan voor het lichaam en het lichaam zorgt voor elk orgaan. De eerste voorwaarde van het Coase theorema stelt dat de individuele organen hun keuzes als bestuurders baseren op het belang van het lichaam als geheel in plaats van alleen het eigen belang. De tweede voorwaarde zorgt ervoor dat het geheel rekening houdt met de belangen van elk individueel orgaan. Elk orgaan wordt meer dan gecompenseerd voor haar bijdrage aan het geheel. Deze twee voorwaarden zorgen dus voor wederkerigheid tussen de organen enerzijds en de rest van het gehele lichaam anderzijds.

Ethiek als het internaliseren van externe effecten

Economie als samenwerkingskunde en ethiek zijn twee kanten van dezelfde medaille. Door de belangen van andere belanghebben-

---

164 Tinbergen sprak deze woorden uit, toen hij de Leidse Stolpianumprijs in 1932 in ontvangst nam, omdat hij de prijswinnaar was met een essay, dat helaas verloren is gegaan. De *egatum Stolpianum* is de oudste nog bestaande Nederlandse wetenschapsprijs. Dit legaat is in 1753 bij de Universiteit Leiden ingesteld door Jan Stolp (1671-1753).

den te waarderen en zo de externe effecten van het eigen gedrag te internaliseren, scheppen beslissers welvaart in plaats van dat ze welvaart vernietigen door hun eigen belang voorop te stellen ten koste van anderen. De ander behandelen zoals je zelf behandeld zou willen worden is ook de gouden regel uit de ethiek.[165] Kants categorisch imperatief sluit daar ook op aan. Ieder mens is doel en middel tegelijk: je bent *niet niets* maar ook niet *alles*. De ethische waarde van het meewegen van de belangen die door een beslissing geraakt worden is verder nauw verbonden met het liefdesbegrip van *agapè*.[166] Ook Adam Smith doorzag als moraalfilosoof het nauwe verband tussen economie en ethiek. Smith's bekendste boeken heten niet voor niets '*The Wealth of Nations*' en '*Theory of Moral Sentiments*.'

Ethische waarde van simultane belangenbehartiging

Samenwerken drijft op de ethische waarde van het simultaan behartigen van belangen.[167] Deze waarde verzet zich tegen zowel absolutisme als nihilisme. Enerzijds impliceert simultane belangenbehartiging dat geen enkel belang of waarde wordt verabsoluteerd ten opzichte van andere belangen of waarden; niemand is alles en iedereen is beperkt. Anderzijds telt ieders belang mee; niemand is niets. Dit normatieve oordeel van de waardigheid van elk persoon is niet objectief te bewijzen. Simultane belangenbehartiging als de grondwet van economie als samenwerkingskunde is een intersubjectieve werkelijkheid.[168] Het commitment om de zwakke belangen niet te beroven is het fundament onder een gezonde economie.

Zonder kruis geen munt

Het goede nieuws is in paragraaf 4.1 aan de orde geweest. Door het wonder van 1+1=3 is het geheel meer dan de som van de delen. Voor

---

165 Stichting Innovatie Economie Onderwijs, *Keuzekatern Ethiek*. (Laren: PY-publicaties B.V., 2019), 9.

166 Buijs, *Waarom werken we zo hard?*, passim.

167 A.L. Bovenberg, P.J.J. van Geest, J. Hengstmengel, J. Rupert, H. Commandeur, *Simultaan Behartigen van Belangen. De liefde als de samenbindende kracht voor de economie*. Amsterdam: Boom, 2020.

168 Y.N. Harari, *Sapiens, a Brief History of Humankind* (London: Vintage UK, 2015), passim.

alle bij de samenwerking betrokken partijen kunnen de opbrengsten de kosten overtreffen. Maar dat vraagt wel dat elke partij kosten maakt. Je kunt alleen iets waardevols verkrijgen van anderen zonder hen te schaden als je hun er iets anders waardevols voor teruggeeft. Alleen dan komen anderen ook als winnaar uit de bus. De munt van de winst is onvermijdelijk verbonden met het kruis van de kosten. Er bestaat wederkerigheid tussen opbrengsten en kosten (figuur 4.3).

Figuur 4.3 Kruis en munt

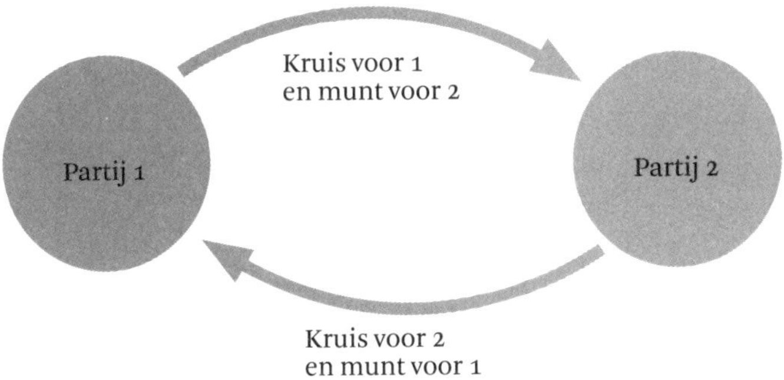

Vertrouwen en commitment

Vertrouwen in wederkerigheid is de belangrijkste uitdaging bij het organiseren van samenwerking. Bij complexe samenwerking is het vaak onmogelijk om direct over te steken: tegenover elk offer dat je brengt voor ander staat niet direct een beloning. Geven en ontvangen zijn niet in balans. Dit zogenoemde marktfalen kan worden veroorzaakt door private externe effecten (zoals vertragingen en asymmetrische informatie) of collectieve goederen. De partij die eerst moet offeren is kwetsbaar. Deze partij moet namelijk maar afwachten of de anderen zijn dienst zullen retourneren en loopt dus zogenaamd kredietrisico. Of de samenwerking daadwerkelijk van de grond komt hangt dan af van het vertrouwen van de kwetsbare partij. Dat vertrouwen vraagt van de andere samenwerkingspartners dat ze zich geloofwaardig binden aan het belang van deze kwetsbare partij. Ethiek helpt bij dit commitment. Commitment en vertrouwen activeren de scheppingskracht van 1+1=3 (figuur 4.4).

Figuur 4.4 Commitment en vertrouwen

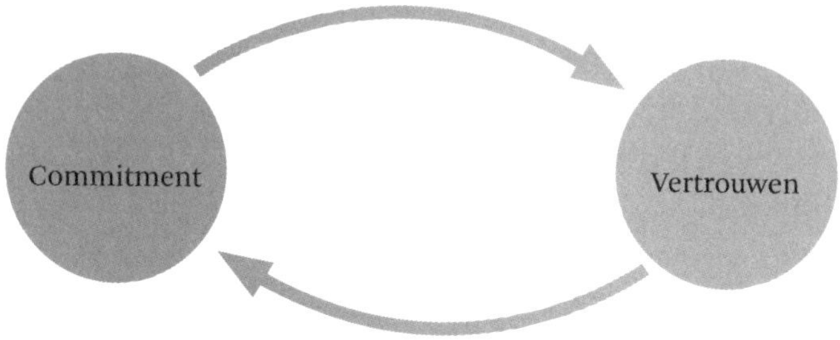

Een economische bril

De bril van econoom heeft twee glazen (figuur 4.5). Het linkerglas hebben we behandeld in de vorige paragraaf 4.1: samen kunnen we meer als we ons specialiseren ten behoeve van het geheel. Het rechterglas staat voor het onderwerp van deze paragraaf: het delen van de opbrengsten over alle partners. Daardoor kan samenwerking van de grond komen omdat iedereen het vertrouwen heeft dat zijn belangen veilig zijn. Dit glas heeft de rode kleur van de liefde. Het gaat immers over het simultaan liefhebben van de waarden van alle samenwerkingspartners. Die liefde is de grondwet van het sociale leven. Zonder vertrouwen in liefde komt het goede sociale leven niet van de grond.

Figuur 4.5. Een economische bril

-Bron: eigen figuur

Wiskundige bril

Figuur 4.6 vat deze bril samen in de taal van de economische wetenschap: de wiskunde. Het linkerglas geeft aan dat schaalvoordelen ten grondslag liggen aan de scheppingskracht van samenwerken: 1+1=3. Deze potentiële scheppingskracht wordt vrijgezet als mensen kwetsbaar durven te zijn door hun uniciteit te ontplooien. Verschil en kwetsbaarheid (het minusteken) zijn dus een kracht (het plusteken): -=+. Het rechterglas in figuur 4.6 geeft aan dat delen tot vermenigvuldigen leidt: door de waarde van de samenwerking te verdelen over alle samenwerkingspartners kan de waarde die eenieder in de samenwerking investeert vermenigvuldigd worden.

Figuur 4.6 laat zien dat de twee glazen elkaar wederzijds versterken. Enerzijds maken 1+1=3 en -=+ mogelijk dat alle betrokken partijen winnen (de bovenste pijl in figuur 4.6). Anderzijds is het delen van de opbrengst van samenwerken een noodzakelijke voorwaarde voor 1+1=3 en -=+ (de onderste pijl in figuur 4.6); alleen als alle partijen profiteren, zullen partijen zich kwetsbaar opstellen en komt samenwerking daadwerkelijk van de grond.

Figuur 4.6. Bril van economie als huishoudkunde

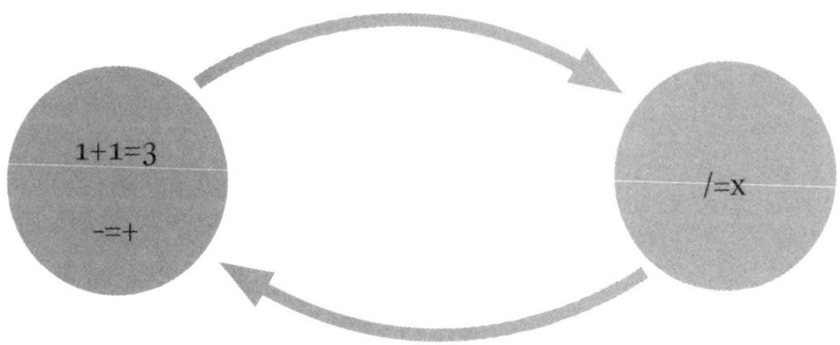

5
De economie staat nu op een kruispunt

In het vorige hoofdstuk kwam het succes van de economie als samenwerkingsproject aan de orde. Armoede is omgezet in overvloed (figuur 4.2). De levenstandaard en de levensverwachting van de mensheid is geëxplodeerd.[169] Zwaarden zijn omgesmeed in ploegzwaarden. Het percentage van de mensheid dat sterft door geweld of ondervoeding is nog nooit zo laag geweest. Een grote meerderheid van de mensheid heeft toegang tot basale gezondheidszorg en onderwijs. Voor het eerst in de geschiedenis van de mensheid behoort de helft van de mensheid tot de middenklasse.[170] Er is dus reden tot grote dankbaarheid voor het succes van economie als samenwerkingsproject.[171]

Maar dit hoofdstuk legt uit dat economie slachtoffer dreigt te worden van dat succes. Paragraaf 5.1 gaat in op drie grote problemen die vragen om een heroriëntatie van de economie als samenwerkingsproject. Paragraaf 5.2 bespreekt de uitdagingen die de volgende fase in het samenwerkingsproject van de economie oplevert voor de economische wetenschap. Het kruispunt waarop de mensheid staat vraagt om een meer relationeel mensbeeld dat beter oog heeft voor het verlangen gekend, gewaardeerd en vertrouwd te worden en van betekenis te zijn voor anderen. Dit vergroot het belang van ver-

---

169 J. Norberg, *Progress: Ten Reasons to look forward to the Future*. London: Oneworld Publications, 2016.

170 H. Rosling, *Factfulness: Ten Reasons We're Wrong about the World--and Why Things are Better than You Think*. New York: Flatiron Books, 2018.

171 S. Pinker, *Enlightenment Now: The Case for Reason, Science, Humanism, and Progress*. New York: Penguin Group US, 2018.

ankering in en binding aan duurzame relaties. Pargraaf 5.3 gaat in op het onderscheid tussen de binding aan relaties en de flexibiliteit van transacties. Een breder mensbeeld waarin ook aandacht is voor de behoefte aan persoonlijke waardering en betekenis vergroot het belang van verankering en binding, ook al gaat dat onvermijdelijk gepaard met een grotere kwetsbaarheid.

5.1 Economie als slachtoffer van het eigen succes

De samenleving staat voor drie uitdagingen in de volgende fase van de ontwikkeling van de mensheid (figuur 5.1).

Waarderen van kwetsbaarheid

In de eerste plaats is er de grote druk waaronder veel mensen staan door prestatiedruk en de toenemende complexiteit van de samenleving. Het gevolg daarvan is een stijging van mentale problemen en burn-outs. Deze uitdaging vraagt waardering van de eigen kwetsbaarheid en het leren omgaan met falen en lijden.

Figuur 5.1. Drie uitdagingen anno 2020: leren waarderen

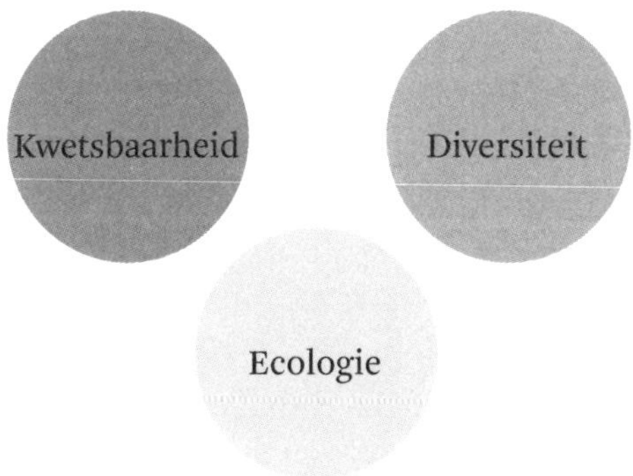

Waarderen van diversiteit

De tweede grote uitdaging is het uit elkaar groeien van hoog- en laaggeschoolden en de groeiende macht van grote concerns – big business – en machtige, niet-democratische overheden – big government. Schaalvoordelen leiden tot de meerwaarde van samenwerking maar hebben ook een minder aantrekkelijke kant. Zonder correcties zorgen deze schaalvoordelen voor machtsconcentraties die de scheppingskracht van de economie ondergraven. Het bestrijden van deze destabiliserende krachten vraagt een voortdurende collectieve inspanning. Maar dit wordt bemoeilijkt door de toenemende individualisering. Deze groeiende diversiteit is mede het gevolg van de grootschalige samenwerking in de economie (figuur 4.1). Ook de versterkte groepsvorming van subculturen is deel van deze ontwikkeling. Het bestrijden van deze middelpuntvliedende krachten vraagt de waardering voor mensen die anders zijn dan wij. Eenheid en verscheidenheid vraagt ook het actief en bewust scheppen van onderlinge verbondenheid.

Waarderen van gemeenschappelijke huis

Last but not least staat de wereld voor de uitdaging een duurzame economie te scheppen. Het ecologische systeem dient behandeld te worden als een volwaardige belanghebbende. Dit zwakke collectieve belang wordt gemakkelijk veronachtzaamd door de sterke private belangen. Maar winnen ten koste van een verliezende ecologie is niet duurzaam. De bescherming van ons gezamenlijke huishouden vraagt een waardering voor alles wat groeit en bloeit. De natuur is het fundament voor al het leven.

Relationeel mensbeeld

Het traditionele mensbeeld van economen – de rationele *homo economicus* met stabiele preferenties – staat in de menswetenschappen in toenemende mate onder kritiek. Maar in het economieonderwijs, de boardroom en het beleidsdebat staat dit gedragsmodel nog wel vaak centraal. Dit mensbeeld heeft zich vastgezet in onze cultuur en verklaart mede het onbehagen met de huidige economische orde – ondanks de stijging van de levenstandaard die er mede aan te danken is.[172]

Een doorontwikkeling van het samenwerkingsproject van de economie in de volgende fase van de menselijke ontwikkeling vraagt een breder, relationeel mensbeeld. Mensen worden gemotiveerd door meer dan alleen financiële waardering, bijvoorbeeld ook door

172 S. Pinker, *Enlightenment Now*, passim.

het verlangen gekend, gewaardeerd en vertrouwd te worden en van betekenis te zijn voor anderen. De verschuiving van macht, dwang en financiële prikkels naar moreel gezag en vertrouwen in het leiding geven aan samenwerking is een natuurlijk gevolg van de trend naar steeds meer individuele differentiatie en complexe samenwerking (zie figuur 4.1).

Economische wetenschap

Als de wetenschap van de samenwerking heeft de economische wetenschap sleutels in handen om welzijn en duurzaamheid te bevorderen in de volgende fase van de menselijke geschiedenis. Recent wetenschappelijk onderzoek geeft een steeds rijker zelfportret van de mens als sociaal wezen. Een relationeler mensbeeld gebaseerd op een verbreding en verdieping van het waardebegrip doet recht aan de diversiteit van menselijke drijfveren en aan wat mensen liefhebben. Mensen houden niet alleen van materiële welvaart maar ook van waardering en betekenis. Goede relaties zijn niet alleen een instrument voor materiële welvaart maar een zelfstandig, intrinsiek doel. Mensen houden van goede, wederkerige relaties. Zonder aandacht voor de menselijke behoefte aan waardering en betekenis wordt de samenleving een broedplaats voor populisme.[173] Een breder mensbeeld kan zorgen voor een betere balans tussen vrijheid en verankering, tussen innovatie en geborgenheid, tussen globalisering en lokalisering, tussen controle en de kwetsbaarheid van vertrouwen, tussen verstand en gevoel, en tussen het directe eigen belang en de betekenis voor anderen.

Methodologie

De economische wetenschap kent een krachtige methodologie: expliciteren van vooronderstellingen en relaties die vervolgens worden getoetst op basis van empirische data. Deze methode wint terrein en wordt nu ook toegepast op meer relationele vormen van samenwerking met rijkere menselijke interacties dan alleen de transactionele omgeving van anonieme markten. Denk bijvoorbeeld aan de opvoeding, het onderwijs en relaties binnen het gezin

---

173 R. Rajan, *The Third Pillar, How Markets and the State Leave the Community Behind*. New York: Penguin Press, 2019; P. Collier, *The Future of Capitalism. Facing the New Anxieties*. London: Penguin Books, 2019.

en bedrijven. Om een mensbeeld te ontwikkelen dat past bij deze relationele omgevingen legt de gedragseconomie relaties met de andere menswetenschappen. De export van de economische methodologie naar andere terreinen gaat samen met de import van inzichten uit andere menswetenschappen. Het portret van de individualistische *homo economicus*, dat is gebaseerd op een transactionele omgeving, wordt daardoor aangevuld met meer relationele karaktertrekken.

Andere wetenschappen

De gedragseconomie legt relaties met de psychologie en andere sociale wetenschappen zoals de sociologie. Ook benutten economen steeds meer inzichten uit de biologie – denk aan de hersenwetenschappen en de evolutionaire biologie. Juist op het gebied van de neurobiologie en de samenhang daarvan met psychologie zijn ontwikkelingen in volle gang. Waar theorieën eerst ontstonden in de klinische praktijk en vervolgens gevalideerd werden op basis van statistische verbanden, worden nu de onderliggende neurologische circuits geïdentificeerd.

Ook de geesteswetenschappen zijn van belang. Deze wetenschappen beperken zich niet tot het observeren van gedrag van mensen maar bestuderen ook de innerlijke drijfveren, waarden en verbeeldingskracht van mensen en de betekenis die zij aan hun handelen geven. Het menselijk gedrag is niet alleen het resultaat van onze biologie en onze opvoeding maar ook van onze gezamenlijke cultuur. Deze intersubjectieve werkelijkheid is essentieel voor samenwerking in complexe samenlevingen. De achterliggende waarden zijn vaak belichaamd in verhalen die verleden, heden en toekomst met elkaar verbinden.[174] Deze verhalen bevatten de diepere waarheden en waarden die voorgaande generaties hebben ontdekt. Ze kunnen daarom beschouwd worden als deel van systeem 2 van de mensheid. Harari noemt deze verhalen intersubjectieve werkelijkheden.[175]

---

174 T. Sedláček, *De economie van goed en kwaad. Een zoektocht naar economische zingeving van Gilgamesj tot Wall Street*. Schiedam: Scriptum, 2013.

175 Y.N. Harari, *Sapiens, a Brief History of Humankind* (London: Vintage UK, 2015), passim.

5.2 Relationele economie

Transacties versus relaties

Transacties zijn korte-termijninteracties en worden direct afgehandeld. Mensen zijn op geen enkele manier aan elkaar gebonden nadat ze de transactie hebben afgewikkeld. Er blijven geen rekeningen openstaan. In relaties, daarentegen, zijn de partners voor langere tijd aan elkaar gebonden. De duurzaamheid van de relatie maakt ruilen over de tijd mogelijk met wederzijdse verplichtingen en verantwoordelijkheden. Een partij die vandaag een offer brengt ziet dit in het lange-termijn perspectief van de toekomstige opbrengsten van de relatie. De partners vragen niet direct iets terug van de ander maar geven elkaar stilzwijgend krediet.

Van relaties naar transacties

Binnen de samenwerkingsverbanden van huishoudens zijn mensen voor langere tijd aan elkaar gebonden. Met andere woorden: huishoudens zijn knooppunten en concentraties van relaties. Na de industriële revolutie begonnen economen zich meer te interesseren voor transacties op markten. Markten zijn samenwerkingsplatformen tussen aanbieders en vragers. Concurrentie stimuleert aanbieders op de markt rekening te houden met de belangen van vragers en andersom. Men weet namelijk dat als men dat niet doet, men inwisselbaar is voor concurrenten. Mensen houden dus rekening met anderen vanwege strategische overwegingen en niet omdat ze intrinsiek hechten aan het belang van anderen. Voor veel economen is dit de hoogste vorm van samenwerking: (materiële) belangen lopen immers parallel. Mensen hoeven elkaar niet te persoonlijk kennen om toch goed te kunnen samenwerken.[176] Voor veel niet-economen, daarentegen, is concurrentie en anonieme marktwerking juist een verarming van menselijke samenwerking.[177] Concurrentie activeert het 'ik-motief'. Voor hen is de kern van menselijke samenwerking juist dat je niet alleen je eigen belang waardeert maar ook dat van het geheel.

---

176 P. Seabright, *The Company of Strangers.*

177 R. Sapolsky, *Behave. The Biology of Humans at our Best and Worst.* London: Vintage, 2017.

Flexibiliteit versus binding

Relationele economie speelt relaties niet uit tegen transacties. Welvaart en vrede vereisen zowel complexe samenwerking in duurzame, persoonlijke relaties binnen regionale gemeenschappen, bedrijven en gezinnen als oppervlakkigere vormen van samenwerking met anonieme vreemden ver weg – bijvoorbeeld in de vorm van internationale handel. Zowel diepe als brede vormen van samenwerking zijn essentieel voor menselijke bloei.[178] Welke samenwerkingsvorm de voorkeur heeft, hangt af van de complexiteit van de betreffende sociale interactie: relaties worden aantrekkelijker ten opzichte van transacties als de samenwerking complexer wordt. Een betere balans tussen twee partijen kan op twee manieren worden bereikt: de zwakkere partij meer gewicht geven of de sterke partij minder. Het eerste alternatief berust op de flexibiliteit van transacties: de mogelijkheid voor de zwakkere partij om van samenwerkingspartner te wisselen disciplineert de sterkere partij. Het tweede alternatief is binding van de sterkere partij aan de relatie met de zwakke partij. Dit beperkt de mogelijkheden voor de sterke partij om de zwakke partij te beroven.

Kwetsbaarheid versus betekenis

Zelfbeperking en zelfbinding spelen een belangrijkere rol in relaties dan in transacties. Daardoor lopen partijen liquiditeitsrisico: ze kunnen niet van partner wisselen als omstandigheden veranderen. Verder lopen ze kredietrisico. Ze zijn kwetsbaar voor opportunistisch gedrag van de ander. Ook kunnen er conflicten ontstaan over de verdeling van de meerwaarde van de samenwerking.

Tegenover deze kwetsbaarheid staat dat relaties partijen sterker binden aan elkaars belang in complexe interacties, met minder belangentegenstellingen en meer geborgenheid als gevolg. Bovendien heeft niet-inwisselbaarheid in relaties intrinsieke waarde voor de partners. De partners hebben verantwoordelijkheid en betekenis voor elkaar omdat ze niet zomaar voor anderen kunnen worden ingewisseld. Verder is het vertrouwen dat partijen in elkaar uitspre-

178 A.L. Bovenberg, 'Vrijhandel vanuit relationeel perspectief: kansen en bedreigingen', in: *Christen Democratische Verkenningen* 2017, nr. 3, 53-63.

ken door zich aan elkaar te binden een uiting van waardering. Mensen ervaren daardoor veiligheid en geborgenheid. In relaties worden meestal niet alleen materiële diensten uitgewisseld en ervaren, maar ook betekenis en waardering.[179]

Blijvend belang van relaties

Traditionele economen verkiezen vaak de inwisselbaarheid van transacties boven de verankering van relaties. Inwisselbaarheid beperkt namelijk marktmacht, externe effecten alsmede krediet- en liquiditeitsrisico. Maar een breder mensbeeld waarin ook aandacht is voor de behoefte aan persoonlijke waardering en betekenis vergroot het belang van verankering en binding, ook al gaat dat onvermijdelijk gepaard met een grotere kwetsbaarheid. Bovendien activeren relaties waarin mensen duurzaam aan elkaar gebonden zijn andere waarden dan transacties en concurrentie. Al met al verandert een breder, relationeel mensbeeld de afruil tussen flexibiliteit en binding. Welke rol kunnen waarden daarbij spelen? Dat is het onderwerp van het volgende hoofdstuk.

179 L. Bruni, L. Stanca, 'Watching Alone: Relational Goods, Television, and Happiness', in: *Journal of Economic Behavior and Organization* 65 (2008), 506-528.; C.J. Uhlaner, 'Relational Goods and Participation: Incorporating Sociability into a Theory of Rational Action', in: *Public Choice* 62 (1989) nr. 3, 253-285; L. Bruni, *The Wound and the Blessing: Economics Relationships and Happiness*. New York: New City Press, 2012.

6
De onmisbaarheid van waarden in de economie

De economie als samenwerkingsverband is een succes gebleken. Het geloof in de meerwaarde van samenwerken heeft een enorme scheppingskracht vrijgezet (hoofdstuk 4). Maar dat succes heeft ook uitdagingen opgeleverd en vraagt een opwaardering van kwetsbare belangen, zoals de natuur en degenen die niet goed mee kunnen komen met de complexe samenleving (hoofdstuk 5). Dat vraagt om het opwaarderen van kwetsbaarheid, beperktheid, betekenis en verankering.

Gelukkig is de kracht van de mens zijn transcendente capaciteit. De mens kan verder kijken en voelen dan het eigen belang en het hier en nu. Dit maakt de mens tot een adaptief wezen dat zich aan kan passen aan nieuwe omgevingen. Waarden sturen dit aanpassingsvermogen. Dit hoofdstuk bespreekt de rol die waarden kunnen spelen bij de heroriëntatie van de economie die nu wordt gevraagd. Waarden zijn onze diepere drijfveren: datgene wat we liefhebben als deel van onze persoonlijkheid, opvoeding en cultuur.

Paragraaf 6.1 gaat in op waarden als onderdeel van het menselijk kenvermogen. Daarna bespreekt paragraaf 6.2 de betekenis van persoonlijke waarden bij het besturen van onszelf. In paragraaf 6.3 staan sociale waarden centraal, waaronder de waarde van wederkerigheid. Paragraaf 6.4 bespreekt ethische waarden, waarbij mensen waarde hechten aan de waarden van anderen, ook al kennen ze hen niet persoonlijk. Paragraaf 6.5 beschrijft de relatie tussen persoonlijke waarden gericht op het eigen belang (het ik-motief), sociale waarden gericht op wederkerigheid en het groepsbelang (het wij-motief) en ethische waarden gericht op het algemeen belang (het zij-belang). Deze drie soorten waarden staan niet los van elkaar maar voeden elkaar. Zonder zelfliefde en liefde voor de groep komt ook liefde voor het grotere geheel niet goed van de grond.

6.1 Waarden als kenvermogen

Welvaart, preferenties en gedrag

Het waardebegrip in de traditionele welvaartstheorie binnen de economische wetenschap is gebaseerd op geobserveerd gedrag (figuur 6.1). Deze methode van *revealed preference* houdt in dat waarden worden afgeleid uit geobserveerd keuzegedrag: wat zijn mensen bereid te offeren voor een bepaald goed of een bepaalde dienst? De gedragsveronderstelling daarbij is dat mensen doen wat ze liefhebben: gedrag en drijfveren sporen met elkaar. Door deze identificerende aanname van rationaliteit kunnen economen zich bij het meten van waarden beperken tot het observeren van gedrag. Met andere woorden, waarden (wat mensen liefhebben) vallen samen met preferenties (wat mensen kiezen). Op basis van rationeel gedrag en stabiele preferenties alsmede de additionele aanname van goed werkende markten komen economen tot een eenduidig, eendimensionaal waardebegrip voor de welvaart van een huishouden. Gary Becker formuleerde deze zogenaamde neoklassieke benadering als volgt:

> '... the combined assumptions of maximising behaviour, market equilibrium and stable preferences, used relentlessly and unflinchingly.'[180]

180 G. Becker, *The Economic Approach to Human Behavior*. Chicago: University of Chicago Press, 1976.

Figuur 6.1. Traditionele economie: waarden worden afgeleid uit gedrag

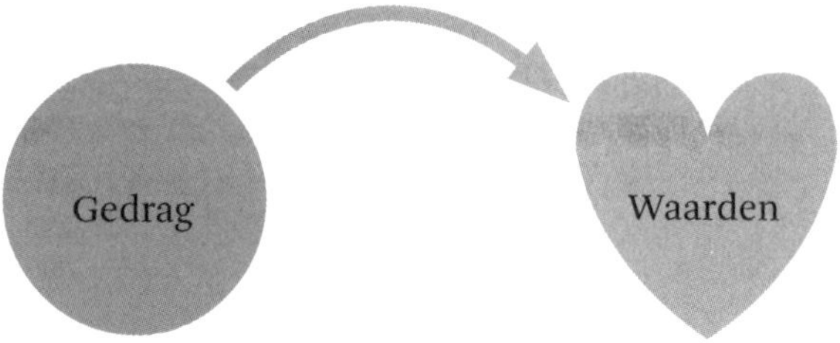

Gedragseconomie

Door de opkomst van de gedragseconomie zijn veel economen van hun geloof afgevallen. De gedragseconomie stelt de veronderstelling dat mensen doen wat ze liefhebben onder kritiek.[181] Deze tak van de economie past het concept van schaarste toe op aandacht en wilskracht van het individu. Mensen worden niet langer gezien als onbeperkt rationeel. Het welvaartsbegrip wordt daardoor minder eenduidig en meerdimensionaal.[182] Waarden (wat mensen liefhebben) vallen niet langer altijd samen met preferenties (wat mensen kiezen). Zo kunnen mensen geconditioneerd zijn op de behoefte aan geld maar is dat niet waar ze ten diepste naar verlangen. Om waarden te achterhalen kunnen gedragseconomen niet volstaan met het observeren van gedrag. Ze onderzoeken ook de innerlijke overwegingen van mensen. Vandaar dat zij contact zoeken met andere menswetenschappers: neurobiologen, psychologen en geesteswetenschappers zoals filosofen en theologen.

Twee systemen

Een goed startpunt voor het begrijpen van de betekenis van waarden is het onderzoek van de bekende gedragseconoom en Nobelprijswinnaar Daniel Kahneman. In zijn befaamde bestseller *Thinking, Fast and Slow* onderscheidt hij twee systemen.[183] Het zogenaamde

---

181 Stichting Innovatie Economie Onderwijs, *Keuzekatern gedragseconomie* (Laren: PY-publicaties B.V., 2019), 7, passim.

182 B.D. Bernheim, A. Rangel, 'Beyond Revealed Preference: Choice-Theoretic Foundations for Behavioral Welfare Economics', in: *Quarterly Journal of Economics* 124 (2009), nr. 1, 51-104.

183 D. Kahneman, *Thinking, Fast and Slow*. New York: Farrar, Straus and Giroux, 2011.

systeem 1 staat voor een snelle, intuïtieve manier van denken (zie de linkerbenedenhoek van figuur 6.2). Het andere, zogenaamde systeem 2 kent een langzamere, meer reflectieve manier van denken dat meer bewuste aandacht vraagt (zie de linkerbovenhoek van figuur 6.2). De meeste beslissingen nemen we op basis van de automatische piloot van systeem 1. Dit kost namelijk weinig energie en aandacht. Maar deze ingesleten patronen passen niet altijd bij nieuwe, complexe omgevingen. Daardoor maken we soms keuzes die niet meer goed aansluiten bij onze waarden. Als de kosten van deze conflicten tussen wat we doen en wat we liefhebben aanzienlijk zijn, doen we er goed aan om systeem 2 in te gaan schakelen. Dit systeem is duur in termen van schaarse energie en aandacht. Maar de opbrengsten van betere keuzes kunnen de kosten van het inschakelen van systeem 2 overtreffen, als de ingesleten patronen van systeem 1 niet goed meer aansluiten bij de omgeving.

Figuur 6.2 Besturen van een persoon: Thinking and loving, fast and slow

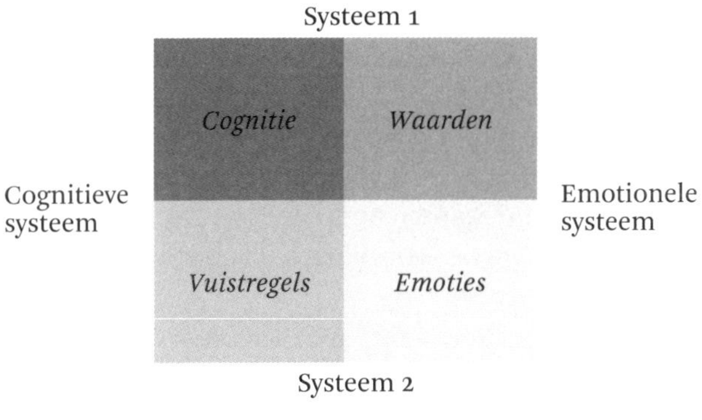

Emotionele intelligentie

Kahneman concentreert zich vooral op de cognitieve functie van het brein. Systeem 1 zou instinctief en emotioneel zijn en systeem 2 cognitief rationeel. Maar wijsheid gaat verder dan cognitieve rationaliteit alleen: denken en redeneren enerzijds en voelen en liefhebben anderzijds zijn complementaire delen van ons menselijk kenvermogen. Zonder gezonde emoties komen mensen niet tot goede keuzes omdat ze de mogelijke gevolgen van hun gedrag niet goed kunnen waarderen.[184] Wat we liefhebben bepaalt mede waar we onze waarneming op richten en wat we kunnen zien. Onze waarden beïnvloeden dus onze cognitie. Ook bepalen waarden wat we in onze verbeelding zien. Onze transcendente capaciteit om een wereld te verbeelden die er nog niet is en deze te waarderen is als het ware een zesde zintuig. Met dat zintuig kunnen we verder kijken dan dat wat nu voor ogen is. Deze verbeeldingskracht maakt het ook mogelijk om mee te voelen met anderen. De mens kan verder denken, waarderen en voelen dan het hier en nu en dan de eigen persoon. Deze creatieve en sociale eigenschappen maken de mens volgens Darwin zeer geschikt om te kunnen overleven in veranderende omgevingen. In plaats van de 'survival of the strongest' gaat het om de 'survival of the most cooperative, creative and adaptive'.

Oppervlakkige emoties versus diepere gevoelens

Als deel van ons kenvermogen heeft ook de emotionele, voelende en liefhebbende kant van de mens een snel systeem 1 en een langzamer, reflectiever systeem 2. Emoties die aan de oppervlakte liggen en zich uiten in impulsief gedrag zijn deel van systeem 1 (zie de rechterbenedenhoek van figuur 6.2). Maar emoties zijn ook deel van systeem 2: om gedragsopties te waarderen benut dit systeem de gevoelens die de mogelijke gevolgen van keuzes oproepen. De reflectie waardoor we ons bewust worden van onze diepere gevoelens en waarden vraagt tijd, aandacht en energie (zie de rechterbovenhoek van figuur 6.2). Naast 'Thinking, Fast and Slow' bestaat er dus ook 'Feeling, Fast and Slow'.

Neurobiologie

Het model van Kahneman kan worden geïnterpreteerd als een metafoor voor het menselijk brein. Systeem 2 is nauw verbonden met de prefrontale hersenschors. Dit deel van het brein maakt een persoon tot een bewuste bestuurder. Daarmee doordenken we verschillende keuzeopties. Vervolgens verbeelden en waarderen we de consequenties van de opties en ten slotte maken we een bewuste keuze. Met de erkenning van de rol van waarden binnen het langzame systeem 2 kan aansluiting gevonden worden gezocht bij hersenonderzoek in

---

184 A.R. Damasio, *The Feeling of What Happens: Body and Emotion in the Making of Consciousness*. Boston: Boston Harcourt, 1999.

de neuro-economie, bijvoorbeeld het onderzoek naar verschillende hersencircuits en de manier waarop de prefrontale cortex functioneert.[185] In systeem 2 denken we niet alleen rationeel, er huizen ook dieper gelegen gevoelens die ons helpen de gevolgen van verschillende keuzemogelijkheden te waarderen. Als cognitief en emotioneel geladen aspiraties spelen waarden een prominente rol in dit systeem.

6.2 Betekenis van waarden

Deze paragraaf bespreekt de betekenis van drie soorten waarden: persoonlijke waarden, sociale waarden en ethische waarden.

PERSOONLIJKE WAARDEN

We bespreken eerst het belang van persoonlijke waarden. Deze waarden zijn op drie manieren bij het besturen van onszelf (figuur 6.3): (1) ze binden ons aan minder zichtbare maar belangrijke belangen; (2) ze helpen ons bij het actief ontwikkelen van onszelf en onze omgeving; (3) ze maken ons weerbaar als onze omgeving verandert.

Figuur 6.3 Drie functies van waarden

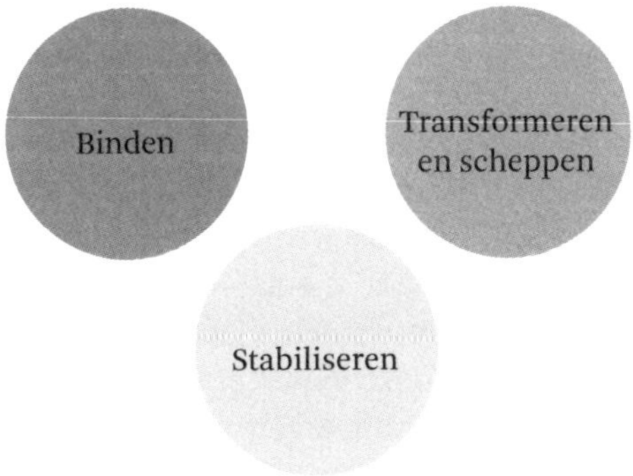

185 R. Sapolsky, *Behave. The Biology of Humans at our Best and Worst*, passim.

Waarden als binding aan belangrijke doelen

Een eerste functie van persoonlijke waarden is dat ze ons bij interne conflicten helpen om de emoties uit systeem 1 te overstemmen. In een snel veranderende wereld kunnen de dieperliggende waarden uit systeem 2 namelijk afwijken van de emoties uit systeem 1 die in andere omstandigheden zijn aangeleerd en daardoor niet meer goed passen bij de actuele situatie. Bij dergelijke interne belangenconflicten binden waarden beslissers als het ware aan de zwakkere maar belangrijke doelen, met verstandigere beslissingen als gevolg. Zelfbinding aan waarden is daarmee welbegrepen eigen belang.[186] Mensen laten zich niet alleen regeren door de vaak eendimensionale waarde uit systeem 1, maar nemen meerdere waarden uit systeem 2 mee in hun keuzes.

Waarden motiveren ons de moeilijke, maar betere, optie te kiezen. Mensen ontlenen namelijk betekenis aan gedrag dat hen dichter bij hun waarden brengt. Mensen ervaren geluk en voldoening als ze handelingen verrichten die hen dichter bij hun waarden brengen. Niet zozeer het bereiken van het doel maar de anticipatie van het bereiken van het doel door er actief aan bij te dragen genereert dopamine in de hersenen. Onze psyche haalt de beloning van de investeringen als het ware naar voren: de psychologische beloning ligt dus meer in productie dan in consumptie. De betekenis die we ontlenen aan lijden motiveert ons om moeilijke maar goede keuzes te maken.

Waarden als transformerende kracht

Een tweede functie van waarden is dat ze ons helpen onze omgeving actief te veranderen. Door onze waarden kunnen we verder kijken dan dat wat nu voor ogen is: ze voeden onze verbeelding. Daarmee zijn ze een scheppende en transformerende kracht die zich niet neerlegt bij het bestaande. Ze helpen ook om nieuwe werkelijkheden te scheppen door in te gaan tegen gevestigde belangen.
Tezamen met de plasticiteit van ons mensenbrein dat ons leervermogen geeft, maakt de binding aan waarden de mens het meeste

186 R.H. Frank, *Passions with Teason: the Strategic Role of the Emotions*. New York: W. W. Norton & Company, 1988.

creatieve en adaptieve wezen op aarde.[187] Culturele evolutie door de herprogrammering van gedragspatronen en preferenties in ons brein gaat namelijk heel wat sneller dan biologische evolutie door mutaties in genen. Gedrag verandert gewoonten door nieuwe verbindingen aan te leggen in ons brein.[188] Door ons anders te gedragen herprogrammeren we als het ware de circuits van systeem 1. Handelen in overeenstemming met onze diepere waarden zorgt dat we nieuwe gedragspatronen aanleren. Onze automatismen worden steeds meer geijkt op wat we liefhebben. Als onze preferenties uiteindelijk samenvallen met onze waarden, spreken we van deugden als belichaamde waarden. We hoeven geen beroep meer te doen op schaars denkvermogen en wilskracht om wijs en authentiek te handelen. Waarde en welvaart (systeem 1) sporen met waarden en welzijn (systeem 2).

Lijden en betekenis

Het bewustzijn van de plasticiteit van onze preferenties maakt veranderingen in gedragspatronen makkelijker. Het vergroot namelijk de betekenis van keuzes die sporen met onze waarden maar ingaan tegen onze automatismen en ons daarom zwaar vallen. Door ons bewust te zijn van de plasticiteit van onze preferenties nemen we ook de indirecte, strategische effecten van ons handelen op onze gewoonten mee in onze keuzes. Lijden krijgt daardoor betekenis. We realiseren ons dat disruptief gedrag op korte termijn gepaard gaat met interne conflicten, maar dat deze investeringen op termijn renderen door het aanleren van nieuwe gewoonten. We begrijpen ook dat gedragsverandering volharding en tijd vraagt: we zijn ons ervan bewust dat we niet altijd in staat zijn te doen wat we ten diepste willen. We zijn dus voorbereid op tegenslagen. Dit voorkomt naïviteit maar ook blokkerende angst. Het besef van eigen kwetsbaarheid en beperktheid helpt mensen om hun mislukkingen te erkennen en daarvan te leren in plaats van te vervallen in zelfoordeel en hypocrisie.

---

187 R. Sapolsky, *Behave. The Biology of Humans at our Best and Worst*, passim.

188 M. Sitskoorn, *Het maakbare brein*. Amsterdam: Bert Bakker, 2008.

Waarden maken weerbaar

Als derde functie, helpen waarden om onszelf aan te passen aan onze omgeving. Ze maken ons weerbaar. Dankzij systeem 2 als de bestuurder of leider in ons, hoeven we geen slachtoffer te zijn van de omstandigheden. Door ons te laten regeren door onze diepere waarden, beschikken we over de vrijheid tegen onze automatismen uit systeem 1 in te gaan. Dat maakt de mens zo'n vrij en flexibel wezen. Ons economisch handelen wordt mede bestuurd door de bovenbouw van onze waarden in plaats dat alleen de onderbouw van de omstandigheden onze keuzes regeert. Paradoxaal genoeg leidt binding tot meer vrijheid. In een dynamische omgeving helpen stabiele waarden bij het sneller aanleren van nieuwe gedragspatronen. Dit voorkomt dat de omstandigheden ons uit het evenwicht brengen.

Figuur 6.4. Geen woorden maar daden en waarden

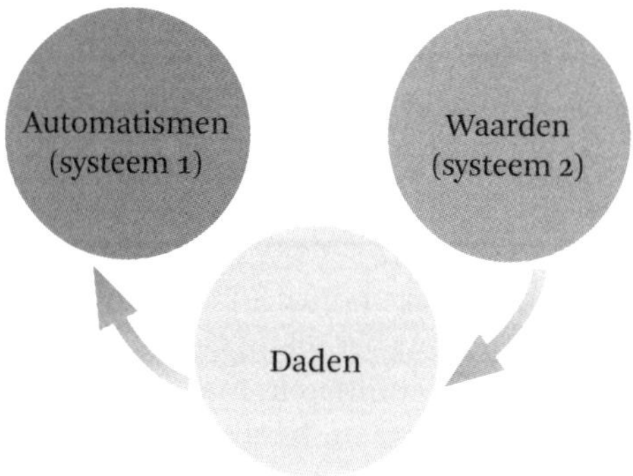

Geen woorden maar daden en waarden

Bij het ontwikkelen van onszelf geldt: geen woorden maar daden. Want alleen door onze waarden te belichamen in daden, herprogrammeren we de automatismen uit systeem 1. Hierbij geldt overigens ook geen waarden, geen daden. Want zonder waarden die ons handelen betekenis geven komen we niet in actie. Het is dus geen waarden of daden naar waarden en werken (figuur 6.4). Ook hier geldt weer 1+1=3. Neem bijvoorbeeld de overvloed waarin de mens leeft als een gevolg van steeds complexere en succesvolle samenwerking. Volop energie inslaan als de gelegenheid zich voordoet is niet altijd meer wijs. Integendeel, in plaats van honger is obesitas het grootste probleem in onze welvarende samenleving. Meer in het algemeen is het volop verzamelen van spullen niet meer altijd zo slim. De nieuwe omgeving met meer materiële overvloed vraagt dus om het veranderen van oude gedragspatronen.

Meerdimensionale maatstaven voor welzijn

Vanwege beperkte wiskracht, energie of tijd spoort ons gedrag vaak niet meer met onze diepere waarden. Waarden kunnen we dus niet langer afmeten aan gedrag alleen. Reflectie op diepere waarden die menselijke bloei bepalen wint aan belang. De kracht van het nationale inkomen als maatstaf voor de welvaart van een land is dat deze objectief meetbaar is. Maar het verwart een middel – marktwaarde en inkomen – met het uiteindelijke doel: welzijn of menselijke bloei. Zoals Adam Smith in zijn kritiek op het mercantilisme al benadrukte, gaat de rijkdom van landen veel verder dan goud en zilver. Wat uiteindelijk telt zijn de subjectieve waarden van huidige en toekomstige burgers. Net als bij individuele huishoudingen, gaat het bij de huishouding van een land als geheel om multidimensionale waarden. Dat betekent dat het welzijn van een land moet worden afgelezen aan meerdere indicatoren (zie bijvoorbeeld het World Happiness Report).[189] Het gewicht dat ieder individu zal toekennen aan deze indicatoren is subjectief en niet objectief af te lezen uit marktprijzen.

SOCIALE WAARDEN

Sociale waarden helpen bij het besturen van niet alleen onszelf maar ook van samenwerking met anderen. Om de rol van sociale waarden te begrijpen bij het besturen van samenwerking, classificeert figuur 6.5 samenwerking aan de hand van twee dimensies: diepte en breedte. De dieptedimensie is de mate van complexiteit in de manieren waarop mensen elkaars welzijn beïnvloeden. Aan de onderkant staan simpele wisselwerkingen en aan de bovenkant staan complexe interacties. De breedtedimensie doelt op de verwevenheid in termen van het aantal mensen dat betrokken is. Aan de linkerkant zijn dat weinig en aan de rechterkant veel. Elk kwadrant van figuur 6.5 heeft een besturingsvorm die dominant is. Besturen van samenwerking

---

189 J.F. Helliwell, R. Layard, J. Sachs, *World Happiness Report*. New York: United Nations, 2015.

richt zich op het zo veel mogelijk parallel laten lopen van belangen. Door belangen zo veel mogelijk in balans te brengen vergroot het bestuur het vertrouwen in wederkerigheid en kan samenwerking van de grond komen. Merk op dat figuur 6.5 voor het besturen van het sociale organisme van een samenwerkingsverband lijkt op figuur 6.2 voor het besturen van het individuele lichaam van een persoon.

Figuur 6.5. Besturen van samenwerken

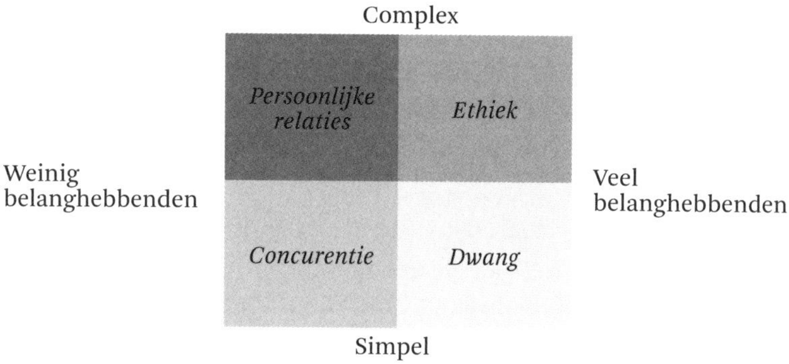

Systeem 1

Simpele samenwerking kan goed worden bestuurd door concurrentie (bij weinig belanghebbenden, zie het kwadrant linksonder in figuur 6.5) of dwang (bij veel belanghebbenden, zie het kwadrant rechtsonder in figuur 6.5). Dit is in feite systeem 1 voor het besturen van samenwerking. Systeem 1 werkt goed bij simpele samenwerking, of in economische vaktaal, contracteerbare samenwerking. Wetten, contracten en de onzichtbare hand van reputatie zorgen ervoor dat belangen grotendeels parallel lopen. Er is daarom maar een beperkte rol weggelegd voor sociale waarden, waarbij mensen hechten aan de belangen van degenen met wie ze zich verbonden voelen. Het gedragsmodel van de 'ik-gerichte' beslisser die vooral het eigen belang liefheeft is in deze omgeving een adequaat gedragsmodel.

Systeem 2

Voor complexere, niet-contracteerbare samenwerking zijn andere bestuursvormen nodig om belangen parallel te laten lopen en zo waarde te scheppen. Deze bestuursvormen voor complexe sociale systemen zijn als het ware systeem 2 van het bestuur van een sociaal mechanisme. We noemen dat systeem 2 ook wel vrijwillige binding. Deze binding aan elkaars belangen is gebaseerd op persoonlijke relaties (zie het kwadrant linksboven in figuur 6.5, zie ook paragraaf 5.2) alsmede ethiek (zie het kwadrant rechtsboven in figuur 6.5). In zowel persoonlijke relaties als ethiek spelen sociale waarden een hoofdrol. Door de toenemende complexiteit en dynamiek van de economie worden sociale waarden steeds belangrijker in het elimineren van belangenconflicten, of in vaktaal, het internaliseren van externe effecten. Net als persoonlijke waarden binden sociale waarden beslissers aan zwakke, niet contracteerbare doelen en belangen. In het geval van sociale waarden betreffen deze zwakke belangen de belangen van anderen.

Wederkerigheid als waarde

Een belangrijke sociale waarde is wederkerigheid. Dat betekent dat we ervan houden de belangen van anderen te dienen zolang we erop kunnen vertrouwen dat onze belangen goed behartigd worden door die anderen. De waarde die we hechten aan wederkerigheid is nauw verbonden met de morele waarde van rechtvaardigheid. Het is ook verbonden met de gouden regel uit de ethiek en het categorisch imperatief (paragraaf 4.2). Niemand kan van anderen eisen om alleen maar te ontvangen en niemand hoeft alleen maar te geven. Het belang van wederkerigheid heeft zich vastgezet in ons brein als een belangrijke waarde.[190] We ervaren psychologische beloningen als we goed zijn voor individuen of huishoudens die goed zijn voor ons. Maar als mensen ons of anderen waarmee we ons verbonden voelen schaden, ervaren we juist psychologische beloningen als de daders gestraft worden. Vertrouwen dat anderen ons belang behartigen activeert 'positieve' wederkerigheid. Wantrouwen en angst voor beroving, daarentegen, activeert juist 'negatieve' wederkerigheid in de vorm van het competitieve wij-zij motief en het hebzuchtige ik-motief.

---

190 P. Seabright, *The Company of Strangers*. E. Fehr, S. Gächter, 'Fairness and Retaliation: The Economics of Reciprocity', in: *Journal of Economic Perspectives* 14 (2000), nr. 3, 159-182.

Positieve spiraal van vertrouwen, dienen en groei

De positieve terugkoppeling tussen vertrouwen en waarderen is zowel een kans als een bedreiging. De kans is een gezonde, opwaartse spiraal waarbij vertrouwen en waardering elkaar versterken (figuur 6.6). Mensen gunnen elkaar wat in deze 'guneconomie'.

Figuur 6.6 Opwaartse spiraal van vertrouwen en waardering

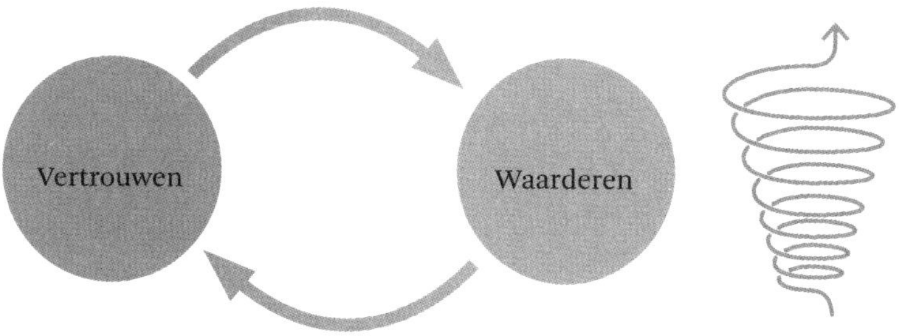

Kwetsbaarheid van samenwerken

Maar de positieve terugkoppeling tussen vertrouwen en waarderen heeft ook een andere, negatieve kant. Onze waardering voor elkaar wordt immers geactiveerd door vertrouwen en dat vertrouwen is fragiel. Vertrouwen is kwetsbaar voor misverstanden en fouten en kan omslaan in wantrouwen. Vertrouwen komt te voet en gaat te paard. De opwaartse spiraal van vertrouwen en waarderen kan daardoor gemakkelijke omslaan in een neerwaartse spiraal van angst en onverschilligheid (figuur 6.7). In economische vaktaal: menselijke relaties kennen twee Nash-evenwichten afhankelijk van welke geest regeert: vertrouwen of angst.

Ex ante en ex post effect van straffen

Het straffen van asociaal gedrag kan ex ante een afschrikwekkend effect hebben maar kan ook een neerwaartse spiraal van negatieve wederkerigheid versterken. Wantrouwen en vijandsbeelden zetten zich gemakkelijk vast in de menselijke geest. De flexibiliteit van ons brein is een tweesnijdend zwaard.[191] Afhankelijk van welke

191 R. Sapolsky, *Behave. The Biology of Humans at our Best and Worst*, passim.

geest ons regeert, zijn we als mensen het meest sociale of het meest wrede wezen op aarde.

Figuur 6.7. Neerwaartse spiraal van angst en onverschilligheid

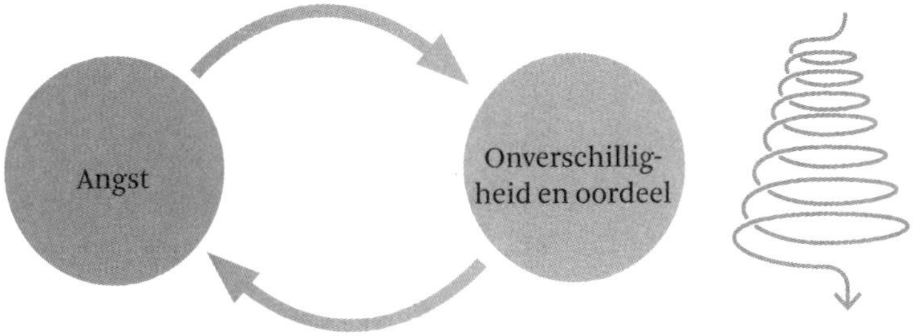

ETHISCHE WAARDEN

Wie het kleine niet eert, is het grote niet weerd

Het relationele karakter van de mens wordt gevormd en geactiveerd in kleine gemeenschappen waarin mensen voor langere tijd aan elkaar gebonden zijn. Samenwerking in kleinere verbanden is een noodzakelijke voorwaarde om ethisch te kunnen handelen in grotere verbanden en tegenstellingen tussen groepen te kunnen overbruggen.

Het gevaar van wij-zij denken

Maar het is niet voldoende. Persoonlijke relaties en gemeenschappen kunnen namelijk tegenstellingen tussen groepen vergroten door het activeren van het wij-zijmotief.[192] Hierbij wordt de interne cohesie vergroot door vijandsbeelden op te roepen. Dat kan de belangen van de groep schaden. Uiteindelijk is de verbindende ethische waarde het simultaan behartigen van alle belangen. Het is de grondwet van economie als huishoudkunde.

Grote samenwerkingsverbanden

Grotere samenwerkingsverbanden (bijvoorbeeld grote bedrijven) zijn vaak moeilijker te besturen omdat betrokkenen elkaar niet

---

192 D. Balliet, J. Wu, C.K.W. De Dreu, 'Ingroup Favoritism in Cooperation: A Meta-Analysis', in: *Psychological Bulletin* 140 (2014), nr. 6, 1556-1581.

persoonlijk kennen. Maar groepen definiëren en ontwikkelen vaak een cultuur – intersubjectieve waarden en overtuigingen met bijbehorende gedragsregels. We binden ons vrijwillig aan deze sociale waarden en normen omdat we ons verbonden voelen met de groep.[193] We willen namelijk graag bij de groep horen als een gewaardeerd, geliefd lid.[194] Vrijwillige binding aan gedeelde waarden is essentieel voor het verzoenen van samenwerking en vrijheid (Bowles, 2016). Daarom is een nationale identiteit en cultuur die gedeeld wordt door alle burgers, die gebonden zijn aan een geografische locatie, essentieel voor een effectieve overheidsmacht die haar burgers vrijheid en ruimte laat.

Samenlevingen als geheel: vertrouwen in inclusiviteit

De complementariteit tussen vertrouwen, waardering en samenwerking uit figuur 6.6 geldt niet alleen voor persoonlijke relaties maar ook voor grotere samenwerkingsverbanden. Door zelfversterkende terugkoppelingen kunnen zachte instituties (d.w.z. de cultuur als verwachtingen, waarden en gedragsnormen van burgers) en de harde instituties (zoals overheid en markt) elkaar wederzijds versterken bij het stimuleren van burgers om elkaars belang te dienen in plaats van elkaar te beroven (figuur 6.8). Cultuur en economie staan in wederkerig verband.

Figuur 6.8. Complementariteit tussen harde en zachte instituties

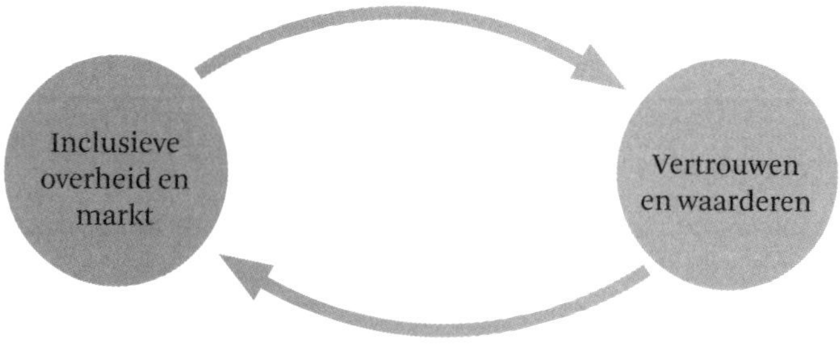

193 G.A. Akerlof, R.H. Kranton, *Identity Economics: How Our Identities Shape Our Work, Wages, and Well-Being*. Princeton: Princeton University Press, 2010.

194 N. Ellemers, *Morality and the Regulation of Social Behavior. Groups as Moral Anchors*. New York: Routledge, 2017.

Enerzijds zorgen de harde inclusieve instituties van de rechtsstaat en vrije concurrentie ervoor dat iedereen erop kan vertrouwen dat zijn belangen geborgd zijn, ook al behoort hij tot een minderheidsgroep.[195] Dit vertrouwen activeert burgerschapsmotieven gericht op het belang van het geheel (d.w.z. simultane belangenbehartiging) in plaats van alleen het nauwe eigen of groepsbelang. De onderbouw van harde inclusieve instituties versterkt zo de bovenbouw van een inclusieve cultuur, namelijk inclusieve burgerschapswaarden en het vertrouwen daarin. Dit is de bovenste pijl in figuur 6.8.

Anderzijds zijn ethische waarden – ieders belang telt mee en niemand is een instrument voor anderen – essentieel voor een goed functionerende inclusieve overheid die iedereen gelijk behandelt ('the rule of law') en die op markten eerlijke concurrentie afdwingt. Deze gezamenlijke identiteit wordt geactiveerd door verhalen, symbolen en doelen die mensen die op dezelfde plaats wonen met elkaar verbinden. De zachte, onzichtbare intersubjectieve werkelijkheid van de culturele bovenbouw met haar verwachtingen en waarden bepaalt zo mede de harde, zichtbare onderbouw van de sociaaleconomische instituties. Dit is de onderste pijl in figuur 6.8.

Schaalvoordelen van vertrouwen en samenwerken

In *high-trust societies* is ethisch gedrag (handelen in het belang van niet alleen jezelf maar ook anderen) de vanzelfsprekende sociale norm. Dit sociaal kapitaal – het vertrouwen dat beslissers zich ethisch gedragen – versterkt op zijn beurt de inclusieve politieke instituties die alle belangen behartigen. *Low-trust societies* daarentegen zitten letterlijk gevangen in een vertrouwens- en armoedeval. Zonder een inclusieve overheid die zwakke belangen beschermt kunnen rovers en imperialisten hun gang gaan. Dat roversgedrag is besmettelijk omdat het ook bij anderen de spiraal van angst, onverschilligheid en schaarste in gang zet. Burgerschapsmotieven worden zo uitgehold.

195 D. Acemoglu, J.A. Robinson, *Why Nations Fail. The Origins of Power, Prosperity and Poverty*. New York: Crown Publishing Group, 2012.

Internationale samenwerking en gedeelde waarden

Gedeelde waarden zijn ook van belang voor internationale samenwerking, bijvoorbeeld internationale handel. Het verzoenen van de spanning tussen nationale beleidsvrijheid enerzijds en internationale samenwerking anderzijds vraagt om een gedeelde identiteit gebaseerd op gedeelde ethische waarden. Het belang van een gedeelde morele basis neemt toe met de complexiteit van deze handel, bijvoorbeeld op de terreinen van consumentenbescherming, intellectueel eigendom, dierenwelzijn, duurzaamheid en sociale bescherming.

Dit inzicht is nauw gerelateerd aan het befaamde trilemma van Dani Rodrik tussen globalisering (d.w.z. internationale samenwerking), democratie (d.w.z. volkssoevereiniteit) en de natiestaat (d.w.z. een 'wij-identiteit'): maar twee van deze drie doelen kunnen tegelijkertijd worden gerealiseerd.[196] Voor elke soort samenwerking bestaat een optimale afstand tussen mensen: enerzijds genoeg verscheidenheid om verschillen te kunnen uitruilen maar anderzijds voldoende overeenstemming over de waarden en normen die samenwerking reguleren en alle belangen borgen. De reikwijdte van gezamenlijke waarden en identiteit bepaalt zo het bereik van internationale handel en samenwerking. Zonder gezamenlijke waarden gebaseerd op vertrouwen in wederkerigheid kan internationale samenwerking alleen worden afgedwongen door grote, machtige landen die kleinere landen hun wil opleggen.

6.3 Onderlinge relaties tussen waarden

In de vorige paragraaf hebben we drie soorten waarden besproken: persoonlijke waarden, sociale waarden en ethische waarden. Deze drie soorten waarden staan niet los van elkaar maar voeden elkaar (figuur 6.9).

---

196 D. Rodrik, 'How Far will International Economic Integration go?', in: *Journal of Economic Perspectives* 14 (2000), nr.1, 177-186.

Figuur 6.9. Groei in liefde

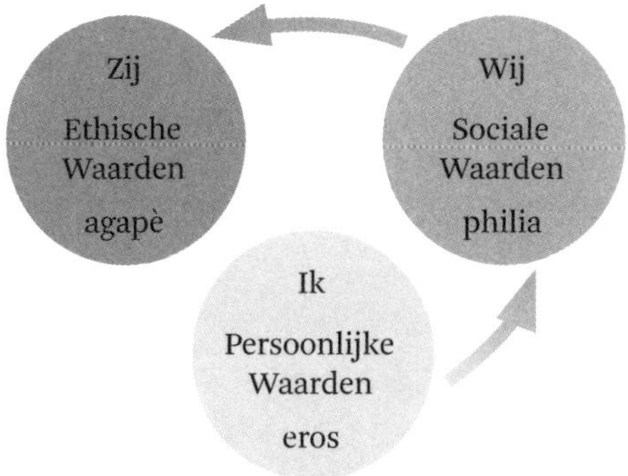

Levensloop en mensheid

De groei van liefde van persoonlijke naar sociale en uiteindelijke ethische waarden zien we in een gezonde levensloop. Door te gaan vertrouwen in de door anderen belichaamde waarden, zien we onszelf in de spiegel en kunnen we onszelf (het eigen ik) gaan liefhebben -- ondanks al onze beperkingen die we zelf maar al te goed kennen (zie de onderste bol in figuur 6.9). De opvoeding speelt een cruciale rol bij het programmeren van de relationele circuits in ons brein. Door het groeiende vertrouwen in hun ouders en de veiligheid die daaruit voortvloeit, kunnen kinderen naast het beschermen van het korte-termijn eigenbelang ook andere waarden gaan ontwikkelen. Zo kunnen ze zich gaan richten op de sociale waarden van het wij van de groep (zie de rechter bol in figuur 6.9). Ze leren verantwoordelijkheid te nemen voor anderen en daaraan betekenis te ontlenen. Van daaruit kunnen ze verder groeien naar liefde voor het zij van al wat leeft – de onbestemde naaste. Zo ontwikkelen ook de ethische waarden zich (zie de linker bol in figuur 6.9).

De groei van persoonlijke, naar sociale en ten slotte ethische waarden zien we bij Johan Cruijff (figuur 6.10). Eerst moest Cruijff zelf goed leren voetballen (het ik staat centraal), daarna richtte hij zich op het team (het wij). Uiteindelijk zette hij zich via zijn foundation in voor het zij (de onbestemde ander), dus alle jongeren. Johan

Cruijff symboliseert de reis van de mensheid naar een steeds complexer sociaal lichaam met een steeds groter collectief bewustzijn. Dat gaat niet zonder slag of stoot. Steeds moeten we het conflict aangaan met oude automatismen.

Figuur 6.10 Johan Cruijff

Bronnen: RTV-Oost, 2017; NOS, 24-03-2017, Getty Images

Menselijke geschiedenis

Evolutionair gezien is de mens eerst binnen de sociale groep van de familie vertrouwensbanden aangegaan. Daarna werden ook vertrouwensrelaties met anderen dichtbij aangeknoopt, namelijk de andere leden van de stam. Naarmate die groepen groeiden en meer gingen samenwerken met andere groepen, zijn mensen stapje voor stapje vreemden gaan vertrouwen.[197] Zo nam de reikwijdte van samenwerking toe. Deze ontwikkeling van het ik, naar het wij en vervolgens het zij zie je ook terug in het mensenbrein.[198] In de eerste plaats de hersenstam en het ruggenmerg; beiden zijn gericht op de basale levensfuncties van het 'ik'. In de tweede plaats het limbische systeem dat de mens in staat stelt zich sociaal en emotioneel te ontwikkelen binnen het 'wij'. Ten slotte de neocortex die de mens in staat stelt te analyseren, verbeelden en waarderen en zich te verplaatsen in anderen uit het 'zij'.

De mensheid maakt een groei door in zijn bewustzijn van zelfliefde, naar liefde voor de groep waar hij deel van uitmaakt naar liefde voor de mensheid en de planeet als geheel. Daarbij blijven alle drie

197 P. Seabright, *The Company of Strangers.*

198 A.L. Bovenberg, e.a., *Simultaan Behartigen van Belangen. De liefde als de samenbindende kracht voor de economie*. Amsterdam: Boom, 2020.

de delen van groot belang. Zonder zelfliefde en liefde voor de groep komt ook liefde voor het grotere geheel niet goed van de grond. Ook vraagt het beter kennen en waarderen van de mens samenwerking tussen de verschillende menswetenschappen (figuur 6.11). Het gaat dan om de wetenschappen die het individuele lichaam bestuderen (de biologie), sociale samenwerkingsverbanden (de sociale wetenschappen) en de menselijke verbeelding van intersubjectieve werkelijkheden (geesteswetenschappen, waaronder theologie). Een andere belangrijke uitdaging bij deze ontwikkeling van de mensheid is een nieuw soort leiderschap – een leiderschap dat begint in kleine verbanden. Dit leiderschap wordt besproken in het volgende hoofdstuk.

Figuur 6.11 Menswetenschappen

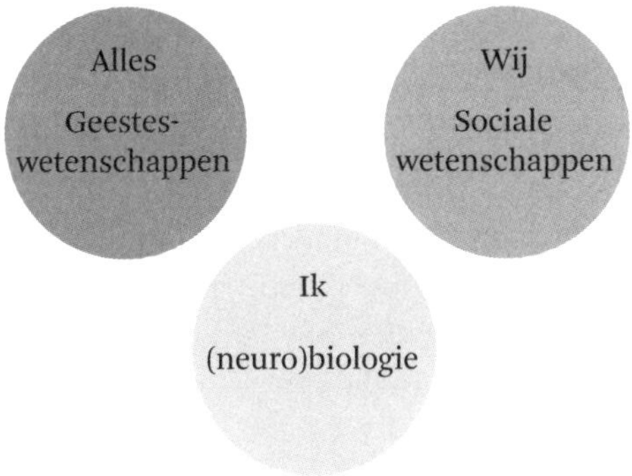

7
Leiderschap als sleutel tot integratie van waarden in de economie

De uitdagingen waarvoor de wereld staat en die geïdentificeerd zijn in hoofdstuk 5 vragen om een leiderschap dat kwetsbaar durft te zijn. Dat leiderschap opereert bewust vanuit de waarden die in hoofdstuk 6 zijn besproken. Dit hoofdstuk gaat in op dit leiderschap.

Paragraaf 7.1 bespreekt hoe dat leiderschap het belang van het samenwerkingsverband dient door zich te committeren aan de kwetsbare, minder zichtbare belangen. De keten van de samenwerking en het vertrouwen daarin is namelijk zo sterk als de zwakste schakel. Paragraaf 7.2 laat zien hoe leiders door vertrouwen te belichamen de scheppingskracht van samenwerking en creativiteit kunnen vrijzetten. Paragraaf 7.3 richt zich ten slotte op de rol van leiderschap bij het stabiliseren en herstellen van samenwerking. Het onderzoekt hoe leiderschap kan voorkomen dat negatieve vertrouwensschokken en wij-zij denken een negatieve spiraal op gang brengen die samenwerken vernietigt.

De drie paragrafen in dit hoofdstuk over leiderschap sluiten aan bij de drie rollen van waarden die in het vorige hoofdstuk zijn geïdentificeerd (figuur 7.1 en vergelijk deze figuur met figuur 6.3). In de eerste plaats binden waarden ons aan de minder zichtbare maar belangrijke belangen (paragraaf 7.1). In de tweede plaats helpen waarden ons bij het vormgeven van zowel onszelf als onze omgeving (paragraaf 7.2). In de derde plaats maken waarden ons weerbaar: ze beschermen ons tegen schokken die de samenwerking bedreigen (paragraaf 7.3).

Figuur 7.1 De drie functies van waarden en leiderschap

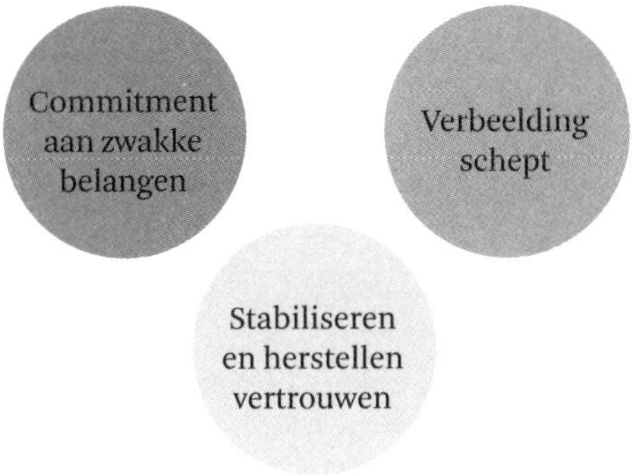

7.1 Het beschermen van zwakkere belangen

Leiderschap als systeem 2

Leiderschap kan worden gezien zien als systeem 2 (d.w.z. het bewuste bestuurssysteem) van een samenwerkingsverband, zie de rechter bol in figuur 7.2) Door de sociale waarde van het simultaan waarderen van alle belangen te belichamen in daadwerkelijk gedrag (onderste bol in figuur 7.2), vormt dit leiderschap systeem 1 van de groep als een sociaal organisme (linke bol in figuur 7.2).

Figuur 7.2 Leiderschap als systeem 2 van een samenwerkingsverband

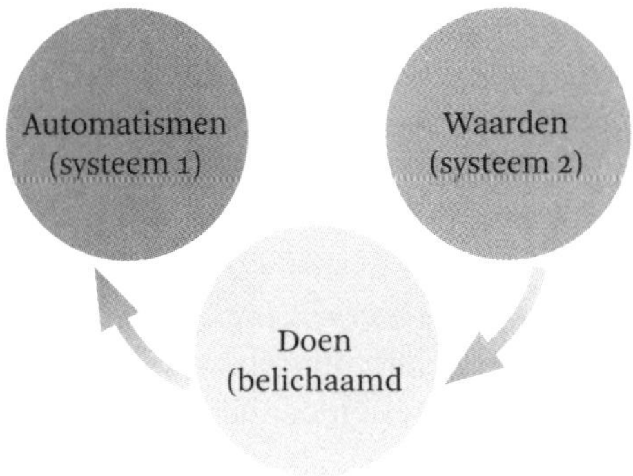

Cognitieve en emotionele kant

Waardenbewust leiderschap heeft evenals systeem 2 van het persoonlijke bestuur (zie figuur 6.2) zowel een cognitieve als een emotionele component. Dit leiderschap kijkt vooruit in de tijd en houdt rekening met de strategische effecten van zijn gedrag op anderen. Daarnaast is er een emotionele component: leiderschap waardeert de effecten van beslissingen op niet alleen het korte-termijn eigenbelang maar ook de belangen van anderen en het inspireert daarmee de groep. Leiderschap verbreedt waarde dus naar waarden.

Leiderschap is informeel

Het op deze manier gedefinieerde leiderschap beperkt zich niet tot personen met formele leiderschapsposities. Ook andere groepsleden die bewust opereren vanuit waarden en daarmee het gedrag van de groep beïnvloeden maken er deel van uit. Leiderschap is vaak verspreid over meerdere personen; ook de formele leider is nu eenmaal beperkt en daardoor aangewezen op anderen.

Leiderschap beschermt kwetsbare belangen

De leider dient zich vooral in te zetten voor de zwakste belangen. Deze belanghebbenden dreigen zich namelijk het eerste terug te trekken en het samenwerkingsverband te besmetten met angst. De keten van vertrouwen in wederkerigheid is zo sterk als de zwakste schakel. Lucebert had een uitstekende economische intuïtie toen hij dichtte: 'Alles van waarde is weerloos.'[199] Het commitment om de zwakke belangen niet te beroven is het fundament onder een gezonde economie. De weerloze belangen zijn daarom het meest waardevol voor het samenwerkingsverband als geheel. Dit vraagt om leiders die voorbij het nauwe eigenbelang kijken naar de belangen van anderen en dan vooral de belangen die minder zichtbaar zijn. Deze capaciteit is vaak het gevolg van een persoonlijke ervaring van de scheppingskracht van liefde.

Kwetsbaarheid als kracht

De geloofwaardigheid van het commitment aan de belangen van de kwetsbare partijen kan vereisen dat het leiderschap offers brengt

---

199 Lucebert, *De zeer oude zingt*, in: *Verzamelde Gedichten*. Amsterdam: De Bezige Bij, 2002.

die te kostbaar zijn voor leiders die slechts het eigen belang dienen. Dat geldt zeker als de kwetsbare partijen nog onvoldoende vertrouwen hebben in het commitment van de leider. Leiderschap dat zich kwetsbaar opstelt en geloofwaardig meerdere waarden dient, kan zo meer gezag verwerven dan leiderschap dat opereert vanuit macht. De zogenaamde interventieparadox[200] stelt dat macht tot onmacht kan leiden. Machtige partijen kunnen zich niet binden om rekening te houden met anderen en zijn daardoor niet in staat vertrouwen te winnen. Kwetsbaarheid, daarentegen, leidt wel tot gezag: het genereert vertrouwen omdat het een geloofwaardig signaal is voor anderen dat hun belangen veilig zijn.

Vertrouwen

De door het leiderschap gecreëerde veiligheid biedt betrokkenen de ademruimte om hun creativiteit de vrije loop te laten. De Harvard hoogleraar Amy Edmondson spreekt in dit verband over een *fearless organization.*[201] *Top-down* leiderschap gebaseerd op alleen controle en financiële prikkels kan niet goed doordringen tot het hart van complexe, kennisintensieve organisaties, omdat professionals op de werkvloer over meer informatie beschikken dan het centrale niveau. Effectief, inspirerend leiderschap is dan niet meer gebaseerd op macht en dwang, maar verwerft gezag door het vertrouwen van betrokkenen te winnen waardoor ze gaan verlangen naar de cultuur die het leiderschap belichaamt. Dienstverleners en kenniswerkers worden zo niet gemotiveerd door energieverslindende angst maar door intrinsieke motivatie om van betekenis te zijn voor anderen. Dit zet de scheppingskracht van 1+1=3 vrij.

Moeilijke maar betere optie: ga in tegen gevestigde belangen

Door zich te binden aan het zwakke belang, kiezen leiders de moeilijke, maar betere, optie voor het samenwerkingsverband als geheel. Leiders laten zich niet verleiden om samen te werken met deelbelangen die ten koste gaan van het algemeen belang. Leiden

---

200 C.N. Teulings, e.a., *De cirkel van goede intenties: De economie van het publieke belang.* Amsterdam: Amsterdam University Press, 2005.

201 A.C. Edmondson, *The Fearless Organization. Creating Psychological Safety in the Workplace for Learning, Innovation, and Growth.* New Jersey: Wiley, 2019.

vanuit liefde betekent dus nadrukkelijk niet dat alles acceptabel is. Voorkomen moet worden dat uitvretersgedrag het vertrouwen in samenwerking uitholt en het samenwerkingsverband besmet met angst. In dit verband kan het leiderschap leden die de groep moedwillig schaden straffen in het vooruitzicht te stellen. Het afschrikwekkende effect van deze straf kan helpen deze leden te disciplineren. Tegelijkertijd zal men ook aan deze meelifters hoop moeten blijven uitstralen. Dit motiveert de meelifters maximaal om hun gedrag te veranderen en zo een gewaardeerd deel van de groep te worden.

Als systeem 2 van een groep dient leiderschap systeem 1 soms te overstemmen door tegen de primaire emoties van de groep in te gaan. Zeker in nieuwe omstandigheden kunnen de gebaande paden uit systeem 1 misleidend zijn en niet langer aansluiten bij dieperliggende waarden. Deze waarden helpen het leiderschap zich dan te binden aan de zwakkere belangen, die op het eerste gezicht minder zichtbaar zijn en minder emoties oproepen maar wel uitermate waardevol zijn. Ze helpen het leiderschap juiste maar moeilijke handelingen te kiezen door de sterke emoties uit systeem 1 te overstemmen. Zo bestuurt leiderschap de groep bewust, in plaats van dat oppervlakkige emoties de groep in de nieuwe omgeving de verkeerde kant opsturen.

Dynamische effecten

Door oefening ontstaan nieuwe gedragspatronen die beter passen bij de nieuwe omgeving. De emoties en automatismen van systeem 1 gaan na enige tijd meer lijken op de waarden die het leiderschap belichaamt. Uiteindelijk groeit systeem 1 helemaal naar systeem 2 toe. Er zijn dan geen belangenconflicten meer: waarden zijn waarde geworden.

Het bewustzijn van deze strategische effecten op systeem 1 biedt het leiderschap wilskracht om het conflict met het eigen systeem 1 en dat van de groep aan te gaan. Door deze offers betekenis te geven als investeringen in een andere intersubjectieve werkelijkheid, haalt de verbeelding de daaraan verbonden opbrengsten als het ware naar voren in de tijd.

7.2 De scheppingskracht van kwetsbaarheid

Een tweede functie van leiderschap is verder kijken dan het hier en nu. Ook al is de goede samenwerking nu nog niet zichtbaar, de leider is bereid nu al te investeren in betere samenwerking. Investeren zonder dat de opbrengsten al zichtbaar zijn, vraagt moed die gevoed wordt door verbeeldingskracht en vertrouwen. In het geloof in de kracht van samenwerking ligt een enorme scheppingskracht. Het is een transformerende kracht die zich niet neerlegt bij het bestaande. Zo hebben we in figuur 4.2 gezien hoe het vertrouwen in de scheppingskracht van samenwerking de levenstandaard van de mensheid de afgelopen twee eeuwen heeft doen exploderen.

Leiderschap als risicodragend kapitaal

Effectief leiderschap stelt zich kwetsbaar op door het risico te nemen als eerste in de samenwerking te investeren. Leiders zijn vaak lijders die offers brengen – of in economische vaktaal: degenen die risicodragend kapitaal ter beschikking stellen. Ze investeren door anderen te leren kennen (bol linksboven in figuur 7.3). Een leider waardeert mensen niet op wat hij ze nu ziet doen maar heeft oog voor hun potentie. Daardoor leren ze anderen te vertrouwen en te waarderen (bol rechtsboven in figuur 7.3). Door vervolgens dat vertrouwen en dat commitment te belichamen in hun gedrag, laten leiders vervolgens daadwerkelijk zien dat ze vertrouwen hebben in de samenwerking (bol onderaan in figuur 7.3).

Figuur 7.3. Leiderschap

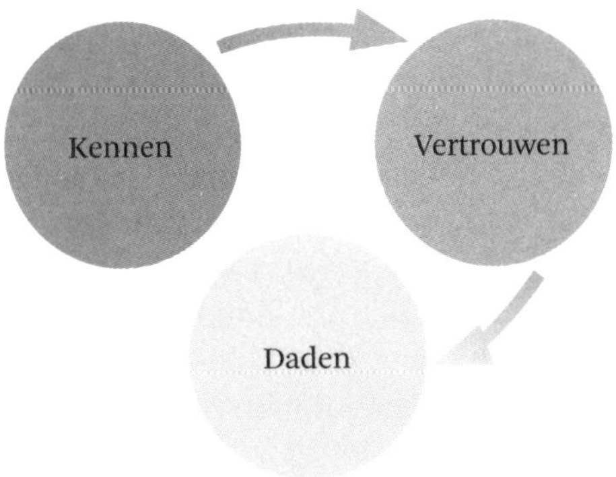

Strategische effecten van commitment op vertrouwen van anderen

Wat betekent dit voor de volgers? De in het gedrag van de leiders zichtbare waardering is voor de volgers een spiegel waarin ze hun eigen waarde leren ontdekken. Als beperkte mensen hebben we nu eenmaal anderen nodig om te weten wie we zijn (blauwe bol, linksboven in figuur 7.4). Daardoor groeit het vertrouwen in zichzelf en de samenwerking: ze gaan zich veilig voelen (de groene bol rechtsboven in de figuur 7.4). Die veiligheid stimuleert hen uiteindelijk ook om het risico te nemen zich in te zetten voor de groep en daar betekenis aan te ontlenen (de rode bol onderaan figuur 7.4). Zo activeert vertrouwen intrinsieke motivatie. Die liefde maakt werk licht.

Figuur 7.4 Volgers

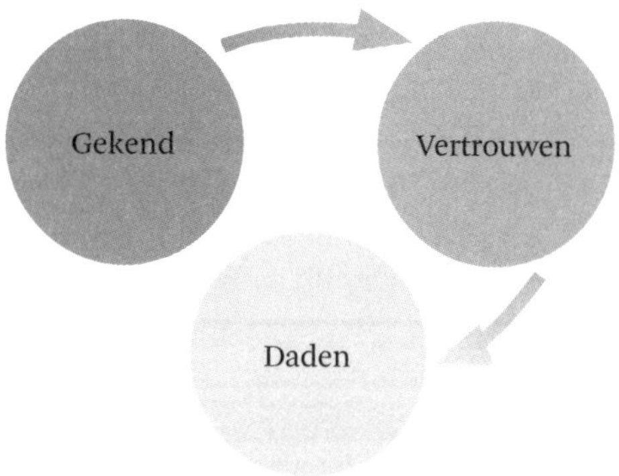

Strategisch denken en voelen

Een leider kijkt en voelt verder dan het hier en nu door rekening te houden met de strategische effecten van zijn gedrag; een leider heeft oog voor hoe hij het gedrag van anderen beïnvloedt. Het besef dat zijn gedrag invloed heeft op anderen maakt iemand tot leider. Door betrokkenen veiligheid en vertrouwen te bieden, zullen deze later eerder bereid zijn zich in te zetten voor het geheel. Vertrouwen genereert vertrouwen en groeit zo verder. Mensen zijn eenmaal conformistische kuddewezens die houden van intrinsieke wederkerigheid. Ze zijn relationele wezens die niet alleen veiligheid zoeken maar ook graag van betekenis zijn voor een groter geheel.

Leider als lijder

Op korte termijn is sprake van onbalans: de leider is dan lijder. Maar door de verbeelding van deze strategische effecten ontleent het leiderschap betekenis aan de offers: het ziet deze offers als investeringen in het vertrouwen van de groep. Een leider durft vooruit te lopen op de toekomst door eerst aan het samenwerkingsverband te geven en erop te vertrouwen dat dit later opbrengsten zal genereren in termen van betere samenwerking.

Een leider accepteert niet alleen een onbalans in tijd maar ook in risico. Een leider stelt zich kwetsbaar op. Een leider geeft anderen binnen de organisatie krediet en liquiditeit maar bindt zich en ontzegt zich daarmee flexibiliteit en liquiditeit. Hij loopt daarmee kredietrisico en liquiditeitsrisico. Net zoals banken liquiditeit en vertrouwen scheppen door borg te staan voor de debiteur, creëren leiders vertrouwen door borg te staan voor de samenwerking. Ook wat betreft risico zijn leiders dus vaak lijders; ze zijn bereid te lijden voor anderen. Kwetsbaar durven zijn is een menselijke kracht. In die moed is leiderschap gelegen.[202]

7.3 Stabiliseren van samenwerking

Leiderschap dat uitgaat van vertrouwen gaat onvermijdelijk gepaard met risico's. Het realiseert zich dat gedrag niet te sturen is en dat mensen leren met vallen en opstaan. Zo'n leider is bereid samenwerking te herstellen na een negatieve vertrouwensschok. Leiderschap gebaseerd op hoop zoekt het midden tussen cynisme (het wordt toch nooit wat) enerzijds en naïviteit (het komt toch wel goed) anderzijds (figuur 7.5). Dit leiderschap is zich ervan bewust dat samenwerking gebaseerd op vertrouwen kwetsbaar is voor fouten en misverstanden. Mede als gevolg van het wederkerigheidsmotief (paragraaf 6.2), kan een groep hierdoor in een negatieve spiraal

202 B. Brown, *Dare to lead: Brave Work, tough Conversations, whole Hearts*. London: Vermillion, 2018; id., *Daring Greatly: How the Courage to be Vulnerable Transforms the way we Live, Love, Parent, and Lead*. London: Penguin Publishing Group, 2015.

terecht komen. Een groepslid doet bijvoorbeeld iets dat anderen al dan niet terecht interpreteren als verraad van het groepsbelang. Daarop reageren anderen door niet meer samen te werken. Wantrouwen kan dan uiteindelijk de hele groep besmetten. Mensen gaan primair aan hun eigen belang denken omdat ze er niet meer op kunnen vertrouwen dat de groep goed voor hen zorgt.

Figuur 7.5 Hoop als derde weg tussen naïviteit en cynisme

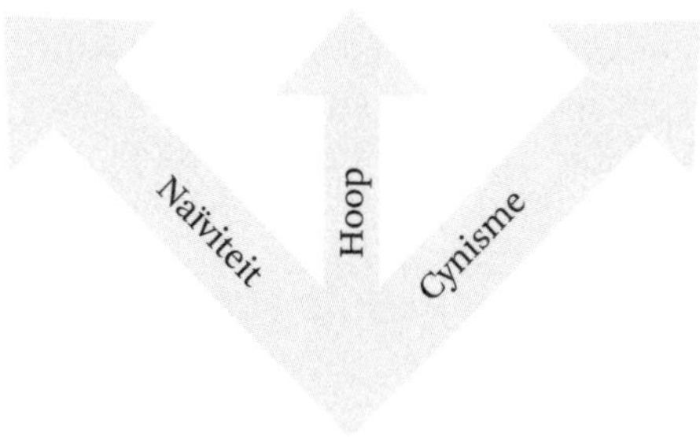

Tegen de stroom in

Leiderschap kan het gevaar van besmetting door negatieve wederkerigheid bezweren door in te gaan tegen de oppervlakkige groepssentimenten. Daarmee creëert de leider herstelkracht. In plaats van zich te laten leiden door systeem 1 – het beschermen van het korte-termijn eigen belang (het ik-motief) en het willen schaden van de niet-coöperatieve speler (het wederkerige motief) – zal leiderschap zich dan vooral moeten laten regeren door systeem 2. Het gaat dan om een cognitieve component: het leiderschap is zich ervan bewust dat meegaan in de spiraal van negatieve wederkerigheid uiteindelijk in niemands welbegrepen belang is. Maar ook emotionele componenten zijn van belang, bijvoorbeeld de blijvende emotionele waardering voor de mensen in de groep. Ook het vertrouwen dat de meeste groepsleden zich anders zouden gedragen als ze zich veilig zouden voelen, kan helpen om het morele wederkerige motief uit systeem 1 te weerstaan en te kiezen voor vergeving en herstel in plaats van oordeel en onverschilligheid. Verder is het betekenismotief en de daarbij horende verbeeldingskracht essentieel. Het leiderschap vertrouwt erop dat zijn gedrag eraan bijdraagt dat de groep bevrijd wordt uit de neerwaartse spiraal. Dat geeft betekenis aan de keuze om zichzelf kwetsbaar op te stellen: het is een investering in betere samenwerking en daarmee in de scheppingskracht van 1+1=3.

Verbreden van samenwerking

Naast kwetsbaarheid kent samenwerken nog een ander gevaar. Persoonlijke relaties en gemeenschappen kunnen tegenstellingen tussen groepen vergroten door het activeren van het wij-zij motief (Balliet et al. 2014). Leiderschap speelt dan een belangrijke rol om dit gevaar te bezweren door groepen bij elkaar brengen. Door 'wij-zij' gevoelens en de daarbij horende waarden en verhalen om te zetten in een overkoepelend wij-gevoel, bouwen ze aan een groter geheel. Daarmee groeit de scheppingskracht van 1+1=3 en / = x.

Vertrouwen winnen

Om een groter geheel te bouwen zal leiderschap eerst vaak tegen de gebaande paden van wij-zijgevoelens in moeten gaan. Er ontstaan dus conflicten met gevestigde belangen. Een voorwaarde voor het activeren van nieuwe, inclusievere waarden is dan dat het leiderschap vertrouwd wordt door de groep waar het deel van uitmaakt. Alleen dan zal de groep het leiderschap blijven volgen als er conflicten ontstaan met in het verleden opgebouwde automatismen in systeem 1.

Ook zal het leiderschap het vertrouwen van de andere groepen moeten winnen door uit de eigen groep ('bubbel') te komen en de andere groepen te leren kennen en te dienen, bijvoorbeeld door de symbolen van hun waarden te waarderen. Leiderschap moet zich niet laten leiden door soms minder vriendelijke bejegening door andere groepen. Dit gedrag is namelijk gebaseerd op emoties die zijn opgebouwd in het verleden. Ze zijn niet representatief voor de potentiële waarden die verborgen liggen onder het stof van de geschiedenis.

Betekenismotief

De verbeeldingskracht en de waarden uit systeem 2 geven het leiderschap de overtuiging dat verandering weliswaar tijd en moeite kost, maar dat huidige offers uiteindelijk strategische effecten zullen hebben op anderen. Dit betekenismotief kan leiderschap ertoe brengen de moeilijke weg te kiezen door buiten de gebaande paden te treden, zich kwetsbaar op te stellen en het conflict met gevestigde belangen aan te gaan.

Leiderschap dat past bij de uitdagingen waarvoor de economie vandaag staat, vraagt om de waarden van commitment, kwetsbaarheid, en vertrouwen. Dat zijn relationele begrippen waar theologen al heel lang over hebben nagedacht. Verder hebben ze hun licht laten schijnen over goddelijk leiderschap en de mens als co-bestuurder van Gods risicovolle onderneming: de schepping. Keert economie weer terug naar het huis waar het ooit uit vertrok – het huis van de geesteswetenschappen in het algemeen en de theologie in het bijzonder? In het volgende hoofdstuk geven wij een mogelijke weg die theologen en economen samen kunnen gaan om hun beider vakken te verdiepen. Het is de weg die Daniel Kahneman in het slot van zijn boek *Thinking, Fast and Slow* voorstelde om 'een rijkere taal' te ontwikkelen ten behoeve van de reflectie op economische processen.[203] Kahnemans raad indachtig willen wij nu aantonen dat theologie onontbeerlijk is voor de ontwikkeling van een taal, waarin de complexiteit van de mens beter tot haar recht komt en die vervolgens mogelijk het economisch analysekader verbreedt.

203 D. Kahneman, *Thinking, Fast and Slow* (London: Penguin, 2011), 7-8.

8
De onontbeerlijkheid van de theologie bij het verrijken van noties in de economie

8.1 Aanzetten tot een theologische economie of een economische theologie

Zoals wij in 7.2. al even hebben aangestipt, werden er in de loop der tijd concreet pogingen ondernomen om een brug te slaan tussen de economie en theologie als wetenschapsdisciplines, waarbij in inhoudelijk en methodisch opzicht de inzet kon verschillen evenals de wetenschappelijkheid. Zonder naar volledigheid te streven vermelden wij hier de studie van D. Meeks, *God the Economist: The Doctrine of God and Political Economy*, omdat deze in een aantal opzichten representatief is voor een bepaalde intentie en aanpak. In een poging bij kerkelijk betrokken mensen interesse te kweken voor economische vraagstukken, tracht Meeks het economisch bestel zoals zich dat in het Oude Israël ontwikkeld had, te herleiden tot bepaalde beelden en concepten van God in de Schrift – de onthullende correlatie – en omgekeerd – de kritische correlatie. Deze onthullende en kritische correlatie dienen uiteindelijk de transformerende relatie. Hiervoor nodigt Meeks de kerk, Gods eigen 'huishouden-*oĩkos*', uit om deze te laten plaatsvinden teneinde economische gerechtigheid te oogsten.[204] In het genre boeken over de wisselwerking tussen theologie en economie waarin niet zozeer primair een wetenschappelijk doel wordt nagestreefd als wel een bepaald publiek tot handelen wordt aangezet, spant het boek van

204 M.D. Meeks, *God the Economist: The Doctrine of God and Political Economy* (Minneapolis: Fortress, 1989), xii. 33, 41-45.

C. Hovind, *Godonomics. How to Save Our Country – and Protect Your Wallet – Through Biblical Principals of Finance* wel de kroon. In dit boek wordt, zonder al te ingewikkelde hermeneutische vertaalslagen, op basis van enkele schriftcitaten aan God een voorkeur voor een wijze van *finance* toegeschreven die overeenkomt met wat daarover in socialistische manifesten opgetekend is.[205]
Meer relevante bijdragen ten behoeve van de ontginning van een onderzoeksveld waar theologen en economen gezamenlijk kunnen optrekken zijn in het Nederlandse taalgebied bijvoorbeeld de recente studies van Johan Graafland en Joost Hengstmengel. In *Door het oog van de naald. Over markt, geluk en solidariteit* toetst de eerste empirisch onderzochte mechanismen in de marktwerking om deze vervolgens te toetsen aan (ethische) theorieën die hieromtrent zijn ontwikkeld in verleden en heden. Uiteindelijk worden beide weer in verband gezien met ethische principes en waarden als rechtvaardigheid die zowel aan het Oude als aan het Nieuwe Testament zijn ontleend. Vanuit deze interdisciplinaire benadering zoekt en vindt Graafland antwoorden op de vraag in hoeverre marktwerking als zodanig bijdraagt aan een rechtvaardiger verdeling van goederen in het 'verbazingwekkende productieve kapitalistische systeem' en op de vraag of marktwerking nu bijdraagt aan de ontwikkeling van deugden en een deugdzaam leven. Zoals McCloskey in haar magistrale trilogie *The Bourgeois virtues* geeft ook Graafland een bevestigend antwoord op deze vraag. Als mechanismen in de markt door het streven naar dienende liefde worden bepaald, draagt de markt zelfs bij aan het menselijk geluk.[206] En in *De homo economicus. Een familiegeschiedenis* stelt Joost Hengstmengel bijvoorbeeld aan de orde dat het mensbeeld van economen – dat weer ten grondslag ligt aan rekenmodellen die worden toegepast in de politiek, door overheidsinstellingen en door banken – bepaald werd door ontwikkelingen in hun vak. Ontwikkelde de economie zich eerst als wetenschapsdiscipline waarin het verwerven van rijkdom (1800-1850) en welvaart (1850-1930) centraal stonden, daarna werd zij tot weten-

---

205 C. Hovind, *Godonomics. How to Save Our Country – and Protect Your Wallet – Through Biblical Principals of Finance* (Colorado Springs: Mutnomah Books, 2013), passim.

206 J.J. Graafland, *Door het oog van de naald. Over markt, geluk en solidariteit*, 384-388.

schap, waarin, zoals Robbins stelde, schaarste en keuzes uitgangspunt werden (1930-heden).[207] Dit leidde vooral tot de waardering van de mens als *homo rationalis*, die in de hedendaagse economie op basis van informatie risicoanalyses maakt ten behoeve van de maximalisering van nut.[208] De genealogie van de hieraan verwante *homo economicus* die naar eigenbelang streeft, wijst dus uit dat het vermogen om economisch handelen te toetsen aan de deugden matigheid en rechtvaardigheid afneemt. De capaciteit waar antieke filosofen, kerkvaders en theologen in de middeleeuwen zoals in het eerste hoofdstuk gezien, de mensheid wel op aanspraken ging teloor, evenals het streven 'met de komst van het christendom, de theologische deugd van de naastenliefde' in economische overwegingen een factor van belang te laten zijn.[209]
Dat in het internationale interdisciplinaire onderzoek van theologen en economen zowel de insteek van Milbank als die van Banzhaf weerklinkt, valt goed af te leiden uit de overzichtswerken die tot stand zijn gekomen onder leiding van respectievelijk Paul Oslington en Stefan Schwarzkopf. Op basis van theologische claims dat, bijvoorbeeld, God de wereld heeft geschapen en Christus de mensheid heeft verlost, pleit Oslington, stoutmoedig, voor handhaving van de primordialiteit van de theologie ten opzichte van de economie. 'Economy' is voor hem 'subject to theology in that it is positioned, relativized and criticised by theology', temeer omdat economische en religieuze claims, 'basic belief' behelzen en voor beide dus het niet falsificatie-criterium geldt. Hij veronderstelt ook een zekere 'hostility to theology of secular culture'.[210] Of deze uitgangspunten

207 Cf. Robbins, *Essay on the Nature and Significance of Economic Science*, 21, 45. Hij definieert de economie als wetenschap als 'the science which studies human behaviour as a relationship between given ends and scarce means which have alternative uses'.

208 Hengstmengel, *De homo economicus. Een familiegeschiedenis*, 9.

209 Hengstmengel, *De homo economicus. Een familiegeschiedenis*, 155-156. In haar *The Vices of Economists* (Amsterdam: Amsterdam University Press, 1997; Ned. vert. *De zondeval der economen*) schreef McCloskey over drie zonden: een heilig geloof in statistische significantie (Lawrence Klein), een heilig geloof in papieren bewijzen (Paul Samuelson) en een heilig geloof in de maakbare samenleving (Jan Tinbergen). Ook zij stelde vast dat de deugd hierbij veronachtzaamd werd.

210 P. Oslington, 'A theological economics', in: *International Journal of So-*

de voor interdisciplinaire samenwerking noodzakelijke dialoog tussen economen en theologen in Europa van een goede basis voorzien lijkt de vraag. Maar dit neemt niet weg dat Oslington in zijn *Handbook of Christianity and Economics* wel artikelen heeft opgenomen waarin raakvlakken tussen economie en theologie worden gezocht in het werk van Adam Smith, of zelfs ook in dat van Marx en Keynes. In de geest van Weber wordt in dit boek de houding jegens 'de economie' aan de orde gesteld, zoals die zich in het anglicanisme, de orthodoxe kerken, het anabaptisme, de pinkstergemeenten en de protestantse kerken (reformed) ontwikkelde. De wisselwerking tussen christendom en het kapitalisme is, ook in de beschrijving van de verschillende etappen in de verhouding van de theologie en economie, een van de rode draden in de bijdragen.[211]
In *The Routledge Handbook of Economic Theology* vertrekt Schwarzkopf vanuit de gedachte dat na het secularisme economie en bedrijfskunde een eigen theologische wending doormaakten. In de 'economische theologie' wordt in zijn idee de theologische dimensie geconceptualiseerd ten aanzien van alles wat met economie als handelsverkeer en als wetenschapsdiscipline te maken heeft:[212]

> 'It is the study of the forms of interaction between theological imaginaries on the one hand, and economic thought and economic-managerial practices on the other, both past and present. It identifies explicit and implicit theologies inherent in economic concepts, institutions and practices as well as the role of economic terminology within theological thought, both past and present.'[213]

De wijze waarop theorievorming in de economie te herleiden is tot die in de geschiedenis van de theologie of de wijze waarin het sacra-

---

cial Economics 27 (2000), 32-44.

211 P. Oslington (ed.), *Handbook of Christianity and Economics*. New York: Oxford University Press, 2014.

212 S. Schwarzkopf (ed.), *The Routledge Handbook of Economic Theology*. New York: Routledge, 2020.

213 S. Schwarzkopf, 'An Introduction to Economic Theology', in: id. (ed.), *The Routledge Handbook of Economic Theology* (New York: Routledge, 2020), 1-15, citaat 4 (beknopte historiografie: 11-12).

le is geactiveerd in profane bereiken van 'management, production, consumption, finance and entrepreneurship in the contemporary world' worden vanuit dit vertrekpunt onderzocht. Zo wordt de theologische notie van de rechtvaardiging door de genade als inspiratiebron opgevat voor een spreken over de economie, waarin het goede leven niet als buit na een gewonnen handelsoorlog maar als gegeven wordt gezien. En economische concepten als geld, debet-credit, eigendom, welvaart, bestuur, markten, winst, armoede in het licht van het mens-, wereld- en godsbeeld in het jodendom, de islam of het christendom worden eveneens vanuit deze definitie geduid als incentive voor de vernieuwing van persoonlijke relaties, waarbij het verkeer van goederen en diensten wordt opgevat als middel tot het verbeteren van de gemeenschap (D. Stephen Long, W. Cavanaugh, D. Bell, L. Bruni, S. Zamagni). Door vele bijdragen in Schwarzkopfs boek wordt men zich er wel van bewust dat het concept van *homo economicus* door economen zelf als ontoereikend wordt ervaren om waargenomen economische gedragingen bevredigend te verklaren.[214] In de theologische economie verdisconteren zij dat de mens als sociaal, relationeel of zelfs liefhebbend wezen moet worden beschouwd, dat de basale behoefte heeft tot een groep te behoren.[215]
In een enkele bijdrage in Schwarzkopfs boek nu wordt voldaan aan de opdracht die Daniel Kahneman in het slot van zijn boek *Thinking, Fast and Slow* economen stelde om 'een rijkere taal' te ontwikkelen ten behoeve van de reflectie op economische processen.[216] C. Sløk merkt op dat in de hedendaagse economie 'schuld' een geldkwestie is waarbij het substantivum geen morele denotatie heeft. Door de theologische, morele denotatie van schuld van 'tekortschieten'

214 Zie bijvoorbeeld de bijdrage van D. Bell, 'Justification and Salvation', in: S. Schwarzkopf (ed.), *The Routledge Handbook of Economic Theology* (New York: Routledge, 2020), 64-71.

215 Kernachtig verwoord in onder andere: D. Kahneman, 'A psychological perspective on economics', in: *American Economic Review* 93 (2003), nr. 2, 162-168; L. Bruni, R. Sugden, 'The road not taken: how psychology was removed from economics, and how it might be brought back', in: *Economic Journal* 117 (2007), 146-173. Literatuur over economie en naastenliefde onder andere in: R. Dur, 'De economie van de liefde', in: *ESB Gedrag* 99 (2014), 780-782.

216 D. Kahneman, *Thinking, Fast and Slow*. Nederlandse vertaling: *Ons feilbare denken*, 452.

toe te voegen aan de economische, intensiveert Sløk het bewustzijn dat marktverhoudingen en economische machtsverhoudingen ook in termen van morele schuld en onrechtvaardigheid dienen te worden geduid in plaats van 'slechts' in termen van geleend geld.[217] Sløk is niet de enige die een 'terminologische Begriffsklärung' als weg ziet om interdisciplinair onderzoek vanuit economie en theologie een impuls te geven. Er zijn economen geweest die reflecteren op noties als 'gratuïteit', 'vertrouwen', 'innerlijke drijfveren en intenties': noties die in de theologie zijn overdacht. Dat 'de theologie' dienstig kan zijn bij de ontwikkeling van een taal waarin de complexiteit van een mens als economisch handelend wezen beter tot haar recht komt, hopen wij nu duidelijk te maken in de bespreking van de voornoemde noties in het werk van de economen Luigino Bruni, Bart Nooteboom en Samuel Bowles. Kahnemans raad indachtig willen wij zo aantonen dat theologie dienstig kan zijn bij, zo niet onontbeerlijk is voor, de ontwikkeling van een taal, waarin de complexiteit van een mens beter tot haar recht komt en die vervolgens mogelijk het economisch analysekader verbreedt.

8.2 Economie en gemeenschapsvorming. Gratuïteit en genadetheologie

Aan de rode draad in de vele werken van Luigino Bruni, thans hoogleraar aan de *Libera Università Maria Santissima Assunta* (LUMSA) in Rome, ligt de overtuiging ten grondslag dat de economie als wetenschapsdiscipline zich in de afgelopen twee eeuwen steeds meer beperkt heeft tot het zoeken naar een antwoord op de vraag hoe mensen elkaar bij economische transacties wederzijds voordeel kunnen bezorgen maar tegelijk hun relatie zo vrijblijvend mogelijk kunnen houden.[218] Volgens Bruni gaat de innovatieve en civiliserende kracht van de kapitalistische markteconomie hierdoor teloor omdat burgers zo individuen zonder gemeenschap worden. Of hij nu schrijft over de economische processen in de Bijbelboeken

217 C. Sløk, 'Guilt', in: S. Schwarzkopf (ed.), *The Routledge Handbook of Economic Theology* (New York: Routledge, 2020), 72-80.

218 L. Bruni, *Civil Happiness: Economics and Human Flourishing in Historical Perspective* (London: Routledge, 2006), 34-117.

Exodus, Job, Prediker, Matteüs, of over de wisselwerking tussen marktontwikkelingen en marktethiek: steeds weerklinkt de roep dat niet alleen winstbejag maar ook het nastreven van altruïsme, solidariteit en gemeenschapszin economische relaties moeten bepalen om mensen een ordelijk leven in welbevinden te geven.[219] Dit laatste geldt ook voor 'gratuïteit'.[220] In zijn *L'altra metà dell'economia. Gratuità e mercati* (2014), ziet Bruni samen met Alessandra Smerilli gratuïteit als het vermogen van of zelfs de drang in de mens om vanuit belangeloosheid en niet vanuit het streven naar maximalisatie van de eigen belangen te handelen. Hij stelt dat als het berekenende streven naar materiële rijkdom, efficiëntie en winst niet samengaat met een bereidheid tot het verrichten van diensten voor een gemeenschap, mensen niet tot vervulling komen.[221] Zonder deze bereidheid, deze gratuïteit, acht Bruni innovatie van de economische ontwikkeling die het mogelijk maakt om winst te verkrijgen – nieuwe markten, nieuwe producten, nieuwe commerciële en organisatorische formules en nieuwe technologieën – niet mogelijk.[222] Maar om de gratuïteit als *habitus* te consolideren is het ook noodzakelijk om de tweedeling tussen markt en niet-markt te overstijgen.[223] Zoals de grote kloosterorden na de val van Rome in 410 Europa vanuit een individu-overstijgend ideaal weer vorm en

---

219 Cf. bijvoorbeeld L. Bruni, S. Zamagni, L. Becchetti, *Dall'homo oeconomicus all'homo reciprocans*. Bologna: Il Mulino, 2010; L. Bruni, *Gli imperi di sabbia. Logiche del mercato e beatitudini evangeliche*. Bologna: Edizioni Dehoniana, 2016; id., *La sventura di un uomo giusto. Una rilettura del libro di Giobbe*. Bologna: Edizioni Dehoniana, 2016; id., *Reciprocity, altruism and civil society*. London: Routledge, 2008; id. *The Genesis and the Ethos of the market*. Basingstoke: Palgrave Macmillan, Houndmills, 2012.

220 L. Bruni, A. Smerilli, *L'altra metà dell'economia. Gratuità e mercati*. Roma: Città Nuova, 2014. Hier is de Nederlandstalige editie gebruikt: *De ongekende kant van de economie. Gratuïteit en markt*. (Nieuwkuijk: De nieuwe stad, 2014); cf. ook: L. Bruni, *Il prezzo della gratuità*. Roma: Città Nuova, 2006; L. Bruni, A. Smerilli, *Benedetta Economia*. Roma: Città Nuova, 2008; L. Bruni, *Il mercato e il dono. Gli spiriti del capitalismo*. Milano: Università Bocconi, 2015.

221 Bruni, *De ongekende kant van de economie*, 13

222 Bruni, *De ongekende kant van de economie*, 13, 22, 23, 57 (baseert zich hier op Schumpeter).

223 Bruni, *De ongekende kant van de economie*, 60-63.

inhoud gaven door irrigatietechnieken toe te passen, bibliotheken te stichten om de werken van Plato, Seneca, Aristoteles door te geven, of later banken voor armen ('monti di pietà') op te richten om microkrediet te verstrekken, zo moeten ondernemers vandaag de noden als armoede te lijf gaan in, paradoxalerwijs, hun streven naar winst en continuïteit om werkelijk succesvol te innoveren.[224]
Gratuïteit ziet Bruni ook intrinsiek verbonden met charisma, een genadegave. In de geest van Paulus vat hij charisma's op als aan een individu geschonken talenten die ten volle tot hun recht komen als zij voor de gemeenschap en het welzijn van allen worden aangewend.[225] In tegenstelling tot Max Weber ziet hij de vernieuwende, omvormende of soms zelfs revolutionaire kracht van het persoonlijk charisma in de geschiedenis niet teloorgaan als, veelal na de dood van de charismatische, de massa manipulerende, leider, het charisma wordt geïnstitutionaliseerd.[226] Integendeel: hij ziet individuele charisma's geborgd, geconsolideerd en geïntensiveerd in (hiërarchisch) geordende organisaties, die het oorspronkelijke charisma uitdragen, 'veralgemeniseren' en, zo doende, blijven innoveren.[227]
Om nu een maatschappij te creëren waarin charisma's de gratuïteit bevorderen is het, aldus Bruni, zaak om stil te staan bij het mensbeeld waarop het maatschappijbeeld is gebaseerd. Ziet men de mens als een calculerend en hebzuchtig wezen, dan zijn bonussen de *incentives* waarmee de mens geprikkeld wordt om prestaties te verrichten. Maar streeft men naar een maatschappij waarin menselijke relaties een intrinsieke waarde hebben en gratuïteit als deugd in de omgang met elkaar beklijft, dan dient men van een ander mensontwerp uit te gaan en op grond daarvan andere *incentives* te ontwikkelen.[228] Dit moeten *incentives* zijn die er toe leiden dat bij beslissingen niet 'ik' maar 'wij' het referentiekader is, niet de hebzucht maar de gemeenschapszin en de identificatie met een groep of het besef van wederzijdse afhankelijkheid wordt beloond, of mensen worden geëerd als zij het algemeen welzijn hoger dan het

---

224 Bruni, *De ongekende kant van de economie*, 23-27.
225 Bruni, *De ongekende kant van de economie*, 32, 37.
226 Bruni, *De ongekende kant van de economie*, 34, 37, 50-55.
227 Bruni, *De ongekende kant van de economie*, 39, 55, 63-65, 70-73, 88.
228 Bruni, *De ongekende kant van de economie*, 99, 127.

persoonlijke opvatten.[229] Dan ontstaat er volgens Bruni een civiele economie waarvan het aanzien niet alleen wordt bepaald door het streven naar efficiëntie, winst en berekenende uitwisseling, maar vooral door het streven naar gratuit handelen. Hierin ligt het geluk van de mens besloten, omdat de mens ten diepste een *esse ad* is: een wezen dat in relaties en niet in de maximalisatie van de eigen belangen de vervulling vindt.

Het is verleidelijk om op basis van voorbeelden uit de kerkgeschiedenis kanttekeningen te plaatsen bij Bruni's relativering van Webers these over het charisma. De geschiedenis van de (klooster) gemeenschappen in de kringen van de laatmiddeleeuwse hervormingsbeweging van de Moderne Devotie wijst bijvoorbeeld al uit dat de institutionalisering van gemeenschappen door een kerkrechtelijke verankering in een orde of congregatie al gauw tot verwatenheid leidde vanwege de materiële zekerheid en maatschappelijke status die hiermee samenhing. Maar juist omdat Bruni zelf zoveel associaties legt met het woord 'genade' – deze ligt al in het Italiaanse *grazia* en *gratuità* besloten – gaat het me er nu om de notie 'gratuïteit' uit te diepen op basis van het begin van de theologische disputen over de genade, die in de loop der eeuwen zijn gehouden.

De basis voor deze geschiedsbepalende 'genadestrijd' werd gelegd in een van de meest bediscussieerde werken in de theologiegeschiedenis: Augustinus' *De diversis quaestionibus ad Simplicianum*. De aanleiding voor de vervaardiging van dit werk werd gevormd door een achttal vragen van zijn vriend Simplicianus. Alle vragen hebben evenwel betrekking op de verhouding van de vrije wil tot de genade, op Gods voorkennis van de wijze waarop zijn schepselen gaan leven en de predestinatie: de voorbestemming van de mens zonder dat deze hier door geloof in God of door het verrichten van daden ook maar iets aan kan doen.[230]

In de *Expositio quarundam propositionum ex epistula ad Romanos* (393/4) veronderstelde Augustinus nog dat de mens zélf verantwoordelijk is voor de ontwikkeling van zijn geloof en zijn goede

229 Bruni, *De ongekende kant van de economie*, 128, 146, 149.

230 Augustinus, *Ad Simplicianum* 1.1: 'Quaestio prima: Lex ad quid data'; *Ad Simplicianum* 2.1: 'Quaestio secunda: Argumentum Epistolae ad Romanos... Gratia fidei precedit bona opera'.

werken. [231] In *Ad Simplicianum* 1.2.7 schreef hij daarentegen dat de menselijke wil en de goede werken slechts door de genade – en dus niet door een menselijke inspanning – goed kunnen zijn. De barmhartigheid van God gaat dús in tijd en oorzaak willekeurig vooraf aan alles wat mensen ondernemen.[232] Deze augustijnse wending stuitte op onbegrip; met zijn nadruk op de genade en Gods macht bagatelliseerde Augustinus de menselijke autonomie, vrijheid en individuele verantwoordelijkheid.[233] Mede om deze redenen schroomde Kurt Flasch niet Augustinus' genadeleer zoals verwoord in *Ad Simplicianum* 1.2 als een geweldige schaduw over Europa te karakteriseren.[234]

Ondanks Flasch' negatieve oordeel kan het woord 'gratuïteit' als economisch beladen term wel verrijkt worden door het in het licht van Augustinus' veranderde overtuiging over de primordialiteit, de werkzaamheid, van de genade te duiden. Wat Augustinus in 'gratia' tot uitdrukking wilde brengen is – het lijkt niet alleen een theologisch maar ook een psychologisch uitgangspunt – dat mensen niet volledig maar wel ten diepste afhankelijk zijn van de welwillendheid, vriendschap en liefde van anderen, en, in de genadetheologie, van de kracht die een ondoorgrondelijke God hun geeft. Na herlezing van de brieven van Paulus kwam hij tot de slotsom dat mensen niet op eigen kracht iets goeds kunnen gaan doen – lief-

---

231 Augustinus, *Expositio quarundam propositionem* ex epistola ad *Romanos* 37.52; 54-56; *Ad Simplicianum* 1.2.7; *Ad Simplicianum* 1.2.10.

232 Cf. *Ad Simplicianum* 1.2.1-1.2.2; *Ad Simplicianum* 1.2.20.

233 Cf. J. Rist, 'Augustine on Free Will and Predestination', in: *Journal of Theological Studies* 20 (1969), 420-447, inz. 437-440, waarin hij stelt dat in de erfzondeleer zich de marionet-achtige status van de gevallen mens manifesteert. Cf. ook: id., *Augustine. Ancient Thought Baptized* (Cambridge: Cambridge University Press, 1994), 133 ('virtual puppets').

234 Cf. K. Flasch, *Logik des Schreckens. Augustinus von Hippo. De diversis quaestionibus ad Simplicianum* I 2 (Mainz: Dieterich, 1990), 15: 'Mit unserem Text [De diuersis quaestionibus ad Simplicianum I 2, pvg] haben sich gewaltige Schatten über Europa gelegt', zie ook: 7-18, 30 en passim. Zie ook D. Ogliari, *Gratia et certamen. The relationship between grace and free will in the discussion of Augustine with the so-called semipelagians* (Leuven: Peeters, 2003), 106, 183, 411, 419 (*Bibliotheca Ephemeridum Theologicarum Lovaniensium* 169); J. Delumeau, *Le péché et la peur: La culpabilisation en Occident, 13e-18e siècles* (Paris: Fayard, 1983), 331-338 en passim.

hebben bijvoorbeeld – maar eerst om niet, *gratis*, deze liefde moeten hebben ontvangen om het daarna pas in hun leven gestalte te kunnen geven. Het is moeilijk door te geven wat niet ontvangen is. Nu benadrukt Augustinus, ook in de disputen over de genade, paradoxalerwijs de vrijheid van de wil, waardoor mensen verantwoordelijk kunnen zijn voor dat wat zij nastreven en doen. Maar deze vrijheid is geschonken. In zijn idee moeten stervelingen zich dus niet eerst van hun vrijheid en individualiteit bewust worden, maar zich allereerst en terdege realiseren dat er niets is wat zij niet hebben ontvangen.[235] Wat mensen wórden, worden zij dankzij het talent dat hun geschonken is. En wat zij aan maatschappelijke posities bereiken, is afhankelijk van wat hun in het publieke domein door anderen is gegund. Augustinus intensiveert het bewustzijn van die radicale afhankelijkheid van anderen niet om mensen angstig te maken. Integendeel. Hij wil vooral het besef doen ontwaken dat de afhankelijkheid van de 'gratia', de welwillendheid van anderen en soms de genade van God tegelijk zonder dat er een scheiding te trekken is, mensen tot bescheidenheid en een besef van afhankelijkheid ('humilitas') noopt.[236] Dit is een deugd, die voor hem maakt dat mensen als relationele wezens elkaar eerder zien als mede-afhankelijken dan als autonome individuen, die middels het recht van de sterksten de orde op de spreekwoordelijk apenrots bepalen en anderen gebruiken om hun positie te consolideren. Nu stamt 'gratuità' etymologisch af van 'gratis' en 'gratia'.

Het is daarom gerechtvaardigd om deze betekenislaag, deze implicatie die in het woord 'gratia' besloten ligt, in ogenschouw te nemen als men – met Bruni – de betekenis van 'gratuità' overdenkt.[237] En wie dit doet in het licht van de verklaring van de historische oorsprong van het woord, verrijkt de betekenis die het heeft, óók ten behoeve van de reflectie op economische processen, die Bruni en Smerilli in hun boek schetsen.

Dat dit levensbesef Augustinus zelf bepaald heeft in zijn omgang met anderen klinkt door in zijn beroemd geworden zin: 'Voor u ben

235 Augustinus, *Ad Simplicianum* 1.2.8; 1.2.9.

236 Augustinus, *Contra secundam Iuliani responsionem imperfectum opus*, I, 131; *Epistula* 73.10.

237 Bruni, *De ongekende kant van de economie*, 153-155.

ik bisschop, met u ben ik christen'.[238] De opbouw van de zin suggereert dat hij er meer belang aan hecht deel uit te maken van een gemeenschap dan aangesproken te willen worden als een hoge kerkelijke en wereldlijke functionaris, die economisch verantwoordelijk is voor een bedrijf dat bisdom heet en bovendien de rechterlijke macht kan uitoefenen. Heel vrij vertaald luidt de zin: 'voor u ben ik voorzitter van de raad van bestuur, met u ben ik deelgenoot van deze organisatie en werknemer'. Het uitspreken van een dergelijke belijdenis heeft verregaande consequenties. Want wie zo spreekt benadrukt zijn behoefte werkelijk deel te willen uitmaken van een groep en kan zich onmogelijk een bonus laten uitkeren waar zijn mede-werknemers schande van spreken.

8.3 Economie, vertrouwen en de theologische notie van *pistis*

Wat men tegen Bruni kan inbrengen is dat hij verdacht is omdat hij in Rome al in theologenkringen en zelfs bij de paus is gesignaleerd. Maar ook economen uit onverdachte hoek dagen theologen uit. In de academische loopbaan van Bart Nooteboom, emeritus-hoogleraar bedrijfskunde en innovatie in Groningen, Rotterdam en Tilburg, is het onderzoek naar de deugd 'vertrouwen' in het handelsverkeer een constante. In 2002 publiceerde hij het bekroonde *Trust, Forms, foundations, functions, failures and figures*, een studie die hij ook op basis van enkele cruciale artikelen hernam in zijn recent verschenen: *Vertrouwen. Opening naar een veranderende wereld.*[239]

In dit laatstgenoemde boek stelt hij vast dat economen er altijd maar naar streven onzekerheden in waarschijnlijkheden te vertalen om kosten en opbrengsten te kunnen berekenen. Hij leidt hieruit af dat zij niets kunnen met vertrouwen.[240] Zoals Bruni 'gratuïteit'

---

238 Augustinus, *Sermo* 340.1: 'Vobis enim sum episcopus, vobiscum sum Christianus'.

239 B. Nooteboom, *Trust, Forms, foundations, functions, failures and figures*. Cheltenham: Edward Elgar, 2002; id., *Vertrouwen. Opening naar een veranderende wereld*. Utrecht: Klement, 2017.

240 Nooteboom, *Vertrouwen*, 18-20.

essentieel vindt voor innovaties die het overleven in de economie garanderen, acht Nooteboom 'vertrouwen' in objecten, in mensen, in organisaties of in grotere systemen onontbeerlijk.[241] Vertrouwen in systemen gaat teloor als een bank winst int in tijden van voorspoed maar in tijden van tegenspoed de verliezen verhaalt op de samenleving, omdat het systeem zich eenvoudig niet kan permitteren dat banken failliet gaan.[242] Vertrouwen in organisaties groeit niet als de leiding van een bank zich bij foute beleggingen beroept op het gezag van whizzkids, die modellen hadden ontwikkeld waarvan zij – en dus ook de leiding – de implicaties nog niet konden voorzien.[243] Het vertrouwen in mensen neemt af omdat ons handelen niet alleen wordt gekenmerkt door openheid of door het vermogen de eigen onvolmaaktheid te belijden maar ook is bepaald door het vermijden van risico's vanuit een beredeneerd wantrouwen.[244] Vertrouwen in mensen of organisaties groeit evenwel als zowel de competentie als de zuivere intentie van actoren proefondervindelijk is vastgesteld. Hoewel er altijd een onberedeneerde, emotionele kant aan vertrouwen zit, is het kunnen en willen vertrouwen gebaseerd op kennis, ervaring en reflectie.[245]
De filosoof Levinas leert Nooteboom dat niet de overgave aan de ander en het waarborgen van diens rechten vertrouwen bevordert maar er juist oppositie nodig is om vertrouwen te wekken. En Nietzsche brengt hem bij dat het streven naar transcendentie in een hoger zelf een zelfcentralisatie behelst die evenmin vertrouwen wekt.[246] Aristoteles' deugdethiek vormt de opmaat tot correctie van de vigerende nutsethiek omdat matigheid, rechtvaardigheid, moed, verstand – later de kardinale deugden genoemd – en geloof, hoop, liefde – de latere theologale deugden – onontbeerlijke voorwaarden zijn voor het intensiveren van vertrouwen.[247] In deze nutsethiek, aldus Nooteboom, wordt het nastreven van eigenbelang als deugd opgevat omdat deze tot maximale welvaart leidt. Maar dit

241 Nooteboom, *Vertrouwen*, 20.
242 Nooteboom, *Vertrouwen*, 22.
243 Nooteboom, *Vertrouwen*, 24.
244 Nooteboom, *Vertrouwen*, 28-29.
245 Nooteboom, *Vertrouwen*, 36 39, 118 119.
246 Nooteboom, *Vertrouwen*, 57-61.
247 Nooteboom, *Vertrouwen*, 13, 108, 110-116.

bevordert het vertrouwen van mensen in elkaar niet, temeer omdat deze ethiek overnamedrang of excessieve controlezucht billijkt zolang het goed is voor de groei van de welvaart.[248] Aristoteles moet dus worden herontdekt,[249] omdat het een economische noodzaak is vertrouwen te doen groeien. Nooteboom onderkent haarfijn dat het besef van de eigen rationele beperktheid en dientengevolge van de irrationale component in besluitvorming het bewustzijn in de hand werkt dat men afhankelijk is van anderen. Bij investeringen acht hij dit bijvoorbeeld concreet het geval. Maar dit besef van beperktheid bewerkstelligt ook dat men zich onzeker voelt door de onduidelijkheid hoe te laveren tussen concurreren en samenwerken.[250] Het kan door de ervaren complexiteit in organisaties of bij fusies zelfs tot wantrouwen leiden.[251] Maar hij stelt hiertegenover dat:

> 'als een econoom zegt dat je om te overleven in markten geen vertrouwen kunt permitteren zeg ik dat je om moet kunnen gaan met radicale onzekerheid en dat daarvoor vertrouwen nodig is.'[252]

Op dit punt aangekomen stelt Nooteboom net als Bruni dan ook dat er aan de 'nieuwe economie' een mensontwerp ten grondslag moet liggen waarin de mens niet moet worden gezien als een wezen dat vooral uit is op materiële behoeftebevrediging. Er moet een mensbeeld ontwikkeld worden waarin altruïsme en *philia*, belangeloze vriendschap, als intrinsieke waarde, doel en beloning worden verdisconteerd.

Hier is het verleidelijk om nader in te gaan op Nootebooms onverdachtheid. Deze valt uitstekend op te maken uit zijn anti-augustijnse idee dat men geen 'God nodig [heeft] als gever of inspirator van deze [aristoteliaanse, pvg] deugden'.[253] Het is ook verleidelijk om parallellen te trekken tussen de wijze waarop Nooteboom de systeemtragedie schetst en waarop paus Johannes Paulus II dit in de

248 Nooteboom, *Vertrouwen*, 109, 157.
249 Nooteboom, *Vertrouwen*, 109, 157, 160, 165-166, 171, 190.
250 Nooteboom, *Vertrouwen*, 159-160, 165, 171, 190.
251 Nooteboom, *Vertrouwen*, 178-179.
252 Nooteboom, *Vertrouwen*, 171.
253 Nooteboom, *Vertrouwen*, 109.

encycliek *Sollicitudo rei socialis* beduidend minder pregnant doet als hij spreekt over de 'structuren der zonde' waarin mensen meer *nolens* dan *volens* deel uitmaken als zij economisch handelen.[254] Kahnemans oproep ten behoeve van de reflectie op economische processen 'een rijkere taal' te ontwikkelen, vormt evenwel andermaal de opmaat tot een summier etymologisch onderzoek.

In de klassieke literatuur is met *pistis* het vertrouwen uitgedrukt dat men in mensen en in goden kan hebben alsook de geloofwaardigheid die men aan iets of iemand kan hechten. Demosthenes gebruikt het ook voor 'economisch krediet'. Het werkwoord *pisteuo* betekent dan ook: 'het vertrouwen van een persoon', en houdt ook verband met het nakomen van afspraken of trouw aan een verbond. Door de inbreng van de sceptici en de filosofen die het bestaan van de goden loochenden, begon *pistis* niet alleen 'vertrouwen' maar ook 'geloof' te betekenen en werd het een term waarmee de overtuiging werd verwoord dat de goden bestaan. De stoïcijnen drukten met *pistis* hun geloof in de goddelijke wereldorde uit, waarvan de mens als autonoom en zedelijk handelend subject het middelpunt vormde.

In het Hebreeuwse taalgebied betekent de stam ãman (waarvan afgeleiden in de Septuagint als *pistis* werden vertaald) 'betrouwbaar'; 'trouw-zijn'. Deze kwalificatie werd aan mensen – boodschappers, profeten – en aan God toegekend,[255] waarbij vooral in het latere jodendom zoals in de antieke oudheid 'trouw aan' en 'geloof in' haast synoniem zijn.[256] In de synoptische evangeliën kan met *pistis* het vertrouwen van een zieke of zijn omgeving in Jezus worden uitgedrukt.[257] In de brieven van Paulus is *pistis* een zeer cruciale notie. Hij bezigt de term maar liefst 142 keer en de vervoeging van *pisteuo* 54 en het adjectief *pistos* 33 keer. Over de precieze betekenis van dit woord wordt in de uitleg van het Nieuwe Testament en zeker in de uitleg van de Paulinische geschriften heftig gediscussieerd. Exegeten hebben nog steeds moeite *pistis* los te zien van de interpretatie die Luther aan het woord gaf toen deze besloot het als 'geloof' te

---

254 Nooteboom, *Vertrouwen*, 238; Johannes Paulus II, *Sollicitudo Rei Socialis*, 36.

255 Deuteronomium 7:9.

256 Cf. Spreuken 30:8.

257 Marcus 2:5; 5:34-36; Matteüs 8:10.

vertalen. Filologisch onderzoek in de laatste decennia laat evenwel zien dat het woord in de verschillende contexten toch wel grote nuanceverschillen heeft.[258]

Zeer vertrouwd met de brieven van Paulus kwam Augustinus na 414 tot een synthese van zijn opvatting over *pistis*; hierin raakt 'geloof' aan 'vertrouwen'. Hierin beklemtoont hij dat geloven en vertrouwen inherent zijn aan het aangaan van een relatie door er drie – idealiter intrinsiek verbonden – gradaties in te onderscheiden. In *sermo Dolbeau* 19 staat 'credere illi' ('hem geloven') voor het geloven dat wat iemand, c.q. Christus, zegt ook waar is. Het 'credere illum' behelst het vertrouwen dat wie hij zegt te zijn – de uitverkorene, de gezalfde – ook waar is. Het 'credere in illum' ten slotte behelst voor Augustinus het 'diligere', het liefhebben. Hierin staat de ander volledig centraal en wordt in zijn idee het eigen belang volledig ondergeschikt, omdat, zoals Augustinus in *sermo Dolbeau* 19 aangeeft, die ander, Christus, bewezen heeft mensen tot verlossing te kunnen brengen.[259] Het is een weg – 'in' met de accusativus geeft dynamiek want richting aan – die uiteindelijk idealiter leidt naar een volledig kennen van elkaar: 'zonder spiegel, en niet in raadselen'. Wanhoop als tegenstelling van hoop en vertrouwen is ook bij Augustinus niet aan de orde. In *sermo* 22 stelt hij dat Judas niet naar de hel ging omdat hij de Heer had verraden – dat was al voorzien in Gods plan –; hij ging naar de hel omdat hij zich in zijn wanhoop voor de liefde afsloot en geen vertrouwen meer had in wie of wat

258 Cf. voor 'geloven-vertrouwen': B. Koet, 'Maak vrienden met de Mammon?', in: P. van Geest, M. Poorthuis, Th. Wagenaar, A. Warringa (eds.), *Maak vrienden met de Mammon. Over de levensbeschouwelijke dimensie in de economie* (Almere: Parthenon, 2013), 352-373.

259 Augustinus, *Sermo Dolbeau* 19.5: 'Et quoniam paulo ante distinximus aliud esse credere illi, credere illum et credere in illum – credere illi est credere vera esse illa quae loquitur, credere illum est credere quod ipse sit Christus, credere in illum diligere illum –, iam discute tua ista: credere quae loquitur vera esse, credere ipsum esse Christum, diligere Christum. Credere vera esse quae loquitur, multi et mali possunt. Credunt enim esse vera et nolunt facere ea: ad operandum pigri sunt. Credere autem ipsum esse Christum, hoc et daemones potuerunt ... Ecce quam verum dictum est: *Hoc est opus Dei, ut credatis in eum quem ille misit* (Rom 13:10), hoc est ut diligendo eatis in eum, id est incorporemini ei'. Cf. *Sermo Dolbeau* 19.6.

dan ook. En dat *is* volgens Augustinus de hel.[260] Hij beschouwt het zijn werkzame leven lang als een van de ergste zonden alleen maar Gods rechtvaardigheid maar niet Gods barmhartigheid indachtig te zijn. Zonden tegen de hoop zijn in zijn idee erger dan alle andere zonden die hij in zijn verleden heeft begaan, omdat wie wanhoopt of bang is reageert alsof er al een veroordeling is uitgesproken. En dit acht Augustinus een belediging van Gods rechtvaardigheid en barmhartigheid tegelijk.[261]

Dat het leven van de aristoteliaanse deugden niet alleen kanttekeningen oplevert bij de nutsethiek maar ook en vooral leidt tot een economisch verkeer waarin vertrouwen de grondtoon vormt, heeft, zoals gezien, Nooteboom zeer inzichtelijk gemaakt in zijn laatste boek. Dat, behalve door een deugdzaam leven, vertrouwen ook groeit door en in relaties valt af te leiden uit de Schrift en uit patristische bronnen. Het vermogen relaties aan te gaan is nu precies de menselijke kwaliteit die in het concept van de *homo economicus* niet verdisconteerd werd. Zoals hierboven opgemerkt, wordt de mens in dit concept opgevat als iemand die met consistente preferenties vanuit eigenbelang handelt en daarom een angst ontwikkelt zich te binden. Studie van de voornoemde bronnen leidt tot het inzicht dat een dergelijk model van de mens de werkelijkheid van het concrete verschijnsel mens tekortdoet.

Op zekere leeftijd gekomen, onderscheidt Augustinus drie gradaties in het vertrouwen als subjectief gevoel, geloof in de waarheid en eerlijkheid van handelingen, inzichten of uitspraken. Vrij vertaald kan iemand, bijvoorbeeld tijdens een economische transactie, waarin slimme salestrucs en de juiste afsluittechnieken worden toegepast, de waarheid spreken. Het 'credere illi', dat de koper doet – het erop vertrouwen dat de verkoper de waarheid spreekt – is dan terecht. Als evenwel, de transactie niet het doel op zich is maar het omvattende ideaal een oprechte relatie aan te gaan met de klant, dan ontstaat er een existentiëlere vorm van vertrouwen, hetgeen Augustinus met 'credere illum' tot uitdrukking brengt. Hierin is sprake van het vertrouwen in een persoon als zodanig en

260 Augustinus, *Sermo* 22.6; *In Johannis euangelium tractatus* 41.8: 'Non enim est sine causa et terruit, et spem dedit: terruit, ne peccatum amaremus; spem dedit, ne de peccati solutione diffideremus'.

261 Augustinus, *Sermo* 20. 1, *Sermo* 351.5.12 en passim.

niet alleen in dat wat hij op grond van zijn kennis en competentie zegt. Afgezien van het feit dat een onderzoek dat is samengevat in de *Harvard Business Review* uitwijst dat niet – mijn (Paul van Geest) samenvatting – het 'credere illi' maar het 'credere illum' de continuïteit van een bedrijf waarborgt, leidt deze gradatie in 'vertrouwen' tot een gevoel van veiligheid, geborgenheid: zelfs in relaties die door economische transacties vorm krijgen.[262] Uit Augustinus' driedeling valt ten slotte af te leiden dat er sprake is van liefde als mensen in een persoonlijke relatie, die op oprecht vertrouwen is gebaseerd, het eigen belang ten dienste van de ander willen opgeven omdat zij hierin hun vervulling besloten zien. Het 'credere in illum' is dan niet ver.

Nu laat Augustinus zich in *sermo Dolbeau* 19 niet uit over de wijze waarop de 'dilectio' of 'caritas' het economisch verkeer kan bepalen, al valt uit zijn samenbrengen van de drie gradaties in het vertrouwen wel af te leiden dat hij ze als in één dynamiek wil zien. Elders toont hij zich er ook van bewust dat de liefde twee vormen kent. Zij is idealiter onbaatzuchtig, *gratis*, en op grond hiervan de meest helende en zuiverende kracht die vaardig kan worden over een mens. Maar er is ook een baatzuchtige liefde. Deze duidt hij meer in termen van begeerte.[263] Zij uit zich bijvoorbeeld in het streven elkaar te helpen op de individuele zoektocht naar de wijsheid.[264] Cicero inspireerde hem al in zijn jonge jaren te spreken over de 'mutua benevolentia', de wederzijdsheid die iedere goede relatie kenmerkt.[265] In de loop der jaren werd hij evenwel door Paulus'

---

262 https://hbr.org/2014/10/the-value-of-keeping-the-right-customers

263 Augustinus, *Epistula* 155.1.1; *Enarratio in Psalmum* 55.17; cf. I. Hadot, 'Amicitia', in: C. Mayer (ed.), *Augustinuslexikon* (Basel-Berlin: Schwabe Verlag, 1986-...), dl. 1, kol. 287-293, inz. 291; D. Dideberg, 'Caritas', in: C. Mayer, *ibidem*, kol. 730-743; id. 'Amor', in: C. Mayer, *ibidem*, kol. 294-300.

264 Augustinus, *Soliloquia* I, 13, 22.

265 T. van Bavel, 'The influence of Cicero's Ideal of Friendship on Augustine', in: J. den Boeft (ed.), *Augustiniana Trajectina* (Paris: Etudes Augustiniennes, 1987), 59-72. Cf. ook R. Canning, *The Unity of Love for God and Neighbour in St. Augustine* (Louvain: Peeters, 1993), 49-65, 114-115.

correlaat van diens relationele opvatting van *pistis* beïnvloed. Deze was dat christenen zichzelf in het licht van Degene op wie ze vertrouwen als onvolmaakt en zondig zien. Ook bij Augustinus was deze bewustwording geen doel op zich. Het besef van onvolmaaktheid vormt de opmaat tot het streven anderen en in zijn geval ook God niet te beschamen en dus niet alleen de waarheid te spreken maar ook authentiek en liefdevol te zijn.
Uit de Schrift en werken uit de christelijke traditie valt dus af te leiden dat vertrouwen niet alleen met deugdbeoefening te maken heeft maar ook een aanname veronderstelt dat een mens eerst en vooral als *esse ad* – een zijn-tot –, als een relationeel wezen beschouwd moet worden. Overigens gaat dit fundamenteel in tegen de aristoteliaanse categorieënleer, waar de substantie de eerste en voornaamste categorie is. Dat vertrouwen als grondtoon overeenkomstig de intensiteit van de verschillende relatievormen ook verschillende maar samenhangende gradaties kent, daar maken Schrift en traditie de mensheid gevoelig voor. Onder andere.

8.4 De *homo economicus* als bedreiging voor de cohesie in de samenleving; de *timor servilis* en *amor castus*

Een van de constanten in het werk van Samuel Bowles, emeritus hoogleraar van de University of Massachusetts Amherst, is zijn aandacht voor de effecten die markten en andere economische instituties op voorkeuren van mensen hebben, of op patronen van interactie die een bepaalde maatschappij haar aanzien geven. Om duidelijk te maken dat de geringe aandacht voor exogene drijfveren in de economische wetenschap onterecht is, voert hij steeds bewijzen aan dat economische instituties mede de structuur van sociale interacties bepalen en aldus bijdragen aan de evolutie van sociale normen. Hoe anoniemer transacties gedaan kunnen worden, hoe minder de andere partij als menselijk wordt ervaren. Dit leidt in zijn idee niet tot normloosheid op de markt: de norm dat afspraken moeten worden nagekomen blijft bijvoorbeeld bestaan. Maar deze nadruk op de transactie in plaats van op de relatie maakt wel dat deugden als generositeit, altruïsme door de exogene krachten niet kunnen postvatten in het economisch verkeer.[266] [267]

In deze geest stelt Bowles in zijn boek *The Moral Economy. Why Good Incentives Are No Substitute for Good Citizens* dat het niet wenselijk is om het idee van de *homo economicus* als uitgangspunt te nemen bij reflecties op menselijke drijfveren, onder andere omdat de samenwerking of omgang met elkaar eerder gemotiveerd wordt door extrinsieke, vaak financiële incentives dan door intrinsieke motivatie.[268] Een beroemd geworden experiment van Uri Gneezy en Aldo Rustichini wordt door Bowles dan ook uitvoerig besproken. Het werd voltrokken op een kinderdagverblijf in Haifa en bestond erin dat ouders een boete kregen voor het te laat ophalen van hun kinderen. Deze ouders gingen deze boete allengs als vergoeding opvatten voor hun vertraging en kwamen daarom nog later. Op grond van deze ontwikkelingen stelde Bowles dat als mensen de berekenende *homo economicus* daadwerkelijk gaan belichamen, er sprake is van 'outcrowding' van ethische drijfveren, van erosie van moreel besef en van de teloorgang van het economische principe van wederkerigheid en van een 'robust civic culture', die door coöperatieve en genereuze burgers gestalte wordt gegeven.[269]
Met het Haifa-experiment maakt Bowles dus duidelijk dat er een *debitum* kan zijn dat niet langer financieel is, maar een morele lading krijgt. Bowles verwijt moderne economen vervolgens dat zij

---

266 S. Bowles, 'Endogenous Preferences: The Cultural Consequences of Markets and other Economic Institutions', in: *Journal of Economic Literature* 36 (March 1998), 75–111, inzonderheid 75-77, 80, 89 ('other regarding behavior'), 97-101, 105.

267 Bowles, 'Endogenous Preferences', 101: 'A broader concept of market failure is thus required, one encompassing the effects of economic policies and institutions on preferences and for this reason more adequate for the consideration of an appropriate mix of markets, communities, families, and states in economic governance'.

268 S. Bowles, *The moral economy. Why Good Incentives Are No Substitute for Good Citizens*. New Haven-London: Yale University Press, 2016.

269 Bowles, *The moral economy*, 145. Zie ook: U. Gneezy, A. Rustichini, 'A fine is a price', in: *Journal of Legal Studies* 29 (2000), 1-17. Zie evenwel voor een tegengestelde visie: J.J. Graafland, 'Do Markets Crowd Out Virtues?', in: *Journal of Business Ethics* 91 (2009), 1-19.

incentives en *morals* scheiden en toestanden zoals in Haifa zodoende niet voorkomen. Deze 'separability assumption' acht hij dus abject, omdat 'motives such as altruism, reciprocity, intrinsic pleasure in helping others, aversion to inequity, ethical commitments and other motives that induce people to help others', niet worden gevoed.[270] Hij ziet deze scheiding ook in strijd met het door Adam Smith voorgehouden streven naar 'natural liberty'. Deze mocht immers nooit ten koste gaan van anderen: in het Haifa-experiment de oppasmoeders.[271] Daarom stelt Bowles dat wetten moeten worden uitgevaardigd waarin beoogd wordt mensen in de gelegenheid te stellen hun eigen doelen te laten nastreven, maar bij hen tegelijk ook een bewustzijn te doen ontwaken dat hun handelingen gevolgen hebben voor anderen. Hij schrijft:

> 'In economic language, this can be done if each actor internalizes the entire costs and benefits of an action, including the effects on others, rather than taking account merely of one's private benefits and costs, that is, those that affect one's own profit or loss, pleasure or pain.'[272]

Tegelijk stelt Bowles vast dat dankzij het civilisatieproces burgers in beschaafde landen inmiddels wel beschermd zijn tegen persoonlijk letsel of onrechtmatig bezitsverlies. Maar hij constateert ook dat staten geen dwangmiddelen hebben om de door ouders in Haifa geëtaleerde respectloosheid – 'malfeasance' – of hun opportunisme te bestraffen.[273] Bowles pleit voor een 'rule of law' die burgers niet alleen beschermt tegen 'cataclysmic loss' maar die hen ook aanzet, zo niet dwingt tot sociaal gepast, respectvol want coöperatief gedrag.[274] In de geest van Deirde McCloskey's magistrale tri-

270 Bowles, *The moral economy*, 44-45; 'separability assumption', 21-25.

271 Bowles, *The moral economy*, 20, '[Smith] His famous line, 'Every man ... is left perfectly free to pursue his own interest in his own way', was conditioned in that very sentence by the proviso: 'as long as he does not violate the laws of justice', meaning that 'every member of the society [is to be protected] from the injustice or oppression of every other member of it'.

272 Bowles, *The moral economy*, 26.

273 Bowles, *The moral economy*, 144.

274 Bowles, *The moral economy*, 145.

logie *Bourgeois Virtues, Bourgeois Dignity* en *Bourgeois equality* – en, *mirabile dictu*, de pauselijke sociale encylieken van *Rerum Novarum* tot *Laudato Si'*, maakt Bowles ook aannemelijk dat het moderne kapitalisme allerminst immoreel is maar, sterker nog, succesvol blijft in de mate waarin – bijbels gefundeerde – deugden als 'matigheid', 'moed', 'wijsheid-voorzichtigheid' en 'rechtvaardigheid' doorklinken in de drijfveren van degenen die het handen en voeten geven. Bowles verwoordt deze dynamiek als volgt: 'Markets may have assisted the civilizing process.' En hierin ging het vertrouwen in de eigen familie of groep zich allengs ook uitstrekken tot vertrouwen in de maatschappij.[275]

---

275 Bowles, *The moral economy*, 145, 149-150; cf. 145-150. Cf. D. McCloskey: *The Bourgeois virtues. Ethics in an Age of Commerce*. Chicago: The University of Chicago Press, 2007; id., *The Bourgeois Dignity. Why Economics Can't Explain the Modern World*. Chicago: The University of Chicago Press, 2011, en *Bourgeois Equality. How Ideas, not Capital or Institutions, Enriched the World*. Chicago: The University of Chicago Press, 2016. Zie ook: A. Hirschman, *The Passion and the Interests* (Princeton, New Jersey: Princeton University Press, 1977), 9-66. In alle sociale encyclieken stellen de respectievelijke pausen dat vrijemarkteconomie de middelen biedt aan mensen om zich creatief, verantwoordelijk en solidair in te zetten (cf. bijvoorbeeld Johannes Paulus II, *Centesimus Annus* 34, 42, Benedictus XVI, *Caritas in Veritate* 65, en passim). Maar zij onderkennen ook dat het kapitalisme niet vanzelf de gewenste voorspoed voor iedereen kan brengen (*Centesimus Annus* 42). Dit veronderstelt een vrije economie waarin een zekere gelijkheid tussen de partijen aanwezig is (*Centesimus Annus* 48). Mensen moeten dus worden aangesproken op hun sociale geweten (*Caritas in Veritate* 35-36, 65, 68) en volgens het solidariteitsbeginsel garanties stellen voor de zwaksten in de samenleving (*Centesimus Annus* 15; *Caritas in Veritate* 65). Zie P. van Geest, 'Armoede en menselijke waardigheid. Het Magisterium van de katholieke kerk over de wisselwerking tussen beide – Poverty and human dignity: The magisterium of the Catholic Church on the interaction between the two', in: *Tydskrif vir Geesteswetenskappe/Journal of Humanities* 60 (2020), nr. 3, 646-658. In: L. Ladaria, P. Turkson, *Oeconomicae et pecuniariae quaestiones* (Roma: Libreria Editrice Vaticana, 2018), paragraaf 2-16 wordt gesteld dat het kapitalisme niet intrinsiek slecht of moreel onverantwoord is maar slecht wordt, als het losgezongen raakt van het (economische) doel om aan de waardigheid van ieder mens bij te dragen of als de economische orde niet op de gulden regel is gebaseerd.

In Bowles' *Moral economy* wordt dus meer dan alleen maar kritiek gegeven op ouders in Haifa die bedacht zijn op hun persoonlijk voordeel en geen rekening houden met de belangen van het personeel aan wie zij hun kinderen hebben toevertrouwd. Het is hem er vooral om te doen aan te tonen dat de mogelijkheid een morele verplichting op eenvoudige wijze af te kopen onvermijdelijk de teloorgang van respect voor het welbevinden van anderen en een slijtage van het moreel kompas tot gevolg heeft.

Na lezing van Bowles' boek is het zeer verleidelijk om het probleem dat hij aansnijdt verder te doordenken aan de hand van de vercommercialisering van de zogenaamde aflaat in de katholieke kerk. De aflaat betrof overigens niet de kwijtschelding van de zonde – daarvoor was oprecht berouw en de absolutie in de biecht noodzakelijk – maar van de straffen voor deze zonden aan gene zijde.[276] Deze commercialisering nam een hoge vlucht toen Albrecht van Brandenburg tot aartsbisschop van Mainz werd verheven en hiervoor *goodwill* aan paus Leo X moest betalen. De paus stond hem toe in zijn diocees aflaten te verkopen om de lening die hij van bankier Jakob Fugger had verkregen af te betalen. De dominicaan en doctor in de theologie Johannes Tetzel werd zijn aflaatpredikant en *salesman*. Diens preken mogen als schoolvoorbeelden gelden van de retouchering van het berouw als voorwaarde voor vergeving van de zonden omdat de waarde van de aflaat zo veel mogelijk benadrukt moest worden ten behoeve van de verkoop. Een eerste indruk leert dat studie naar de retorische en commerciële strategieën in preken als die van Tetzel ons probleembewustzijn met betrekking tot het slijten van het moreel kompas en het afstompen van het geweten door de scheiding van *incentives* en *morals* werkelijk enorm zal vergroten. Dit was overigens niet de kritiek die Luthers in zijn *Eynn*

276 E. Amort, [*Historia indulgentiarum*] *De origine, progressu, valore, ac fructu indulgentiarum, necnon de dispositionibus ad eas lucrandas requisitis, accurata notitia, historia, dogmatica, polemica, critica* (Venetiis: apud Joannem Baptistam Recurti, 1733), 355-410: spreekt accuraat over de noodzaak van de vergeving van de zonden alvorens de aflaat verleend kan worden. Cf. voor een summiere geschiedenis van de aflaat: A. Angenendt, *Geschichte der Religiosität im Mittelalter*. 3. Auflage. (Darmstadt: Wissenschaftliche Buchgesellschaft, 2005), 652-657. Zie ook: *Handbuch der Ablässe* (Rom: Libreria Editrice Vaticana, 2008 (tweede druk), 17-24; 27-81.

Sermon von dem Ablasz vnnd Gnade op Tetzels praktijken spuide. Hij liet in dit traktaat zijn ongenoegen blijken over de verbeelding van God als boekhouder/econoom die aan de aflaathandel ten grondslag ligt, en aan de bagatellisering van Gods ondoorgrondelijke goedheid en genade. De aflaathandel was een van de oorzaken van het uitbreken van de Reformatie. Maar ook de bouw van de Sint-Pieter in Rome werd met de opbrengst hiervan gefinancierd. Deze is nu ook voor protestanten gratis toegankelijk. 'Ieder nadeel heb zijn voordeel', zei Johan Cruyff al; waarschijnlijk toen hij een museum voor kerkelijke kunst had bezocht.

Ter zake weer. Bowles verwijt moderne economen wat een kerkhistoricus op *salesman* Tetzels praktijken tegen kan hebben, namelijk dat zij beiden strategieën hanteren waarin externe prikkels mensen gaan belemmeren zich te laten leiden door drijfveren die intrinsiek goed zijn. In geval van Tetzel betreft dit de nadruk op – hoe contradictoir – de bevrijding van tijdelijke straffen in het leven buiten de tijd na de dood die bezinning verhindert op de eigen onvolkomenheden in woord en gedachte en in doen en laten. In het geval van Bowles' moderne economen betreft het een regeling die maakt dat mensen zicht op en voeling met een levensstijl verliezen waarin het streven naar wederkerigheid, altruïsme of het genoegen in het helpen van anderen de boventoon voert. Het afkopen van morele verantwoordelijkheid en dientengevolge de erosie van het ethisch bewustzijn is het ongezochte maar onvermijdelijke gevolg van de strategie die evident in om het even welk wetenschapsgebied wordt ontwikkeld. Theologen waren er, zoals in de inleiding reeds gezegd, eerder bij.

Al ver voor Tetzel en voor Bowles' moderne economen is er in de eerste eeuwen van het christendom een soort paardenmiddel tegen de teloorgang van een morele, altruïstische fijngevoeligheid, die in het licht van de bevindingen van de latere ontwikkelingspsychologie van Jean Piaget verrassend actueel is. Paulus – ondernemer (tentenmaker) en Schriftgeleerde tegelijk – herinnert eraan dat het niet verkeerd is mensen bij de morele les te laten blijven door de angst voor Gods straffen in het Oordeel levend te houden.

Paulus varieert in zijn brieven met grote regelmaat op het thema van de psalmist dat de vrees voor God het begin van de wijsheid is.[277] Maar hij laat ook doorschemeren dat als angst voor straf bij

277 Cf. Psalm 110 (111):10; Galaten 2:16; Romeinen 3:21-23.

mensen de motivatie blijft om het goede te doen en het kwade te laten, zij als onvolgroeid moeten worden beschouwd. Calvijn vat deze grondgedachte in Paulus' denken kernachtig op meerdere plaatsen in zijn werk samen als hij zegt dat liefde 'het doel van de wet' is.[278] Maar het is Augustinus, de bron voor Calvijn die door de reformator 'totus noster' wordt genoemd, die de wisselwerking tussen de *timor servilis* ('slaafse', 'van onvolgroeidheid getuigende angst') en *amor castus* ('zuivere liefde') in zijn commentaar op de psalmen, de *Enarrationes in Psalmos*, het meest systematisch uitwerkt.[279]
Wij bespreken Augustinus' gedachten hieromtrent om uit te nodigen tot verdere reflectie op de vraag of reële angst voor serieuze maatregelen het door Bowles verfoeide 'outcrowding' van ethische overwegingen en moreel verantwoord gedrag jegens de naaste door externe prikkels tegengaat. Vervolgens dient zich de vraag aan hoe deze reële angst zich dan verhoudt tot de welwillendheid, vriendschap en liefde, waardoor relaties, ook economische, idealiter gekenmerkt worden; of hierin zelfs een positieve functie heeft. De kwestie of de vrees voor God nu een *reële* angst is, omdat God bestaat en mensen dus alert moeten blijven om God niet te ontrieven, of een *niet-reële* angst, die mensen kunnen hebben voor monsters onder het bed die niet bestaan, laten we nu buiten beschouwing. Voor Augustinus bestond God.
In de *timor servilis* onderscheidt Augustinus vier momenten. De eerste vorm van vrees beheerst in zijn idee de mens, die weet dat hij niet goed handelt, die bang is voor tegenslagen op aarde, of die

278 Cf. bijvoorbeeld: Johannes Calvijn, *Harmonie van de laatste vier boeken van Mozes.* Derde deel. [*Commentarius in Mosis reliquos quator libros.* Pars I, II.] Uit het Latijn vertaald door J. van den Heuvel (Kampen: De Groot Goudriaan, 1989), 5: 'Als liefde het einde der Wet is…)'; cf. voor de wijze waarop Calvijn de vrees intensiveert: 8 ('Hij [Mozes] zegt dus: "Ofschoon het bij de mensen vrij zou staan om te roven en te plunderen, toch moet gevreesd worden voor een zwaarder oordeel, want God hoort de klachten van de armen"'), 25, 28 ('Tot nu toe heeft God betuigd een Wreker te zijn…'), 32 en passim.

279 *Joannis Calvini opera quae supersunt omnia* (Brunsvigae: C.A. Schwetschke, 1863), Ed. E. Cunitz, J.-W. Baum, E.W.E. Reuss. 59 dln in 58 vols. Dl. 8, 266. Zie ook: J.M. Lange van Ravenswaay, *Augustinus totus noster. Das Augustinverständnis bei Johannes Calvin.* Göttingen: Vandenhoeck & Ruprecht, 1990 (*Forschungen zur Kirchen- und Dogmengeschichte* 45).

bang is voor straf op aarde of in het leven na de dood.[280] Vervolgens is er een vrees die volgt na bedreigingen van anderen en waardoor men nalaat het goede te doen. Dan volgt een angst voor gevolgen van een slechte daad.[281] Ten slotte is er de angst voor het goddelijke strafgerecht ('Het is een slaafse angst, waardoor je vreest met de duivel te branden').[282] Dit is de vrees van degenen, die niet bang zijn voor het lijden in de wereld maar zich wel zorgen maken om hun uiteindelijk lot. Ook zij worden beheerst door de *timor*, maar hun vorm van vrees kan wel overgaan in de *timor castus*,[283] soms *timor Domini castus* genoemd, als de vrees voor straf verdwijnt.[284] Deze laatste vorm van *timor servilis* acht Augustinus dus de meest zuivere en zelfs goed (en eeuwig),[285] omdat de slaafse, van onvolgroeidheid getuigende vrees er al in uitgebannen is.[286] Gevoed door en geboren uit liefde,[287] kenmerkt de *timor castus* zich dus niet door de angst ontdekt te worden door bijvoorbeeld de belastingdienst na het plegen van fraude, maar behelst zij de angst voor eeuwig verstoken te blijven van de liefde van de geliefde, wiens aangezicht niet meer

---

280 Augustinus, *Enarratio in Psalmum* 55.17 (niet juist handelen); *Enarratio in Psalmum* 127.7 (niet door ziekte willen worden getroffen); *Enarratio in Psalmum* 18, *Sermo* 1. 10; *Enarratio in Psalmum* 18, *Sermo* 2. 10 (angst voor straf).

281 Augustinus, *Enarratio in Psalmum* 127.7.

282 Augustinus, *Sermo* 161, 9: 'servilis timor est, quo times cum diabolo ardere'.

283 Augustinus, *Enarratio in Psalmum* 127.7; 127.8.

284 Augustinus, *Enarratio in Psalmum* 18, *Sermo* 1.10; *Enarratio in Psalmum* 18, *Sermo* 2.10.

285 Augustinus, *Enarratio in Psalmum* 18. *Sermo* 2.10 (timor Domini castus); *Enarratio in Psalmum* 127.7; *Enarratio in Psalmum* 18, *Sermo* 1.10; *Enarratio in Psalmum* 150.1 (eeuwig).

286 Augustinus, *Enarratio in Psalmum* 149.15; *Enarratio in Psalmum* 150.1: 'Quae operatio septenaria per Isaiam prophetam ita commemoratur: *Requiescet super eum Spiritus Dei; Spiritus sapientiae et intellectus, Spiritus consilii et fortitudinis, Spiritus scientiae et pietatis, Spiritus timoris Domini.* Ipse debet intellegi timor Domini castus, permanens in saeculum saeculi. Servilem autem timorem consummata caritas foras mittit; et nos liberos facit, ne servilia opera faciamus, quae sabbato prohibentur'.

287 Augustinus, *Enarratio in Psalmum* 127.7 (gevoed door liefde); *Enarratio in Psalmum* 127.8 (geboren uit de liefde).

aanschouwd kan worden.[288] Rakend aan en soms dus ook synoniem voor de *amor castus* behelst de *timor castus* dus ook het verlangen naar Gods nabijheid, dat sterker is dan het streven voorspoed op aarde te hebben.[289] Ook het liefhebben van de gerechtigheid brengt Augustinus in verband met de *timor castus*: waar de vrees voor straf een ijzeren keten wordt genoemd, wordt het liefhebben van de gerechtigheid als drijfveer hierbij als gulden keten omschreven.[290]
Augustinus benadrukt dus steeds dat vrees voor de eeuwige dood en liefde voor wat God beloofd heeft, zowel de *timor castus* als de *amor castus*, haast niet te scheiden zijn.[291] Vrees voor God vanwege zijn rechtvaardigheid gaat idealiter samen met de liefde voor God vanwege zijn barmhartigheid.[292] Zo ook stelt Augustinus vrees en verlangen niet als tegengesteld maar als complementair en soms zelfs als gelijktijdig en dus gelijksoortig voor. Enerzijds geeft hij aan zélf bevangen te zijn door vrees voor het Oordeel en de wederkomst van Christus. Anderzijds voegt hij hier onmiddellijk aan toe dat dit getuigt van inconsequentie omdat als christenen goed leven, zij juist naar Christus' komst gaan verlangen. Men kan immers niet van iemand houden wiens komst men vreest.[293]
Zo blijkt dus ook uit zijn strategie in de *Enarrationes* dat Augustinus

---

288 Augustinus, *Enarratio in Psalmum* 127.8 (verstoken nabijheid geliefde); *Enarratio in Psalmum* 77. 12.

289 Augustinus, *Enarratio in Psalmum* 127.8-9. Zie voor de verhouding van de *timor servilis* tot de *timor castus* in andere werken: P. van Geest, '*Ante omnia igitur opus est Dei timore converti* (*doctr. chr.* 2.7.9). Augustine's Evaluation of Fear', in: A. Dupont, G. Partoens, M. Lamberigts (eds.), *Tractatio scripturarum. Philological, Exegetical, Rhetorical and Theological Studies on Augustine's Sermons* (Louvain: Peeters, 2012), 443-464 (*Instrvmenta Patristica et Medievalia. Research on the Inheritance of Early and Medieval Christianity* 65 - *Ministerium Sermonis* II).

290 Augustinus, *Enarratio in Psalmum* 149.15.

291 Augustinus, *Enarratio in Psalmum* 64.16: 'Quod supra homines est time, et homines te non terrebunt. Mortem sempiternam time, et praesentem non curabis. ... Ama ergo, et time: ama quod promittit Deus, time quod minatur Deus; nec corrumperis ex eo quod promittit, nec terreberis ex eo quod minatur homo'.

292 Augustinus, *Enarratio in Psalmum* 70, *Sermo* 1.1: 'Multum enim movet Dei amor et timor: timor Dei, quia iustus est; amor, quia misericors est'.

293 Augustinus, *Enarratio in Psalmum* 147.1.

een reële angst wil zien als prikkel tot introspectie en tot vrijwaring van hoogmoed. Vrees is voor Augustinus noodzakelijk, zelfs onontbeerlijk, maar 'slechts' als een oplettend makende *ancilla* van de hoop, de vreugde, de liefde en het verlangen.

Nu stelde Jean Piaget (†1980) vast dat jonge kinderen regels aanvaarden uit angst voor straf. In een later stadium zetten zij zich tegen deze regels af, om uiteindelijk met waardering terug te vallen op de oude regels, zij het met in achtneming van hun eigen bevindingen. Dat Augustinus in zekere zin een voorloper van deze Zwitserse ontwikkelingspsycholoog is, valt af te leiden uit zijn *sermo* 156, tegen de pelagianen. Hierin schrijft hij dat de mens door de Wet zijn eigen onvolmaaktheid ontdekt. De Wet beschouwt hij als een gebiedende, dreigende én beloftevolle code, waardoor de mens uit angst voor straf tot een beter zelfinzicht komt en minder hoogmoedig wordt. Pas in het stadium dat men onder de Genade leeft, verandert de motivatie bij een handeling. Zich na de komst van Christus in genade aanvaard wetend, handelt de mensheid niet langer meer uit angst voor straf maar uit liefde voor de gerechtigheid. Waar *timor* de zielstoestand is van de knecht, is *amor* die van de vriend. Zij staan niet los van elkaar. Augustinus ziet een ontwikkelingsgang.[294] De vrees is daarbij de dienaar van de liefde. Dit is niet omgekeerd.

In de late *sermo* 156 blijkt eens te meer dat Augustinus de vrees situeert in een eerste stadium van de ontwikkelingsgang.[295] Als hij de angst omschrijft, dan acht hij angst heilzaam, in zoverre dat angst leidt tot een eerlijke beoordeling van zichzelf. Het besef dat men de wet niet volledig kan vervullen en men onvolmaakt is, brengt een angst voort die idealiter leidt tot een nederigheid, een grondhouding die een betere omgang met anderen en tegelijkertijd een goede verhouding tot God impliceert. Angst is heilzaam als hij niet tot defaitisme leidt, maar in een eerste stadium van de menselij-

---

294 Cf. Augustinus, *Contra duas epistulas Pelagianorum* 1.22. Cf. evenwel voor de richting waar Augustinus naartoe wil: *De gratia Christi et de peccato originali libri duo* 25.29: 'non sub lege terrente, convincente, puniente, sed sub gratia delectante, sanante, liberante'.

295 Augustinus, *Sermo* 156, 13.14: 'Timor servus est, caritas libera est; et ut sic dicamus, timor est servus caritatis'.

ke ontwikkelingsgang de opmaat tot liefde vormt.[296] Het is dus een heilzame kracht, zolang de mens er maar niet in blijft steken.

8.5 Een eerste balans

Samuel Bowles, zojuist besproken, stelde zich ooit de vraag hoe het toch mogelijk is geweest dat economen zo lang gezworen hebben bij het model van de *homo economicus*. Hij ziet – en niet alleen bij zijn eigen vakgenoten – het gebrek aan interdisciplinaire samenwerking als de voornaamste reden dat er steeds maar getalmd wordt bij het ontwerpen van een mensbeeld dat meer behulpzaam is bij het scherp krijgen van de economische werkelijkheid dan dit met behulp van de *homo economicus* het geval is. Hij schrijft:

> '… economics pay a heavy price for its self-imposed isolation from the other behavioral sciences. At its simplest, the conception underlying contemporary disciplinary boundaries is one of a society marked by an implausible degree of specialization among institutions: families and religious institutions shape culture, governments govern, and economic institutions allocate resources. These disciplinary boundaries have favored the development of parochial, incompatible, and inadequate models of human behavior in the various disciplines, ranging from the oversocialized homo sociologicus to the undersocialized homo economicus. Recognition of the cultural effects of markets (and other economic institutions) may foster a more unified approach to the behavioral sciences, a benefit of which might be the more successful resolution of outstanding puzzles in economics.'[297]

---

296 Dat vrees heilzaam is, mits dus gecontroleerd en in verband gebracht met *amor*, valt ook af te leiden uit de hermeneutische en mystagogische weg die Augustinus in *De doctrina christiana* 2.7,9-11 of bijvoorbeeld in *Sermo* 347 (*De timore Dei*) ontwikkelt.

297 S. Bowles, 'Endogenous Preferences: The Cultural Consequences of Markets and other Economic Institutions', in: *Journal of Economic Literature* 36 (March 1998), 75–111, inz. 102-105.

Dat niet alleen de toenadering van gedragswetenschappers tot Bowles' vakgenoten maar ook structureel overleg van economen en theologen met elkaar gerechtvaardigd is, hopen wij te hebben aangetoond door de compatibiliteit van theologie en economie als wetenschapsdisciplines te onderbouwen. Daarbij komt dat leidende economen als Bruni en Nooteboom in hun streven naar bewustzijnsverruiming bij hun vakgenoten zélf oorspronkelijk door theologen overdachte noties als 'gratuïteit' en 'vertrouwen' op uitnodigende wijze overdenken. Hun verrijkende interpretatie van deze – klaarblijkelijk voor de economische wetenschap relevante – termen vormde de aanleiding om ze te duiden in het licht van enige krachtlijnen in Schriftuurlijke en patristische bronnen. Zo werd er mogelijk enig bewijs geleverd dat ook de theologie kan bijdragen aan de ontwikkeling van een rijkere taal ten behoeve van de reflectie op economische processen en een taal, waarin de complexiteit van een mens als economisch en relationeel wezen beter tot haar recht komt. Ook Bowles' eigen kritiek op de cesuur tussen ethische drijfveren en externe prikkels, die het besef van deze drijfveren en dus het economische principe van de wederkerigheid teloor doet gaan, bleek koren op de molen van historisch theologen. Deze kritiek vormt namelijk de opmaat tot een reflectie op de bruikbaarheid van Augustinus' visie op de verhouding van vrees tot liefde ten behoeve van het elimineren van de gevolgen van externe prikkels en het intensiveren van het bewustzijn dat wederkerigheid, altruisme, welwillendheid jegens en liefde voor de ander geluk brengt.
Maar zoals in de inleiding al gezegd: de voornoemde theologen kunnen de uitzonderingen vormen op de regel dat theologie voor economen niet interessant is, omdat mogelijk alleen zij nadenken over noties die theologisch aandoen. Daarom willen wij nu de noties van *bounded morality, bounded rationality* en *bounded willpower* voorzien van kanttekeningen die theologisch van aard zijn, in de verwachting dat zij een bijdrage leveren aan, bijvoorbeeld, het ontwerp van een relationele economie.

9
Economische noties bezien in het licht van de geschiedenis van de theologie

9.1 Negatieve én affectieve theologie als opmaat tot een verdiept inzicht in *bounded rationality*

In zijn baanbrekende *The General Theory of Employment, Interest and Money* (1936) beschreef John Maynard Keynes al dat de economie niet alleen door mensen wordt geleid, die hun handelen uitsluitend door rationele overwegingen laten bepalen. Hij stelde de *animal spirits* aan de orde: krachten, die in de economie als onrustbarend worden gezien en waar mensen soms verlamd, soms uiterst dynamisch van worden. De rol van de overheid zou vergelijkbaar moeten zijn met die van ouders. Zij geven een kind de ruimte te ontdekken door welke irrationele krachten het bepaald kan worden maar trekken ook grenzen zodat het kind niet te gronde gaat aan zijn *animal spirits*. In de geest van Keynes stelden Akerlof en Shiller in hun *Animal Spirits: How Human Psychology Drives the Economy, and Why it Matters for Global Capitalism* dat de overheid de initiatieven van ondernemers zo min mogelijk moet belemmeren, maar de kapitalistische economieën ook niet aan hun lot mag overlaten. Dan is de kans groot dat er excessen ontstaan die zij herleiden tot *animal spirits*, die op hun beurt weer gevoed worden door veranderingen in vertrouwen, verlokkingen, afgunst, wrok, illusies en de steeds veranderende verhalen over economie.[298] Het werd hun niet altijd in dank afgenomen dat

298 G.A. Akerlof, R. Shiller, *Animal Spirits: How Human Psychology Drives the Economy, and Why it Matters for Global Capitalism* (Princeton-New Jersey: Princeton University Press, 2009), passim; zie ook het vervolg: G.A.

irrationaliteit als oorzaak werd bestempeld. Maar Akerlof en Shiller betreurden nu juist dat bijna alle *animal spirits*, die Keynes in *The General Theory* als oorzaak van de Grote Depressie had omschreven, door latere economen uit de aandacht waren gebannen.
Ook langs een andere weg werd de wereld duidelijk gemaakt dat mensen niet altijd volmaakt want redelijk zijn. In de inleiding is al terloops opgemerkt dat het de econoom en psycholoog Herbert Simon was, die in 1955 voor het eerst fundamentele kanttekeningen plaatste bij het concept van de *homo economicus*. Zoals gezien, werd hierin verondersteld dat mensen op grond van juiste en volledige kennis van zaken de volmaakte keuze maken én hier ook nog eens alle gevolgen van kunnen overzien. Simon bewees dat de informatie op grond waarvan een mens zich een oordeel moet vormen meestal onvolledig is, tijdgebrek en routine het vermogen om juiste beslissingen te nemen beperken en 's mensen vermogen om de informatie volledig te kunnen verwerken en juist te kunnen inschatten beperkter is dan in het concept van de *homo economicus* werd aangenomen. Zo kwam hij tot de slotsom dat de mens behept was met een *bounded rationality*. In deze notie bracht hij dus de beperkte beschikbaarheid van informatie, de cognitieve beperkingen van de mens en de beperkte tijd om tot een besluit te komen met elkaar in verband en confronteerde hij de mensheid ermee dat de optimale oplossing voor welk probleem ook nooit zal worden gevonden.[299] Hij vond de term 'satisficing' uit: een onscheidbaar samengesteld werkwoord waar 'satisfy' en 'suffice' aan ten grondslag lagen.[300] Hiermee duidde hij de

---

Akerlof, R. Shiller, *Phishing for Phools: The Economics of Manipulation & Deception*. Princeton-New Jersey: Princeton University Press, 2015. Hierin staan 'phishing equilibria' centraal waarbij elke kans op een meer dan een buitengewone winst benut zal worden, ook al zal dat gepaard gaan met bewuste manipulatie, illusie en bedrog. Zij herleiden het falen van vrije markten tot het 'phishing' door markten en tot 'phools' die moedwillig bedrogen worden.

299 H.A. Simon, *Models of bounded rationality*. Cambridge, MA: MIT Press, 1982; id., 'Rationality as process and as product of thought', in: *American Economic Review* 68 (1978), nr. 2, 1-16.

300 H.A. Simon, 'Rational Choice and the Structure of the Environment', in: *Psychological Review* 63 (1956), nr. 2, 129-138, inz. 129: 'Evidently, organisms adapt well enough to "satisfice"; they do not, in general, "optimize";

besluitvormingsstrategie of cognitieve heuristiek aan die tot doel heeft van alle beschikbare mogelijkheden de meest bevredigende en voldoende te kiezen. Wiskundige berekeningen waren voor hem onontbeerlijk bij het vinden van een zo bevredigend en voldoende mogelijke oplossing van een probleem. Met betrekking tot de managementwetenschappen stelde hij vast dat er in de hierin ontwikkelde besluitvormingstheorie nooit een heldere keuze was gemaakt tussen enerzijds de mogelijkheid een optimale oplossing te vinden, maar dan wel voor een wereld die theoretisch vereenvoudigd is, en anderzijds de optie een voldoende en bevredigende oplossing te bedenken voor een meer realistische wereld.[301] Het verdere verloop van de geschiedenis is bekend: staande op de schouders van Simon verfijnden de psychologen Amos Tversky en vooral Daniel Kahneman – en met hen vele anderen – het zicht op de cognitieve beperktheid van mensen, op hun inconsistentie bij het maken van keuzes en vooral op de ondoordachtheid van hun beslissingen in tijden van onzekerheid. Bovendien toonde de resultaten van Kahnemans experimenten aan dat mensen bij hun inschattingen en keuzes niet alleen op hun verstand vertrouwen maar dat ook intuïties en (geanticipeerde) emoties (bijvoorbeeld aversie tegen verwacht verlies, teleurstelling, schuld of spijt) een belangrijke rol spelen bij het maken van keuzes.[302] Het vertrouwen op de intuïtie bleek niet ongevaarlijk. Hoewel intuïtie zeer succesvol kan zijn, bijvoorbeeld wanneer experts zich erop verlaten die veel spreekwoordelijke vlieguren hebben gemaakt, wees het onderzoek van Kahneman uit dat intuïtief beslissen tot systematische inschattingsfouten kan leiden. Keer op keer bleek dat mensen slechts in beperkte mate in staat zijn onbewuste, automatische, associatieve,

---

136: 'A "satisficing" path, a path that will permit satisfaction at some specified level of all its needs'.

301 H.A. Simon, 'Rational Decision Making in Business Organizations', in: *The American Economic Review* 69 (1979), nr. 4, 493-513.

302 Voor de rol van emoties in economisch handelen en (rationele) besluitvorming zie: J. Elster, 'Emotions and economic theory', in: *Journal of Economic Literature* 36 (1998), 47-74; S. Rick, G. Loewenstein, 'The role of emotion in economic behavior', in: M. Lewis, J.M. Haviland-Jones, L. Feldman Barret (eds.), *Handbook of emotions* (New York: Guilford Press, 2008), 138-156.

routinematige en vaak emotioneel geladen cognitieve processen (Kahneman noemt dit 'systeem 1') te beheersen dankzij 'systeem 2', waarmee mensen gecontroleerd, analytisch, bewust en volgens afgesproken regels tot keuzes komen.[303]

Op deze plaats in onze verhandeling aangekomen is het verleidelijk stil te staan bij de bijdrage die de zogenaamde 'negatieve theologie' zou kunnen hebben op de intensivering van het besef dat het menselijk verstand beperkt en te ontoereikend is om tot optimale inzichten en besluiten te komen.
De negatieve, ook wel apofatische theologie genoemd, is een, soms haast intuïtieve, denkweg die door de christelijke en neoplatoonse filosoof Pseudo-Dionysius de Aeropagiet in de vijfde eeuw in zijn boek over de mystieke theologie, *Perì mustikès theologías* voor het eerst systematisch is beschreven. Hij maakt een onderscheid tussen een benadering van God 'naar de taal toe' (*kataphatikè*) en een benadering 'van de taal weg' (*apophatikè*). In de katafatische benadering wordt ervan uitgegaan dat de mens tot een zeer beperkte godskennis kan komen door observatie van zaken in de schepping of na interpretatie van gebeurtenissen in de geschiedenis om op grond daarvan God met recht als 'streng' of juist als 'barmhartig' te omschrijven. In de apofatische benadering wordt bij deze wijze van spreken een serieuze *disclaimer* geplaatst. Pseudo-Dionysius benadrukte hierin dat God onkenbaar was voor stervelingen in tijd en ruimte. God 'is' niet, anders gezegd: God 'bestaat' niet omdat 'zijn' en 'bestaan' door mensen niet anders dan met tijdruimtelijk zijn in verband kan worden gebracht. Het 'zijn' van God is onvergelijkbaar met het zijn in tijd en ruimte; en dus zijn de substantiva 'zijn' of 'bestaan' ongepast om God te kunnen omschrijven.[304] Meer dan anderen corrigeerde Pseudo-Dionysius, 'apofatisch', dus zijn beweringen over God met ontkenningen. Daarmee ontkende hij God niet. Maar hij maakte zo wel duidelijk dat de taal waarin mensen over God spreken en de beel-

---

303 Zie D. Kahneman, 'A perspective on judgment and choice: Mapping bounded rationality', in: *American Psychologist* 58 (2003), nr. 9, 697-720, inz. 698-699, waar tevens zijn opvatting van de systemen uiteen wordt gezet.

304 Cf. bijvoorbeeld voor deze zienswijze Johannes Eriugena, *Periphyseon* II, 597D -598A (*Corpus Christianorum Continuatio Mediaevalis* 162), 99.

den die zij hierin gebruiken ontoereikend zijn om een adequaat begrip van God te krijgen. God kan dus 'barmhartig' worden genoemd maar dan moet onmiddellijk ontkend worden dat God 'barmhartig' is zoals mensen dit zijn als zij anderen conform de eigenschappen bejegenen, die aan deze deugd in de loop der eeuwen zijn toegekend. Maar de ontkenning moet ook weer worden ontkend. Beweringen over God omkeren in een ontkenning impliceert volgens Dionysius immers niet dat God in deze ontkenning wél adequaat werd omschreven. Zo kenmerkte zijn apofatische spreken over God zich door het streven Gods geheim zo veel mogelijk als geheim op de mens te laten inwerken. Een toon was gezet in de geschiedenis van de theologie. [305] Ook Augustinus brengt voortdurend de spanning tussen taal, denken en de werkelijkheid van God – *dictio*, *cogitatio* en *esse* ter sprake.[306] En zelfs Calvijn stelt dat God de mens niet geopenbaard heeft wat God is (*quid sit*) maar slechts hoe God voor de mens is (*qualis sit*). Achter deze Openbaring gaat 'nog iets eigenlijkers' schuil en dit 'eigenlijke' van God is ondoordringbaar voor het menselijke kenvermogen.[307] Het behoeft geen betoog dat de negatieve theoloog langs een heel andere weg tot inzicht in de ontoereikendheid van het menselijk verstand komt dan een econoom en psycholoog die kanttekeningen plaatsen bij het model van de *homo economicus*. Er zijn overigens wel raakvlakken: beiden plaatsen kanttekeningen bij een beeld, een model, een concept van het onderzoekssubject. De econoom doet dit naar aanleiding van de observatie van het verschijnsel mens; de theoloog doet dit vanuit de constatering dat in taal het denken over God en in het denken van de mens God zelf niet kan worden gevat. Hoe dan ook: de negatieve theologie heeft in elk geval

305 V. Lossky, 'Les éléments de théologie négative', dans la pensée de saint Augustin', in: *Augustinus Magister (Congrès International Augustinien, Paris, 21-24 Septembre 1954)*. Paris, 1954. 2 dln. dl. 1, 575-581; G.P. Rocca, *Speaking the Incomprehensible God: Thomas Aquinas on the Interplay of Positive and Negative Theology* (Washington D.C.: Catholic University of America Press, 2004); verdere literatuur in P. van Geest, *The Incomprehensibility of God*, 8-15.

306 Cf. R.J. Teske, 'Properties of God and the Predicaments in *De Trinitate* V', in: *The Modern Schoolman* 59 (1981-1982), 1-19.

307 Cf. C. van der Kooi, *Als in een spiegel. God kennen volgens Calvijn en Barth* (Kampen: Kok, 2002), 119-120.

een enorme potentie om een bewustzijn te evoceren van de ontoereikendheid van het menselijk verstand, niet zozeer bij het nemen van beslissingen als wel bij het onder woorden brengen van een Mysterie. Voor wie zich geconfronteerd wil zien met de diepte en reikwijdte van de implicaties van dit ontoereikendheidsbewustzijn – het ermee gepaard gaande gevoel van onmacht, radeloosheid, maar ook van berusting en bevrijding – zijn negatieve theologische passages in het werk van kerkvaders een hulp en een feest van herkenning.

Maar weer terzake nu. Herbert Simon bleef zijn leven lang vasthouden aan zijn overtuiging dat een zo bevredigend en voldoende mogelijke oplossing voor een probleem het meest baat had bij hieraan voorafgaande wiskundige berekeningen. Maar toen hij in het begin van de jaren zestig van de vorige eeuw werd geconfronteerd met de gedachte dat in wiskundige berekeningen en machines emoties als pijn, plezier, verlangen verdisconteerd worden, schreef hij een artikel over emotionele cognitie.[308] Deze bijdrage werd in eerste instantie over het hoofd gezien. Later bleef zij evenwel niet onopgemerkt en werd verdisconteerd dat, zoals gezegd, gevoel en intuïtie betrokken moeten worden bij het onderzoek naar de oorzaken van de *bounded rationality*.

Dat Simon een weg aangeeft waarop theologie dienstig kan zijn bij de ontwikkeling van een rijkere taal – en de hieropvolgende verbreding van het economisch analysekader om de implicaties van de *bounded rationality* te doordenken – willen wij duidelijk maken aan de hand van een weergave van de wijze waarop Augustinus over gevoel en over liefde dacht. Die laatste blijkt voor hem een kenweg, waardoor de mens tot meer inzicht komt dan door het gebruik van zijn verstand alléén.

In zijn *Confessiones* en zijn *De civitate Dei* onderscheidt Augustinus vier 'perturbationes' (passies): angst ('metus'), ongeordend verlangen ('cupiditas'), blijdschap ('laetitia') en droefheid ('tristitia').[309] Hij benadrukt dat handelingen, die uitsluitend uit deze

---

308 H.A. Simon, 'Motivational and Emotional Controls of Cognition', in: *Psychological Review* 74 (1967), nr. 1, 29-39.

309 Augustinus, *De civitate Dei* 14.8.1-9.6. Cf. E. Bermon, 'La théorie des passions chez saint Augustin', in: B. Besnier, P.F. Moreau, L. Renault (eds.), *Les passions antiques et médiévales* (Paris: Presses Universitaires de France, 2003), 173-197, inzonderheid 178-190 (*Théories et critiques des passions* 1).

gemoedstoestanden of emoties ontstaan – voortkomen uit wat neurologen later als lagere hersenlagen zouden onderkennen – niet goed zijn, omdat zij over het algemeen ravages veroorzaken en het zicht op de *lex aeterna*, Gods wet en ordening, belemmeren. Dit geldt overigens ook voor de herinnering aan passies. In zijn 'verborgen opslagplaatsen' of 'weidse ruimten', zoals Augustinus zijn geheugen noemt, bevinden zich niet alleen beelden van lelies of viooltjes, of cijfers, redeneringen, ideeën en aangeleerde grammatica en logica, maar ook herinneringen aan emoties als verdriet en vreugde, pijn en genot; of aan blijdschap, die opkwam als pijn was verdwenen of verdriet dat aanzwol omdat er geen reden meer was tot vreugde.[310]

Ook hiervoor geldt dat pas als de 'perturbationes' door de 'ratio' zijn ingeordend, zij vruchtbaar kunnen worden. Dan wordt 'metus' bijvoorbeeld 'cautio'.[311] Als passies dus door de rede gefilterd worden, leiden ze tot een deugd. In *De civitate Dei* schrijft hij dat emoties niet te elimineren zijn maar door de wil beheerst moeten worden: willen mensen het goede, dan is hun angst dit ook omdat zij in het teken staat van het doen van het goede.[312] Nu stelt Cicero dat het verstand de moraal maakt omdat dankzij het verstand de geest van de wijze man, de ideale Stoïcijn, geen slaaf meer is van zijn verlangens.[313] Augustinus stelt zich niet op het stoïcijnse standpunt dat alle 'perturbationes' moeten worden uitgebannen opdat de rede kan regeren.[314] De overwinning op de *pathè*, de *apatheia*[315] acht hij

310 Augustinus, *Confessiones* 10.12-18 (emoties: 21-22).

311 Augustinus, *De civitate Dei* 14.8.1; M. Fiedrowicz, 'Ciues sanctae ciuitatis Dei omnes affectiones rectas habent' De ciuitate Dei 14,9): Terapia delle passioni e preghiera in S. Agostino', in: *L'etica cristiana nei secoli III e IV: eredità e confronti* (Roma: Institutum patristicum augustinianum, 1996), 431-440, inzonderheid 437 (*Studia Ephemeridis Augustinianum* 53).

312 Fiedrowicz, 'Ciues sanctae ciuitatis Dei omnes affectiones rectas habent', 431-440.

313 Cicero, *De finibus* 3, 75-76.

314 Cf. M. Spanneut, 'Le stoïcisme et saint Augustin', in: P. Courcelle, *Forma futuri. Studi in onore del Cardinale Michele Pellegrino* (Torino: Bottega d'Erasmo, 1975), 896-914, inz. 909-914.

315 M. Spanneut, 'L'impact de l'apatheia stoïcienne sur la pensée chrétienne jusqu'à Saint Augustin', in: A. Gonzáles Blanco (ed.), *Cristianismo y aculturación en tiempos del Imperio Romano* (Murcia: Universidad de

later een anomalie omdat het dwaas is te zeggen dat de wijze geen medelijden mag hebben omdat medelijden lijden is.[316]

Frappant aan Augustinus' visie op passie, op emotie is, dat hij aan alle 'perturbationes', mits ze gezuiverd worden door de filter van het verstand, juist een kracht toekent die weer maakt dat het verstand juist minder begrensd raakt als er keuzes gemaakt moeten worden waar het welbevinden van anderen aan de orde is. De verbondenheid van ongeordend gevoel en verstand leidt niet alleen tot deugd maar vormt ook het tegengif tegen een verstandelijk bewerkstelligde zelfcentralisatie, die het mensen onmogelijk maakt hun betrokkenheid op anderen levend en oprecht te houden.

Deze visie op passie en emotie houdt verband met Augustinus' beschouwingen over de liefde. Vooropgesteld dat hij haar niet ziet als een 'perturbatio', voegt hij in zijn *In epistolam Johannis ad Parthos* aan zijn reflectie op de meerwaarde van de wisselwerking tussen gevoel en verstand nog een cruciaal aspect toe, als hij over 'liefde' spreekt.

Het zou te ver voeren om alle betekenismomenten die Augustinus in de liefde onderscheidt hier tot in detail weer te geven. In haar hoogste vorm is de liefde God zélf.[317] Maar het is ook een innerlijke kracht en verlangen in de mens zelf,[318] waarbij soms uit de context niet op te maken valt of Augustinus nu met 'liefde' deze innerlijke kracht of Gods genadegave aanduidt.[319] Een gelaagder en fascinerender begrip dan 'liefde' is er in het werk van Augustinus niet te vinden. Voor nu is van belang te constateren dat hij in *In epistolam Johannis ad Parthos* de liefde als een vorm van kennen opvat, die, meer nog dan het verstand, mensen in staat stelt, God, de werkelijkheid en de medemens te doorgronden. Om ons te beperken tot de laatste: Augustinus beschrijft het haten van de naaste als een verblijf in duisternis. Het tegengestelde aan deze haat, de liefde,

---

Murcia, 1990), 39-52 (=*Antigüedad y cristianismo* 7).

316 Augustinus, *Sermo* 348.2.3; cf. *De moribus ecclesiae catholicae et de moribus Manichaeorum* 27.53-54.

317 Augustinus, *In epistulam Iohannis ad Parthos* 1.11; 8.5-8.7.

318 Augustinus, *In epistulam Iohannis ad Parthos* 6.8; 6.10; 6.12; cf. voor het verlangen: *In epistulam Iohannis ad Parthos* 4.6; 9.9.

319 Augustinus, *In epistulam Iohannis ad Parthos* 6.8 (verwijzing naar Romeinen 5:5).

ziet hij als een verblijf in een Licht waardoor men tot een optimaal inzicht komt in zichzelf, in de naaste of zelfs ook in de dynamieken die de wereld haar aanzien geven.[320] De essentie van een ander wordt door Augustinus dus gezien in de mate waarin men in staat is de ander lief te hebben. Deze overtuiging had Augustinus zich al veel eerder eigen gemaakt, al voor zijn bisschopswijding in 395 – toen hij in *De diversis quaestionibus* zo snedig schreef dat een zaak (of een persoon) gekend wordt in de mate waarin deze wordt liefgehad: 'Res tantum cognoscitur, quantum amatur.'[321]

Aan de totstandkoming van dit inzicht was een lange weg voorafgegaan. Zoals gezegd: in zijn jonge jaren diende Augustinus de vriendschappen om persoonlijk en individueel tot wijsheid te komen.[322] Maar later kwam hij tot de ontdekking dat vriendschap een wederkerige liefde behelst die uitgaat van twee personen en gebaseerd is op gelijkheid. Daarbij onderkende hij dat ware vriendschap *gratis* is, belangeloos, en die belangeloosheid maakt dat er ruimte ontstaat om het inzicht in elkaar te verdiepen.[323] Het is dus niet verwonderlijk dat in *In epistolam Johannis ad Parthos* de *via amoris* als kenweg wordt ontworpen waarin sporen van deze visie op vriendschap waarneembaar zijn.

Amor ipse notitia: de liefde zélf behelst dus het kennen van wat of wie men wil liefhebben. Zo vatte paus Gregorius de Grote Augustinus' *via amoris* samen.[324]

Kernachtiger kan niet tot uitdrukking worden gebracht dat, bijvoorbeeld, een machiavellistische benadering van werknemers aan vervanging toe is.[325] In deze benadering is ervoor gekozen de handelende persoon te wantrouwen, te controleren, te beheersen

---

320 Augustinus, *In epistulam Iohannis ad Parthos* 1.10-13 (verwijzing naar 1 Johannes 2:11); cf. *In epistulam Iohannis ad Parthos* 5.10 (verwijzing naar naar 1 Johannes 3:15). cf. *In epistulam Iohannis ad Parthos* 9.11.

321 Augustinus, *De diversis quaestionibus* 83, Quaestio 71, 5.

322 Augustinus, *Soliloquia* I, 13, 22.

323 Augustinus, *Epistula* 155.1.1; *Enarratio in Psalmum* 55.17.

324 Gregorius Magnus, *In homilia in euangelia* II, 27, 4, in: *Patrologia Latina* 76, 1207.

325 Cf. J.J. Dahling, B.G. Whitaker, P.E. Levy, 'The Development and Validation of a New Machiavellianism Scale', in: *Journal of Management* 35 (2009), nr. 2, 219-257.

en waar nodig te manipuleren om de eigen macht te handhaven. In de augustijnse benadering wordt een persoon bejegend vanuit welwillendheid, empathie, vriendschappelijkheid en liefde. Ook in deze benaderingswijze staan werknemers ten dienste van de economische realiteit. Maar zij weten zij zich gelukkig omdat 'geluk' inherent is aan de wijze waarin de omgang met hen door de voornoemde deugden wordt bepaald. Wie voortdurend welwillend, vriendschappelijk, empathisch wordt bejegend, merkt na een tijd dat het geluk vaardig over haar of hem is geworden.

9.2 Het belang van theologische antropologie voor inzicht in *bounded morality*

In zijn *The Theory of Moral Sentiments* constateerde Adam Smith al, zoals gezien, dat mensen, behalve door het streven naar 'mutual sympathy', ook beheerst kunnen worden door jaloezie; een ondeugd, die, in daden omgezet, er wel het ultieme bewijs van vormt dat mensen niet altijd rationeel zijn. Economen die een relationele opvatting van de economie voorstaan hebben, zoals gezegd, dus de *founding father* van hun wetenschapsdiscipline aan hun zijde als zij zeggen dat een relationeel mensbeeld niet alleen een naïef geloof in de goedheid van de mens impliceert maar ook gepaard gaat met het bewustzijn dat de mens ondeugden concretiseert in vormen van misleiding, uitsluitingsmechanismen of zelfs in de bereidheid kosten te maken om anderen te schaden.

Vaak in samenhang met de *bounded rationality*, wordt ervan *bounded morality* gesproken om aan te duiden dat mensen evenzeer beperkt zijn in hun vermogen om ethisch verantwoorde keuzes te maken. Dit vermogen spreken zij zelf niet aan als zij, bijvoorbeeld, een morele keuze intuïtief maken, zonder deze bewust in het licht van hun eigen ethische maatstaven af te wegen.[326]

---

326 Zie J. Haidt, 'The emotional dog and its rational tail: a social intuitionist approach to moral judgment', in: *Psychological review* 108 (2001), 814-834; voor een literatuuroverzicht over intuïtieve ethische besluitvorming zie: G.R. Weaver, S.J. Reynolds, M.E. Brown, 'Moral intuition: Connecting current knowledge to future organizational research and practice', in: *Journal of Management* 40 (2014), nr. 1, 100-129.

Soms blijkt ook het verstand bij te dragen aan *bounded morality* omdat er immorele keuzes in gerechtvaardigd worden. In *The (Honest) Truth about Dishonesty. How we Lie to Everyone – Especially Ourselves* stelde de Amerikaanse psycholoog Dan Ariely dat de cognitieve instelling en vorming van mensen heel bepalend is voor hun zelfbeoordeling. Hoe cognitiever zij zijn, des te meer zij in staat zijn het valse spel, dat zij spelen om voor henzelf het beste uit een bepaalde situatie te halen, als geoorloofd te oormerken. Hoe creatiever zij in cognitief opzicht zijn, des te beter is hun vermogen te rechtvaardigen wat zij doen. Ariely spreekt in dit verband over de *fudge factor*. Zijn theorie vormt een fraaie onderbouwing van de these dat mensen gaandeweg steeds onbewuster hun eigen moraliteit kunnen beperken.[327]

Er is ook sprake van *bounded morality* als er van de omgeving waarin mensen verkeren een druk uitgaat die hen aanzet tot moreel onverantwoord gedrag. Deze visie op begrensde moraliteit is te herleiden tot het inzicht dat goede en slechte daden niet altijd het resultaat zijn van individuele inspanningen of van evenwichtig overleg, maar ook van de invloeden die een sociale omgeving heeft op de keuzes van een mens.[328] Het meest aansprekende voorbeeld van deze vorm van *bounded morality* werd al geleverd door Augustinus voordat de term gemunt was. In zijn *Confessiones* herinnert hij aan een episode in zijn leven als kind, waarin hij en zijn vriendjes op het idee kwamen om een aantal peren te stelen.[329] Deze herinnering vormt voor hem vooral de aanleiding te reflecteren op de dubbelheid in zijn wil: hij wist dat stelen ongeoorloofd was en wilde het daarom ergens niet; maar ergens ook weer wel en hij vond het nog leuk ook. Maar hij benoemt in zijn verhaal dus ook de invloed van zijn omgeving op de morele keuze die hij maakt.

Dat theologie onontbeerlijk is voor de economische wetenschap is prachtig te bewijzen aan de hand van de instrumenten die christenen in de loop der eeuwen hebben ontwikkeld om de gevolgen

---

327 D. Ariely, *The honest truth about dishonesty: how we lie to everyone – especially ourselves*. Durham, NC: Duke University Press, 2012.

328 G. Gigerenzer, 'Moral Satisficing: Rethinking Moral Behavior as Bounded Rationality', in: *Topics in Cognitive Science* 2 (2010), 528-554, inz. 529-533, 549.

329 Augustinus, *Confessiones* 2.9-26.

van hun *bounded rationality* onder ogen te zien. Vertrouwdheid met deze instrumenten leidt tot vergroting van het inzicht in de diepte en reikwijdte van deze gevolgen – in theologisch vakjargon 'zonden' genoemd – en dus tot betere vragenlijsten ten behoeve van het onderzoek naar het verschijnsel *bounded morality*.

Een diepteboring in de voornoemde werken van Nicolaas van Oresme en Gabriel Biel zal vervolgens uitwijzen dat ook studie van hun werk de vragen ten behoeve van de ontwikkeling van een *bounded-morality*-schaal deze schaal aanzienlijk zal verbeteren. Hierboven hebben we kanttekeningen geplaatst bij hun werken omdat er een beperkte visie op de economie in doorklonk. Maar als bron voor dergelijke vragenlijsten hebben de oude traktaten die door theologen over economische kwesties zijn geschreven, niets aan kracht en waarde ingeboet. Bezien we nu eerst het instrumentarium.

Al rond 150 na Christus wordt de nog prille christenheid een eerste instrument voorgehouden. In het geschrift de *Herder van Hermas* schrijft Hermas, een gehuwde, vrijgelaten slaaf en broer van de bisschop van Rome, Pius I, dat het besef van de eigen onvolmaaktheid en de behoefte aan vergeving wordt geïntensiveerd door het lezen van de Schrift. Dit leidt in zijn idee tot berouw over moreel onverantwoorde zaken. Hij stelt deze gemoedstoestand voor als de erkenning van schuld en als zodanig een opmaat tot het herstel van de verstoorde relatie met de ander.[330] In de erkenning van de gevolgen van de eigen beperkte moraliteit tegen over de ander ligt namelijk de waardering voor en het respect jegens de ander besloten; idealiter vormt de liefde de bron van deze erkenning.

Augustinus volgt het spoor van de *Herder van Hermas*. Aan het einde van zijn leven vervaardigde hij een bloemlezing van alle geboden en verboden uit het Oude en het Nieuwe Testament om, zoals hij zelf zegt, mensen een spiegel voor te houden en hen tot een gedetailleerd inzicht te laten komen in de morele beperktheid die aan hun drijfveren en daden ligt.[331] In zijn *Enarratio in psalmum* 103, geschreven rond 412, vergeleek hij de Schrift al met een spiegel waarin men kan zien hoe men is, had moeten zijn of, hoopvoller, zou kunnen worden. De selectie van de tekstfragmenten verraadt Augustinus' streven zijn lezers zo hard mogelijk te confronteren. Wer-

330 Herder van Hermas, *Mandata* 4.2 (boete impliceert (zelf-)kennis).
331 Augustinus, *Speculum*, Praefatio.

kelijk bijna alle verboden op afgoderij, moord, overspel, diefstal en geboden over de eerbied voor ouders, een goede omgang met vreemdelingen, de eerbiediging van de rechten van de armen of een zuivere rechtspraak uit de Pentateuch of uit de brieven van Paulus zijn opgenomen.[332] Dat Augustinus op confrontatie aanstuurt, valt ook op te maken uit wat hij niet geselecteerd heeft. Zo heeft hij achterhaalde wetten, passages die een ingewikkelde hermeneutische vertaalslag behoeven, wonderverhalen, geschiedenissen, profetieën, parabels, de allegorisch te duiden perikopen of overbodige informatie over de aard van de wijsheid niet opgenomen. Evenmin zijn de passages, die hij elders in zijn werk had gebruikt om theologische disputen in zijn voordeel te beslechten, genoteerd. Ook die leidden te veel af.[333] Op trefzekere wijze gaat Augustinus in zijn *Speculum* de *fudge factor* te lijf, lang voordat Ariely deze op noemer had gebracht. Hoe verfijnder de spiegel van geboden en verboden, des te meer wordt de *fudge factor* uitgesloten, die ertoe leidt dat het eigen feilen niet onder ogen wordt gezien.

In Augustinus' geest blijven er in de volgende eeuwen spiegels vervaardigd. De *Moralia in Job* van de voornoemde paus Gregorius de Grote werden door de compilator, Adalbert van Metz, voorzien van de titel *Speculum*. Adalbert vond dat lezing tot een grondige zelfevaluatie moest komen. Arnoul de Bohéries schreef de *Speculum monachorum* ('Spiegel voor monniken'); Etienne de Sallay een *Speculum novitii* ('Spiegel voor novicen') en in 1270 kwam er een *Speculum prelatorum* ('Spiegel voor prelaten') op de markt.

In de *Speculum ecclesiae* ('Spiegel van de kerk', 1103-1105) of Godfried van Viterbo's *Speculum regum* ('Spiegel voor koningen', 1183) werd een andere confrontatiestrategie gehanteerd. Het overzicht

332 Zie voor de verboden op afgoderij: Exodus 20; 22; 34; Leviticus 19; 20; 26; Deuteronomium 5; 6; 7; 12; 13; 17; Jozua 22; op moord: Ex. 20; 21; op overspel: Ex. 20; Lev. 20: Deut. 5; 22; 27; op diefstal: Ex. 21; 22; 23; Lev. 19; Deut. 5; 22; 27; voor de geboden over de eerbied voor ouders: Ex. 20; 21; Lev. 19; 20; Deut. 5; 27; over een goede omgang met vreemdelingen: Ex. 22; Lev. 19; Deut. 24; de eerbiediging van de rechten van de armen: Ex. 23; Lev. 19; Deut. 24; of over een zuivere rechtspraak: Deut. 6; 19; 25.

333 Cf. P. van Geest, 'Sed ea quae obscura sunt praetermitto' (*Speculum* 108). Augustine' selection of Scriptural quotations as proof of his desire to effect a confrontation', in: *Rivista Augustinianum* 57 (2017), 493-513.

van de calamiteiten in de wereldgeschiedenis en de kerk wordt aangereikt om vorst en geestelijken te tonen dat de conflicten tussen goede en kwade machten in de wereld een weerspiegeling is van de innerlijke strijd die zij zelf te voeren hebben. De middeleeuwse overzichten van de geschiedenis en de heilsgeschiedenis – met als hoogtepunten de schepping, het verhaal van Noach, het leven van Maria en Christus, diens hemelvaart en het laatste Oordeel, de hel en de hemel – vormen eveneens confronterende aansporingen tot zelfkennis en zelfverbetering: 'Zelfevaluatie vindt dus plaats in het perspectief van de geschetste tijd en eeuwigheid. Overzicht van de fasen in de (heils)geschiedenis en inzicht in het eigen 'ik' blijken in deze spiegels twee zijden van dezelfde medaille'.[334]

Behalve het hanteren van de Bijbel als spiegel werd er in het christendom nog een tweede instrument ontwikkeld waarmee het besef kon worden aangescherpt dat de mens als moreel handelend wezen grenzen heeft. Aan het einde van de tweede eeuw sprak kerkvader Irenaeus in zijn *Adversus Haereses* over de – toen dus al bestaande – praktijk van de publieke boetedoening en het hieraan voorafgaande individuele gewetensonderzoek.[335] Hij stelt vast dat er christenen zijn die er door schaamte van worden weerhouden hun onvolkomenheid publiekelijk te belijden. Irenaeus acht dit onacceptabel. Verzoening met de gemeenschap, met Christus en zijn kerk vereist oprecht berouw en een openbaar uitgesproken schuldbelijdenis. Hij spreekt zijn waardering uit voor de christenen die na hun negatief uitgepakte zelfevaluatie niet schromen hun fouten publiekelijk te belijden in de, meestal eenmalige, publieke bekentenis.

Hier rijst wel de vraag waarom zondaars en afvalligen in de vroege kerk hun zonden ten overstaan van heel de kerkelijke gemeenschap moesten erkennen alvorens de bisschop aan hen de sacramentele

334 Cf. P. van Geest, e.a., *De onvolkomenheid van de mens en het streven naar perfectie* (Amsterdam: Boom, 2019), 42. De in dit boekje uitgedragen gedachte wordt samengevat in: G. van der List, 'Nuttig besef van zondigheid. Oude christelijke denkers drukken ons met de neus op het menselijk tekort', in: *Elseviers Weekblad*, 21 september 2019, 60. Cf. voor een overzicht van de spiegelliteratuur: E.M. Már Jónsson, *Le miroir. Naissance d'un genre littéraire*. Paris: Les Belles Lettres, 1995.

335 Irenaeus, *Adversus Haereses* 1.13.7.

vergeving schonk.[336] De leiding van een organisatie die de disfunctionerende medewerkers dwingt zich ten overstaan van de hele organisatie kwetsbaar op te stellen lijkt het hun onmogelijk te maken zich nog veilig te voelen omdat zij door de publieke confessie in feite tot aangeschoten wild geworden zijn. In de vroege kerk werd echter van precies de omgekeerde gedachte uitgegaan. De gemeenschap postuleerden zij, ideaaltypisch, als veilig genoeg om kwetsbaarheid te kunnen tonen. Hoe veiliger de gemeenschap, hoe oprechter de belijdenis en hoe existentiëler de bevrijding van zonden werd ervaren. Daarom was Irenaeus zo gebeten op de christenen die zich bleven schamen. De proefondervindelijk vastgestelde gevolgen van de *bounded morality* werden in de vroege kerk opgevat als krachten die juist in het publiekelijk belijden ervan tot innerlijke vernieuwing leidden en het herstel van de relaties in de gemeenschap des te authentieker deed zijn. Maar tegelijk vormde de openbare bekentenis ook een spiegel voor de gemeenschap.[337] Betoonden zij zich hardvochtig ten opzichte van de boeteling, dan was er collectief innerlijk werk te verrichten. Een dergelijke gevoelloosheid werd door Augustinus meer dan 200 jaar na Irenaeus nog steeds aangeklaagd. Als een afvallige de schuldbelijdenis aflegt om weer te worden opgenomen in de katholieke kerk, wordt hij door de katholieken de kerk uitgesmeten. Het incident raakte Augustinus diep. In een preek uit 410-411 zegt hij dat zijn maag hiervan omdraaide.[338] Des te indringender worden zijn preken in de jaren hierna waarin hij het laakbare gedrag van orthodoxe christenen aan de kaak stelt.[339]

---

336 Zie onder andere 2 Korintiërs 2, Jakobus 5:16, *Didache* 4:14, 14:1, Cyprianus, *Epistula* 9.2.

337 Cf. N. Marshall, *The penitential discipline of the primitive church for the first four hundred years after Christ: together with its declension from the fifth century, downwards to its present state* (Oxford: Parker, 1844); H. Brewer, 'Die kirchliche Privatbusse im christlichen Altertum', in: *Zeitschrift für katholische Theologie* 45 (1921), 1-42.

338 'Dico caritati vestra, torta sunt ex hoc viscera nostra', in: Augustinus, *Sermo Casinensi* I, 33, in: *Sancti Augustini Sermones post Maurinos repertos*. Ed. G. Morin (Roma, 1930), 401-412 (*Miscellanea Agostiniana* I), citaat: 410-411.

339 Augustinus, *In epistolam Johannis ad Parthos, Tractatus III*, 9, in: P. Agaësse (intr., ed., trans.), *Commentaire de la première épître de S. Jean* (Paris: Cerf, 1961), 202.

Ten slotte werd er nog een derde instrument ontwikkeld in de christenheid. In het Iers-Schotse en Angelsaksische monnikendom van de zesde en zevende eeuw werd de privébiecht steeds meer gepraktiseerd. Deze vorm van schuldbelijdenis vormde een onderdeel van de geestelijke begeleiding en werd dus meer herhaald dan de publieke confessie van weleer. De zonden werden ten overstaan van een priester beleden, die daarop vergeving van zonden (absolutie) schonk, maar de penitent ook een gepaste boetedoening oplegde. Hoewel deze praktijk eerst in termen van ziekte en genezing werd omschreven, werd zij vanaf de negende eeuw gejuridiseerd in de boeteboeken, *libri poenitentiales*. Hierin waren alle gedetecteerde zonden – dat waren er vele – gecatalogiseerd. Bovendien werden er richtlijnen voorgeschreven waar de biechtvader zich op kon oriënteren bij het bepalen van de strafmaat. Mensen konden dus 'uitrekenen' of de zonde, die zij wensten te begaan, de straf wel waard was. 'Outcrowding' van moreel verantwoord gedrag met behulp van oorspronkelijk goedbedoelde instrumenten is van alle kerkelijke tijden, al werd het verschijnsel pas veel later door economen als Samuel Bowles beschreven.[340] Maar let wel: Maarten Luther – met wie de Reformatie formeel in 1517 een aanvang nam omdat hij toen door paus Leo X werd geëxcommuniceerd – vond de persoonlijke biecht weer zinvol, omdat hij geloofde in de therapeutische werking van het belijden van zonden.
Het zou in het bestek van deze verhandeling te ver gaan een uitputtend overzicht van de spiegels, boetenboeken, handleidingen voor biechtvaders te geven die gedurende de eeuwen zijn vervaardigd.[341] Maar de hier te berde gebrachte summiere weergave maakt al enigszins duidelijk dat de boeken niet alleen interessant zijn voor

---

340 P.H.D. Lang, 'Private Confession and Absolution in the Lutheran Church: A Doctrinal, Historical, and Critical Study', in: *Concordia Theological Quarterly* 56 (1992), nr. 4, 241-261.

341 Zie: *Medieval Handbooks of Penance: A Translation of the Principal Libri Poenitentiales*. Translated by John Thomas McNeill, Helena M. Gamer. New York: Columbia University Press, 1990. Gedateerd, maar *Fundgruben* voor de katholieke visie op morele vraagstukken zijn de moraaltheologische handboeken die vroeger veel invloed hadden, onder andere omdat zij tot de verplichte literatuur op theologische opleidingen behoorden: J. Aertnys, *Theologia Moralis secundum doctrinam S. Alfonsi de Ligorio doct. Ecclesiae*. Torino: Marietti, 1950. 2 dln. (*Collectio Urbaniana* 12); E. Génicot, *Theologiæ Moralis Institutiones*. Louvain-Bruxelles: Museum Lessianum-Dewit, 1931.

historici als bronnen voor sociaal- of mentaliteitshistorische studies maar ook voor gedragseconomen relevant zijn omdat de erin opgesomde zonden – los van de straffen – helpen het inzicht in de vele facetten en nuances van de *bounded morality* te verdiepen.[342] Zij bewijzen dat in het christendom *par excellence* instrumenten zijn ontwikkeld om de oorzaken en gevolgen van de *bounded morality* zo pregnant mogelijk in kaart te brengen.
Een kort terzijde. Het onmiddellijk hiernavolgende draagt niet bij aan het postvatten van de overtuiging dat christenen de juiste instrumenten hebben om de vele aspecten van de *bounded morality* helder te krijgen. Toch willen wij aantekenen dat katholieken en protestanten op inhoudelijk-theologisch vlak verbonden bleven door het besef dat de moraliteit begrensd is, maar de zwakte tot kracht kon worden door aan drie voorwaarden te voldoen. Zowel de concilievaders van Trente – het concilie dat door paus Paulus III bijeen was geroepen om de Reformatie van repliek te dienen – als de auteurs van de *Heidelbergse Catechismus*, Caspar Olevianus en Zacharias Ursinus, sommen ze eenstemmig op. In het verslag van de veertiende sessie van Trente, getiteld *Doctrina de sacramento poenitentiae* (1551) stelden de concilievaders dat oprecht berouw ('contritio'), de belijdenis in de biecht ('confessio') en het herstel van de veroorzaakte schade ('satisfactio') noodzakelijk waren voor de vergeving van de zonden.[343] Olevianus en Ursinus maakten de voornoemde driedeling tot structurerend principe van hun *Catechismus*. Ook zij stelden dat christenen berouw dienden te hebben over hun zonden, deze moesten belijden en berokkende schade moesten herstellen.[344] Het voldoen aan deze voorwaarden maakten van

---

342 Zie voor de continentale tripartite boeteboeken die voortbouwen op de Ierse, de Angelsaksische en de Frankische traditie: R. Meens, *Het tripartite boeteboek. Overlevering en betekenis van vroegmiddeleeuwse biechtvoorschriften (met editie en vertaling van vier tripartita)*. Utrecht: Verloren, 1994 (*Middeleeuwse Studies en Bronnen* 41).

343 Zie: H. Denzinger, *Kompendium der Glaubensbekenntnisse und kirchlichen Lehrentscheidungen*. Verbessert, erweitert, ins Deutsche übertragen und unter Mitarbeit von Helmut Hoping herausgegeben von Peter Hünermann (Freiburg: Herder, 1991[37]), 552-556 (*canones* 1701-1715).

344 C. Olevianus, Z. Ursinus, *Catechismus oder christlicher Underricht, wie der in Kirchen und Schulen der Churfürstlichen Pfaltz getrieben wirdt* (Heidelberg: J. Mayer, 1563), 12-17.

de zwakte die de *bounded morality* met zich meebrengt, een kracht ten dienste van het herstel van de door zonde verstoorde relaties.

Rest ons in dit gedeelte van de verhandeling de beloofde dieptebo-ring in Nicolaas van Oresmes *De Origine et Natura Iure et Mutacionibus Monetarum* en Gabriel Biels *Tractatus de potestate et utilitate monetarum* te gaan doen. Deze zal uitwijzen dat ook verder onderzoek van hun werk een aanzienlijke bijdrage kan leveren aan, bijvoorbeeld, de ontwikkeling van een *bounded morality*-schaal.

Als Oresme in zijn *De Origine et Natura Iure et Mutacionibus Monetarum* spreekt over het 'monsterlijke en tegennatuurlijke' winstbejag dat aan muntverandering ten grondslag ligt, wordt direct al duidelijk hoe begrensd hij de moraliteit van de mens acht. De woorden 'usura', 'vilis', en 'fraus' zijn nooit ver weg. Gods rechtvaardigheid en de juiste natuurlijke verhoudingen worden dan immers niet langer meer weerspiegeld in de verhoudingen in de munt en/of het geeigende merkteken hierbij.[345] Een logica van ondeugd en ellende is het gevolg: jaloezie, *dissensio*, juridische processen en schandalen zijn het gevolg en deze wordt breed uitgemeten.[346]

In het eerste *capitulum* formuleert Oresme ook het uitgangspunt in zijn denken over de handelende mens. De menselijke natuur neigt er altijd naar rijkdommen te vergaren als dit gemakkelijk is.[347] En als mensen geld ter beschikking hebben, ontwikkelen zij de drang te frauderen en onrechtvaardigheid te vergroten, meer dan het streven om er goed mee te doen.

Ook de vorst wordt niet ontzien. Hij blijk bij uitstek in staat om 'innumerabiles perplexitates, obscuritates, errores et inextricabiles difficultates' in de boekhouding van de uitgaven en ontvangsten te kunnen creëren, bijvoorbeeld door vrienden in het geheim te vertellen dat hij de waarde van munten gaat wijzigen. Dergelijk abject handelen van een vorst leidt ertoe dat er rechtszaken gaan plaatsvinden. Deugdzame mensen zijn immers het slachtoffer omdat zij

---

345 Nicolaas van Oresme, *De Origine et Natura Iure et Mutacionibus Monetarum* 19, 20, 22.

346 Nicolaas van Oresme, *De Origine et Natura Iure et Mutacionibus Monetarum* 23 ('pericula'), 25 ('monstruosum est en contra naturam'); cf. 26, 27 ('quod lucrari in mutacione monete peius est quam usura'), 29, 34, 36.

347 Nicolaas van Oresme, *De Origine et Natura Iure et Mutacionibus Monetarum* 25.

hun schulden niet meer kunnen aflossen. Het eigen geld staat hun minder ter beschikking door het misbruik dat de vorst aanzwengelde.[348] Cynisch veronderstelt Oresme op talloze plaatsen dat bedrog[349] inherent is aan het privilege van de vorst om munten naar vorm en gewicht te wijzigen.[350] Achterdocht blijkt voor hem een deugd: een vorst die zegt de veranderingen door te willen voeren omwille van de welvaart van het volk, moet vooral niet worden geloofd ('non est credendum sibi').[351] Men moet er ook beducht voor zijn dat een muntwijziging door een vorst niet bij één keer blijft.[352]
Oresme onderscheidt overigens twee soorten frauderende vorsten. Behalve de tirannen, die het volk hun wil opleggen en van wie evident is dat zij fraude plegen, zijn er ook vorsten die in stilte de inscriptie, het materiaal of gewicht wijzigen te hunnen gunste. Hij veroordeelt hen nog vehementer dan de tirannen.[353] De afpersing ('exaccio') van sluwe vorsten vergelijkt hij met het verspreiden van chronische ziekten, die gevaarlijker zijn naarmate ze minder waarneembaar zijn; de *grauamen* wordt immers minder snel gevoeld door het volk dan bij het heffen van belasting het geval is.[354]
De wijze waarop Oresme de samenhang van gevolgen in kaart brengt waarin de *bounded morality* manifest wordt of de interne en externe factoren beschrijft die dit onvermogen ethisch te handelen bevorderen, is verbluffend gedetailleerd. Het samengaan van economisch denken en psychologisch inzicht in zijn oordeelsvorming maakt zijn werk tot een *Fundgrube* voor gedragseconomen.
Gabriel Biel gaat in *quaestio* 9 van zijn *Collectorium* – het *Tracta-*

---

348 Nicolaas van Oresme, *De Origine et Natura Iure et Mutacionibus Monetarum* 35.

349 Nicolaas van Oresme, *De Origine et Natura Iure et Mutacionibus Monetarum* 24 ('falsitatem et decepcionem'). Cf. 28, 30-31.

350 Nicolaas van Oresme, *De Origine et Natura Iure et Mutacionibus Monetarum* 24 ('emolumentum uel lucrum').

351 Nicolaas van Oresme, *De Origine et Natura Iure et Mutacionibus Monetarum* 24.

352 Nicolaas van Oresme, *De Origine et Natura Iure et Mutacionibus Monetarum* 26.

353 Nicolaas van Oresme, *De Origine et Natura Iure et Mutacionibus Monetarum* 22 ('tacite mendacium'); cf. 32.

354 Nicolaas van Oresme, *De Origine et Natura Iure et Mutacionibus Monetarum* 32.

tus de potestate et utilitate monetarum – nog uitvoeriger en gedetailleerder in op de eigenschappen van een *falsarius*[355], fraude en huichelarij.[356] Van *falsitas* is sprake als een zaak door het verstand ('ab intellectu') anders wordt waargenomen dan deze werkelijk is. Er kan ook sprake zijn van *falsitas* in het hoofd (*in mente*), als men iets gewoon verkeerd begrijpt, in taal ('in verbo'), in schrift ('in scripto') als men iets foutief benoemt. Deze ethisch aanvaardbare vormen van *falsitas* contrasteert Biel met de ethisch abjecte, die hij veel uitvoeriger bespreekt. Dergelijke vormen van *falsitas* ontstaan door onjuiste berichtgeving ('falsis relationibus'), leugens ('mendacibus'), beloften ('promissionibus'), valstrikken ('fallacibus'), vluchtige aanduidingen, het verzwijgen van zaken ('verborum cautelis loquendo vel tacendo'), sjoemelen ('in opere') met een bepaalde materialen ('substantia'), met afmetingen ('mensura'), gewicht ('in pondere') aantallen ('numero'; cf. Sap. 11:22) of door huichelarij ('in pharisaica simulatione'). Behalve de *falsitas in mente* acht hij de andere goed aantoonbaar.[357] In *notabile* 4 heeft hij een verhandeling opgenomen waarin de menselijke hebzucht en hoogmoed worden verklaard als drijfveren die leiden tot financiële fraude.

Ook in *notabile* 5 specificeert Biel de genoemde vormen van valsheid *in rebus*. Deze specificatie vormt de opmaat tot een verhandeling over de vele manieren waarop valsheid, veinzerij en huichelarij bedreven wordt. In *conclusio* 6 en 7 concludeert hij dat iedereen die in woord of geschrift zijn naaste bedriegt door een onjuiste opgave betreffende het materiaal, de hoeveelheid, kwaliteit, het gewicht of de maat van de munt, een doodzonde begaat en aansprakelijk is voor alle ontstane schade. Hij benadrukt dat het ook een zonde tegen het gebod is de naaste lief te hebben als jezelf ('contra fraternam caritatem'). In *conclusio* 7 stelt Biel dat wie iets aanneemt vanuit een houding die is geveinsd omdat hij de gewilde zaak anders niet zou krijgen, een bedrieger is en gehouden is aan teruggave van het aldus verkregen geschenk. In de passages waarin Biel het zondebesef intensiveerde door *in extenso* alle aspecten van frauduleus gedrag op noemer te brengen, geeft hij leerzame adstructies van de

355 Gabriel Biel, *Collectorium* IV, *Quaestio* 9, *Notabile* 1, Ed. Rückert, IV/2, 176.
356 *Ibidem.*
357 *Ibidem.*

gevolgen van de *bounded morality* nog voordat de term door psychologen en economen werd gemunt.[358]

Opvallend is dat in de bewerking van Biels *Quaestio* 9 tot het zelfstandige *Tractatus de utilitate en potestate monetarum* dergelijke passages systematisch zijn weggelaten. De christen, humanist en jurist Johannes Adler, zoals Biel ook hoogleraar aan de Universiteit van Tübingen, liet *Notabilia* 1 en 5, *conclusiones* 6 en 7 en *dubium* 4 volledig achterwege. Zo werd de *Quaestio* tot een technisch-juridisch traktaat waarin slechts het probleem van de valsemunterij werd besproken. Blijkbaar was het niet Adlers doel de lezer inzicht in zijn drijfveren en *bounded morality* te verschaffen.

Als humanist hing Adler het ideaal aan waarin de mens als middelpunt van de schepping werd gezien. Het was voor hem geen wezen dat, getekend door de zondeval, gedesoriënteerd was geraakt door de tweespalt tussen zijn instincten en de rede, zoals Biel in zijn scholastieke *Collectorium* steeds weer benadrukte. Hier rijst een vraag. Ging het besef van 's mensen *bounded morality* met de opkomst van het humanisme verloren?

Het zou voorbarig zijn deze conclusie te trekken. In Adlers redactie zijn economie en ethiek niet los gezien van elkaar; Adler geeft immers een beschrijving van een moreel probleem: de valsemunterij. Humanisme en scholastiek waren niet zo scherp te scheiden, zoals ook blijkt uit Adlers respect voor Biel en zijn denken over geld. De vergelijking van Biels *Quaestio* met Adlers redactie leert evenwel dat het streven de mens van zijn eigen kracht, schoonheid en goedheid te doordringen, erbij gebaat is samen te gaan met het streven deze goedheid en kracht van kanttekeningen te voorzien. Een realistischer mensbeeld is het gevolg, omdat het bewustzijn van de *bounded rationality* erin verdisconteerd is, al voordat deze woordgroep was uitgevonden.

Kortom: zowel uit de Schrift, de spiegels en de biechtboeken die als instrumentarium golden voor het gewetensonderzoek als uit de analyse van werken die door theologen over economische kwesties zijn geschreven, wordt helder dat al deze boeken grote waarde hebben voor het vergroten van het bewustzijn wat *bounded morality* precies behelst. Theologische bronnen als deze zijn onontbeerlijk om inzicht te krijgen in de beperkingen van mensen die ten grondslag liggen aan het maken van een verkeerde ethische keuze,

358 Gabriel Biel, *ibidem*, 177-183, citaat 183.

bijvoorbeeld omdat deze schadelijke gevolgen voor anderen kan hebben. Als Biel spreekt over leugens, of Oresme over frauduleuze vorsten, verrijken zij het zicht op wat Ariely de *fudge factor* noemt, zoals Augustinus overigens ook doet in de twee traktaten die hij aan de leugen heeft gewijd: *De mendacio* en *Contra mendacium*.

De besproken werken zijn nog maar enkele voorbeelden uit de geschiedenis van de theologie. Er zijn talloos veel werken die de kennis over de ontstaansfactoren, de gevolgen en de immensiteit van 's mensen *bounded morality*, enorm kunnen vergroten.

9.3 *Bounded willpower* verklaard in het licht van de genadetheologie

Wat geldt voor rationaliteit en voor moraliteit, gaat ten slotte ook op voor de menselijke wil. Ook deze is aan beperkingen onderhevig. We constateerden hiervoor dat Augustinus zich jaren na zijn perendiefstal afvroeg waar de dubbelheid in zijn wil precies vandaan kwam en hoe deze hem bepaalde eerder dan dat hij deze dubbele wil beheerste. Met dit verhaal zou ieder handboek over *bounded willpower* kunnen worden geopend.

Nu dient opgemerkt dat het begrip 'beperkte wilskracht' nauwelijks voorkomt in de gedragseconomische literatuur, omdat het gelijk wordt gesteld aan 'beperkte zelfbeheersing' en dus onder het onderzoek naar zelfbeheersing is geordend. Als synoniem begrepen, betekenen zelfbeheersing en wilskracht het onvermogen om de rationele afwegingen die aan een besluit of handeling voorafgaan of erop volgen hierbij bepalender te laten zijn dan het onderbuikgevoel (*visceral influences*). Zo opgevat behelst beperkte wilskracht dus een afwijking van rationeel handelen en hangt zij nauw samen met de beperkte rationaliteit. Studies waarin de *bounded willpower* specifiek zijn onderzocht, omschrijven deze beperktheid als volgt. Ten eerste behelst zij een gebrek aan zelfcontrole of aan probleembewustzijn. Beide zijn er de oorzaak van dat mensen niet altijd de juiste beslissing nemen of de goede dingen doen.[359] Ten tweede geven mensen er in alle fasen van hun leven blijk van niet echt te weten wat ze willen. Ten derde

---

359 S. Mullainathan, R. Thaler, 'Behavioral Economics' (October 2000). *NBER Working Paper* No. w7948. (https://ssrn.com/abstract=245733).

worden mensen beperkt door het ontbreken aan wilskracht om wat zij willen ook daadwerkelijk uit te voeren. Blokkades, angsten of gebrek aan zelfvertrouwen kunnen aan deze beknotting ten grondslag liggen. Maar ook de sociale omgeving – een organisatie, bedrijf of familie – kan mensen belemmeren in praktijk te brengen wat zij willen. Het vierde en vijfde inzicht zijn te danken aan neurologisch onderzoek. Ten vierde kan de wil begrensd worden genoemd omdat mensen denken in vrijheid iets te willen maar voor hun 'vrije' wilskeuze al bepaald blijken door impulsen die haast letterlijk oplichten en dus zelfs waarneembaar zijn in bepaalde delen van de hersenen.[360] De menselijke wil wordt door fysische processen gestuurd, en vrijheid is een illusie. De vijfde omschrijving houdt hiermee verband. Ook al is er in de baarmoeder een kritische periode in de differentiatie van de hersenen: tijdens de zwangerschap en vlak hierna blijken vooral de erfelijke factoren en omgevingsinvloeden de herstructuur bij het ongeboren kindje voor de rest van het leven te bepalen. Ook dit maakt dat de wil dus niet vrij maar bepaald is.[361]
In het verleden was overigens al een zesde inzicht tot stand gekomen dat aan de moderne studies kan worden toegevoegd. Augustinus, die in handboeken als de 'ontdekker' van wil is geboekstaafd,[362] stelt dat de wil ('voluntas') onlosmakelijk gebonden is aan het ge-

---

360 Zie Cf. B. Libet, e.a., 'Time of conscious intention to act in relation to onset of cerebral activity (readiness-potential). The unconscious initiation of a freely voluntary act', in: *Brain* 106 (1983), 623-642; hun bevindingen werden evenwel in twijfel getrokken door J. Trevena, J. Miller, 'Brain preparation before a voluntary action: Evidence against unconscious movement initiation', in: *Consciousness and Cognition* 19 (2010), 447-456. Zie ook: F. van der Meché, *Op de trap van Erasmus. De vrijheid van neuronen*. Rotterdam: Erasmus University Rotterdam, 2011. Met dank aan Frans van der Meché.

361 Cf. E. Rannikko voor de verschillende filosofische definities van de vrije wil in zwang: 'Free will in terms of the power or ability of agents to act otherwise than they in fact do' en 'free will as a power by which one can act according to determinations of one's will'; E. Rannikko, *Liberium Arbitrium and Necessitas; A philosophical Inquiry Into Augustine's Conception of the Will* (Helsinki: Luther Agricola Society, 1997), 11-12.

362 S. Harrison, *Augustine's way into the will. The theological and philosophical significance of De Libero Arbitrio* (Oxford: Oxford University Press, 2006), 4.

heugen ('memoria'), het denken ('intelligentia'). Deze vermogens zijn zelfstandig en toch één. Als mensen zich herinneren dat iets onaangenaam was, willen ze het niet meer.[363] En als ze na enig wikken en wegen denken dat ze ergens beter van worden, dan willen ze dat ook.

Nu is het determinisme dat in de moderne neurowetenschappen weerklinkt, niet gelijk te stellen aan het geschakeerde theologische leerstuk van de predestinatie. Hierin werd aangenomen dat God van tevoren al bepaald heeft welke mensen uitverkoren zijn en welke verworpen, om het even of zij in hun leven nu het goede of slechte hadden gewild en gedaan. Calvijn noemde de dubbele predestinatie een 'decretum horribile': een verschrikkelijk besluit.[364] Aan Gods voorbestemming – hoe ondoorgrondelijk ook – werd de allergrootste waarde gehecht; een grotere dan aan de vrije wil van de mens. Maar dit betekende paradoxalerwijs niet dat Gods vrijheid met die van de mens in tegenspraak was. In onze tijd lijken de neurologen de juristen uit te nodigen bepaalde uitgangpunten in het strafrecht te heroverwegen. Omdat Gods vrijheid tot het schenken van genade die van de mens in de theologische disputen over de genade en de vrije wil niet in de weg stond, deden theologen dit dus niet. Zij gingen veeleer van de gedachte uit dat God voorzag wie het goede of het slechte ging willen en de vrijheid, waarin dit gebeurde, volstrekt respecteerde.

Hierboven is al vaak aan de orde gesteld dat het relativeren van het *homo economicus*-model een relatief eenvoudige aangelegenheid is geworden door het vergrote bewustzijn van de begrensdheid van mensen als rationeel en moreel handelende wezens. En er is betoogd dat het inzicht in menselijke beperktheden verrijkt en verdiept wordt als theologische bronnen in ogenschouw worden genomen. Die onontbeerlijkheid van de theologie voor de economie blijkt eens te meer als het concept van de *bounded willpower* in ogenschouw wordt genomen. De ontwikkelingen die in Augustinus' denken over de vrije wil waarneembaar zijn, vormen bijvoorbeeld, een goed kader om de notie *bounded willpower* op twee ma-

363 Cf. Augustinus, *Sermo* 52; *De Trinitate* 15.17.31.

364 Een belangrijke bewijsplaats was Maleachi 1:2-3, waarin God de uitspraak is toegedicht dat hij de nog ongeboren Esau haat en diens eveneens dus nog ongeboren tweelingbroer Jacob liefheeft. Cf. Romeinen 9:13.

nieren te kunnen verrijken. Augustinus' indringende beschrijving van wat wij zouden kunnen omschrijven als *unbounded willpower* kan dienstig zijn bij het scherper krijgen van het tegendeel hiervan: de *bounded willpower*. En de woorden die hij in zijn latere leven optekende over de bepoktheid en beperktheid van de menselijke wil dragen bij aan het besef van de immensiteit en intensiteit van de impact van de *bounded willpower* op het menselijk bestaan en de noodzaak van behulpzame krachten van buitenaf om mensen niet het slachtoffer te laten worden van hun verzwakte wil. Eigenlijk is er nog niemand geweest die deze invloed zo ingrijpend – en zwartgallig – onder woorden heeft gebracht.

Rond zijn drieëndertigste levensjaar begon Augustinus met het schrijven van zijn *De libero arbitrio*. De titel 'Over de vrije wil' is eigenlijk misleidend omdat de drie boeken van dit werk gaan over de oorsprong van het kwaad dat de mens zelf doet dan wel ondervindt. Zoals in zijn vroege commentaar op Paulus' Romeinenbrief, de *Expositio quarundam propositionem* ex epistola ad *Romanos*, bestrijdt hij in *De libero arbitrio* de gedachte van de Manicheeërs die meenden dat het kwaad in de wereld veroorzaakt werd door zowel de kwaliteit van de demiurg die de schepping tot stand had gebracht als het slechte materiaal waarmee deze beunhaas werkte. Augustinus gaat hier fel tegenin en stelt dat het kwaad in de wereld toch echt als gevolg moet worden gezien van de keuzes die mensen doelbewust maakten. De vrije wil blijkt tot bron van kwaad te zijn geworden.[365]

Toch is dit laatste niet wat Augustinus wil benadrukken in *De libero arbitrio*. Om zijn punt kracht bij te zetten dat de mens de vrijheid had om goed of kwaad te doen, geeft hij een magistrale beschrijving van de vrijheid die de menselijke wil oorspronkelijk kenmerkte; van de *unbounded willpower* dus. De eerste mens, 'adam' in het Hebreeuws, werd begenadigd met een redelijke ziel, met oordeelsvermogen en met een vrije wil. Deze wil was ultiem vrij en ongebonden omdat 'slechte begeerten' ('cupiditas', 'libido', 'voluptas') geen vat konden hebben op deze wil.[366]

De oorspronkelijke *unbounded willpower* werd, volgens de schep-

---

365 Augustinus, *Expositio quarundam propositionum ex epistula apostoli ad Romanos* 37.52; 54-56; *Ad Simplicianum* 1.2.7; 1.2.10.

366 Cf. Augustinus, *De Genesi ad litteram* 9.14.25.

pingsverhalen in het Bijbelboek Genesis, ondermijnd door het streven van de mens zelf te willen heersen. Veel later zal Augustinus onderkennen dat dit streven bij uitstek een bewijs is van de werkelijkheid van de menselijke vrijheid. In *De civitate Dei* zegt hij namelijk dat de eerste vrije wil aan de mens werd gegeven toen hij, rechtschapen, in staat was niet te zondigen, maar door die vrijheid ook in staat was te zondigen.[367] Augustinus herleidt de eerste zonde dus niet tot een compulsieve stoornis maar juist tot de vrijheid van de mens, die in eerste instantie door niemand of niets werd gedwongen te zondigen. Hij blijft hierin het inzicht trouw dat hij al in zijn vroege *De libero arbitrio* had ontwikkeld. De vrije wil van de eerste mens werd al geïnfecteerd door de voornoemde begeerten. Die begeerten belemmeren paradoxalerwijs de vrijheid van de wil, die wél vrij blijft. De begrensdheid van de wil betekent niet dat de vrijheid ervan volledig is verdwenen door het voortdurende infectiegevaar. Mensen werden nog steeds in staat geacht het goede te kunnen willen en te kunnen doen, al is dit moeilijker geworden.[368] Zij blijven dus volledig verantwoordelijk voor hun daden.[369] Morele oordelen blijven immers gewenst en veronderstellen een vrije wil.[370] De keuzevrijheid impliceert morele verantwoordelijkheid. Wie nu zijn verstand gebruikt en wilskracht toont, is volgens Augustinus goed in staat de voornoemde ongeregelde begeerten te weerstaan.[371] Juist om de kracht van de vrije wil te accentueren gaat hij in *De libero arbitrio* uitvoerig in op deze hartstochten, zoals angst die een mens in verwarring brengt, of blijdschap, die vaak om niets ontstaat en ook zo weer voorbijgaat. Zij belemmeren in zijn idee de vrijheid van de wil. Ook ondeugden behoren tot deze hartstochten: 'Hebzucht kan naar alle kanten verstikkend werken en overvloed verwoesten. Het uit zijn op gunsten betekent zich onderwerpen. (...) Welke talloze andere kwalen bevolken niet het rijk van de hartstocht en nemen er de leiding in handen?'[372] Dergelijke passages vormen vaak

367 Augustinus, *De civitate Dei* 22.30.

368 Augustinus, *De libero arbitrio* 3.11.33; cf. *ibidem* 3.5.15-16; 3.11.33; cf. later *De natura boni* 3; 5; 8; *De civitate Dei* 8.15.2; 11.16.

369 Augustinus, *Retractationes* 1.8.2.

370 Augustinus, *De libero arbitrio*, 3.1.1.

371 Augustinus, *De libero arbitrio*, 1.10.20-1.11.21

372 Augustinus, *De libero arbitrio*, 1.11.22

de opmaat tot een verhandeling waarin hij benadrukt dat de mens zelf verantwoordelijk is om zich te vrijwaren van deze hartstochten omdat de wil vrij genoeg is om tot goede wil te worden. Hij is ervan overtuigd dat het in de macht van de mens ligt een goede wil te ontwikkelen.

In 396/7 plaatst Augustinus de vrije wil in het perspectief van de afhankelijkheid van Gods genade. In *De diversis quaestionibus ad Simplicianum* schreef hij dat de menselijke wil en de hieropvolgende goede werken slechts goed kunnen worden als eerst de genade van God vaardig over de mens is geworden. Anders gezegd: de gebonden wil wordt bevrijd van de als standaard veronderstelde bepoktheid door onordelijke en tot onvrijheid leidende begeerten, omdat handelingen van iemand anders deze wil zuiveren en verlichten. Als een retorische vraag, waarmee Augustinus (voormalig retoricaleraar) zijn lezers indringender dan middels een betoog voor waar kan laten aannemen wat hij hun voorhoudt, schrijft hij:

> 'Als wij vragen of een goede wil ook een genadegave van God is, dan zou ik verbaasd zijn als iemand dat zou durven ontkennen.'[373]

Vanaf 395/7 gaat voor Augustinus een gave, bijvoorbeeld de barmhartigheid van God, dus in tijd en oorzaak vooraf aan alles wat mensen willen of ondernemen.[374] Maar het dient opgemerkt: Augustinus' haast zich in *Ad Simplicianum* ook de herinnering aan Gods onkenbaarheid, ondoorgrondelijkheid en onuitsprekelijkheid levend te houden. In alle reflecties in het eerste boek van *Ad Simplicianum* over Gods voorkennis en de voorbestemming, zijn de passages over Gods onbevattelijkheid crucialer dan de latere receptie deed vermoeden.[375]

Enige decennia na de vervaardiging van *De diversis quaestionibus ad Simplicianum* reageerde een Britse monnik, Pelagius, gebeten op Augustinus' visie op de verhouding tussen de vrijheid van de wil en de invloeden van buitenaf die nodig waren om die wil beter en vrijer te maken. Hij betoonde zich beducht voor het gevaar dat van Au-

---

373 Augustinus, *Ad Simplicianum* 1.2.7.

374 Cf. *ibidem* 1.2.1-1.2.2; 1.2.20.

375 Augustinus, *Ad Simplicianum* 1.2.16.

gustinus' denkbeelden hieromtrent een uitnodiging zou uitgaan de menselijke onvolmaaktheid als onvermijdbaar te kenschetsen en mensen een gemakkelijk excuus zouden hebben hun zonden goed te praten.[376] De *fudge factor* lijkt haast een *theologoumenon.*
Daarom stelde Pelagius dat de zonde van de eerste mens geen logica in werking had gezet maar de misstap van een individu was die daarin slechts een beroerd voorbeeld had gegeven maar geen existentiële logica in werking had gezet.[377] De wil bleef onbepokt en goed genoeg om het goede te kiezen, en de volmaaktheid te bereiken.[378] Voorafgaande genade was niet nodig omdat God anders zou geven wat hij zou bevelen. Deze gedachte, door Augustinus overigens in een gebed verwoord in de *Confessiones*, was voor Pelagius een onacceptabele en ergerlijke gedachte.[379]
De zogenaamde Pelagianenstrijd, waarin op den duur meer protagonisten optraden dan Pelagius en Augustinus alléén, is venijnig geweest. In de vele geschriften die Augustinus in deze periode vervaardigde, betoont hij zich vasthoudend, op het verbetene af, in de verdediging van zijn overtuiging dat de eerste mens de ultieme vrije wil had.[380] Maar deze raakte door de eerste zonde zo geschonden dat de mens alleen nog maar een vrije wil bezat die tot het kwade geneigd was.[381] In zijn *De gratia et libero arbitrio* ('Over de genade en vrije wil') benadrukt hij evenwel iets minder zwartgallig dat Gods vrijheid en genade enerzijds en de menselijke vrije wil anderzijds niet met elkaar in tegenspraak zijn. Toch lijkt er in sommige passages in zijn werk welzeker een conflict tussen menselijke vrijheid en goddelijk handelen te bestaan. In *De dono perseverantiae* bijvoorbeeld laat hij de vrije wil van de inwoners van Sidon en Tyrus weinig ruimte als hij schrijft: 'Dat ze hadden kunnen geloven, was hun niet tot nut, omdat ze niet waren voorbestemd door Hem wiens

376 P. Brown, *Through the Eye of a Needle. Wealth, the Fall of Rome, and the Making of Christianity in the West, 350-550 AD* (Princeton-Oxford: Princeton University Press, 2012), 343-344.

377 Ogliari, *Gratia et Certamen,* 233-234.

378 Pelagius, *Ad Demetrias*, 2.1; 4.1.

379 Augustinus, *Confessiones* 10.30.45; 10.37.60, cf. ook *De dono perseverantiae* 20.53.

380 Augustinus, *Epistula* 217.12.

381 Augustinus, *Sermo* 156.12.

beschikkingen ondoorgrondelijk en wiens wegen onnaspeurlijk zijn' (cf. Joh. 12:37-40).[382] Weliswaar sluit Augustinus deze passage af met de kanttekening, die een refrein door zijn hele werk heen is, dat Gods wegen ondoorgrondelijk zijn en van zijn uitspraak in dit licht dus ook gezegd moet worden dat deze mogelijk de lading niet dekt. Er is dus sprake van een voorbehoud, dat hij ook moet maken omdat hij aan de andere kant steeds weer benadrukt dat de menselijke vrijheid en goddelijke soevereiniteit compatibel zijn. Hoe paradoxaal dit ook lijkt: hij laat Gods handelen en de menselijke vrijheid naast elkaar staan. In zijn vroege *De libero arbitrio* en zijn late *De civitate Dei* bijvoorbeeld wordt zonneklaar dat de menselijke vrijheid een vrijheid in God maar niet van God behelst. In de relatie met God raakt de mens in zijn idee werkelijk bevrijd omdat hierin de tendensen in de mens zelf die naar onvrijheid leiden als sneeuw voor de zon verdwijnen.[383]
Dit werd door Augustinus' opponenten in tegenspraak geacht met zijn eerdere gedachten, temeer omdat hij in zijn *Expositio quarundam propositionum ex epistula ad Romanos* en het derde boek van *De libero arbitrio* had gesteld dat de deugd van de volharding toch echt door de mens zelf moest worden ontwikkeld.[384]
Maar even voor zijn dood in 430 wist Augustinus niet meer van wijken. In zijn *De praedestinatione sanctorum* en *De dono perseverantiae* stelt hij dat zijn jeugdwerken fouten bevatten en dat de mens wilskracht om het goede te doen en zelfs volharding om dit te kunnen blijven doen, geschonken krijgt.[385] Zelfs de laatste deugd is een gave; er is niets dat mensen niet hebben ontvangen; zelfs hun vrijheid is een geschenk.

Overigens is de Pelagianenstrijd al enkele decennia geleden tot bron van inspiratie voor economen geworden omdat in Augusti-

---

382 Augustinus, *De dono perseverantiae* 14.35.

383 Augustinus, *De libero arbitrio* 3.3; *De civitate Dei* 5.10.

384 Augustinus, *Expositio quarundam propositionum ex epistula apostoli ad Romanos* 60-62; *Epistula* 226.3; 226.8.

385 J. Wetzel, 'Snares of Truth: Augustine on Free Will and Predestination', in: R. Dodaro, G. Lawless (ed.), *Augustine and his Critics. Essays in Honour of Gerald Bonner* (London-New York: Taylor & Francis Group, 2000), 124-141, inz. 124.

nus' stellingname in deze een welkome relativering werd gevonden van de meritocratie. Deze behelst in het algemeen de toekenning van maatschappelijke functies of machtsposities aan mensen op grond van hun verdienste en conduitestaat. In Pelagius' genadeopvatting zag politiek filosoof John Rawls de rechtvaardiging van een economisch-retributief maatschappijbeeld besloten waarin veronachtzaamd werd dat de uitgangspunten van mensen zeer verschillen zonder dat zij hier zelf iets aan kunnen doen. Zo zijn talenten en aanleg geschonken en zijn sociale afkomst, de financiële positie en het netwerk van ouders factoren waar een boreling geen enkele invloed op kan uitoefenen, terwijl zij zeer bepalend kunnen zijn voor haar of zijn latere ontwikkeling en carrière. En in een competitieve economie worden *wages* ook meer door vraag en aanbod bepaald dan door morele actie van het individu. In deze geest werd later nog opgemerkt dat degenen die een maatschappelijke toppositie bekleden vaak de neiging ontwikkelen dit aan hun eigen verdienste toeschrijven en veronachtzamen dat er sprake is geweest van een gunfactor of van puur geluk dat de meest geprefereerde kandidaat de vacature niet wilde vervullen.[386] Hoe dan ook: Augustinus' stellingname hielp Rawls dus het maatschappelijk-meritocratische systeem te bekritiseren, waarin niet werd onderkend dat economische ongelijkheid welzeker ook veroorzaakt wordt door niet-meritocratische factoren.[387] Meritocratie associeerde hij met individualisme en 'egotism' waardoor het bewustzijn ernstig vernauwd werd dat externe factoren bijdragen aan succes. Rawls wilde daarom de *logic of merit* vervangen door *justice of fairness* waarin verdisconteerd werd dat externe factoren bepalend zijn voor prestaties.

De vraag blijft evenwel tot slot wat wij – theologen en economen tezamen – nog meer kunnen leren van deze theologische stellingnames als wij onze kennis over de kracht en gebondenheid van de menselijke wilskracht willen vergroten. De ontwikkelingen in Augustinus' denken over de vrije wil – een denken dat werd gevormd in een cruciale fase in de theologiegeschiedenis en dat hier vooral

---

386 L. Bruni, P. Sartori, 'The Illusion of Merit, or Why Meritocracy is Not a Market Virtue', ter perse.

387 J. Rawls, *A Theory of Justice* (Cambridge Mass.: The Belknap Press of Harvard University Press, 1971), 17.

ook richting aan gaf – hebben wij al te summier weergegeven om te tonen dat de krachtlijnen in dit denken als een spiegel zijn. Middels zijn theologisch-exegetische reflecties op de absolute vrijheid van Adams wil in het paradijs, diens *unbounded willpower*, intensiveert Augustinus, als in een contrastervaring, bij zijn lezer een besef dat elk van hen onvermijdelijk al proefondervindelijk had ontwikkeld. Het is het besef dat deze volmaakt vrije en ongebonden wil in deze wereld van tijd en ruimte niet bestaat: een inzicht dat door recent onderzoek naar *bounded willpower* alleen maar onderbouwd wordt. Maar Augustinus doet meer, en met hem doen de gedragseconomen die de gebonden wil tot onderzoeksobject maken ook meer: zij allen maken theologen duidelijk dat orthodoxie realistischer mensen voortbrengt dan heterodoxie. Zijn intuïtie en de recente onderbouwing hiervan wijst namelijk in feite uit dat Pelagius waarschijnlijk zeer integer was, maar zich in elk geval naïef betoonde in zijn veronderstelling dat mensen op eigen kracht zich kunnen vrijwaren van omgevingsinvloeden of factoren in henzelf, die hun goede wil kunnen beperken. De intensiteit waarmee Augustinus de *impact* van de geschiedenis van de mensheid op de verzwakking van de toch al verzwakte vrije wil beschrijft in zijn latere periode, getuigt niet van zijn geduld, optimisme of sprankelend élan, maar wel van zijn realisme; een realisme dat door studies naar *bounded willpower* bekrachtigd is. Maar omgekeerd geldt, dat wie zicht wil krijgen op de afhankelijkheid van anderen of ook van een Kracht die niet zo eenvoudig empirisch te toetsen is om het goede te kunnen doen, er goed aan doet Augustinus' latere werk te lezen. Dit leidt bovendien tot het bewustzijn dat de mens – diens wil, diens verstand, diens moraliteit – onmogelijk gevat kan worden in een model, dat weer ten grondslag komt te liggen aan theorie waarin de veronderstellingen gepreciseerd werden. Augustinus noemt zichzelf na zijn zelfanalyse in de *Confessiones* een vraag. En hij lijkt aldus het inzicht van psychiater en dichter Rutger Kopland voor te bereiden dat wie een antwoord heeft gevonden, geen goede vraag heeft gesteld.

9.4 Toegift: het verband tussen geluk als economische grootheid en matigheid als theologale deugd

De industriële revolutie bracht een enorme economische groei teweeg met als goed gevolg een enorme daling van de armoede en een stijging van de levensverwachting. In zijn *Principals of Political Economy* (1848) veronderstelde John Stuart Mill dat deze groei van voorbijgaande aard zou zijn. Hij ging ervan uit dat als de materiële schaarste op een gegeven moment uitgebannen zou zijn niemand verder nog rijker wilde worden omdat er immers voldoende welvaart op micro- meso- en macroniveau verworven was. Zelfs John Maynard Keynes ging er in zijn *Economic possibilities for our grandchildren* (1930) vanuit dat een economische groei van honderd jaar schaarste definitief zou uitbannen. Een samenleving die gevormd zou worden door tevreden en gelukkige mensen was in zijn idee het logische gevolg. Van alles wat zij nodig hadden, werden zij immers in voldoende mate voorzien.

In het mensbeeld dat aan de redeneringen van Mill en Keynes ten grondslag lag, werd stilzwijgend aangenomen dat mensen gelukkig zijn als zij voldoende geld en middelen hebben om in hun levensonderhoud te voorzien. Maar de kritiek die op het Pareto-criterium te geven is, geldt *mutatis mutandis* eveneens het onderliggende mensbeeld van Mill en Keynes. Zoals hierboven reeds gezien, is er volgens het Pareto-criterium sprake van verbetering van de welvaart als de toename van welvaart van de winnaars voldoende is om die van de verliezers te compenseren.[388] Hierin werd dus niet het psychologisch mechanisme verdisconteerd dat als de een rijker wordt en de ander niet armer, er bij de ander toch een gevoel van onbehagen groeit. De 'heavy price' die door economie als wetenschapsdiscipline 'for its self-imposed isolation from the other behavioral sciences' is betaald, was hier al enigszins voelbaar.[389] Een psycholoog houdt er immers rekening meer dat mensen het gras bij de buurman altijd groener achten en de theoloog is zich ervan bewust dat jaloezie een ondeugd is, die mensenlevens en de wereldgeschiedenis vanaf het begin van de mensheid – concreet

388 Cf. Mock, 'Pareto Optimality', 808–809.

389 Bowles, 'Endogenous Preferences: The Cultural Consequences of Markets and other Economic Institutions', 102-105.

verwoord in de moord van Abel door Kaïn – niet aflatend heeft bepaald. Bovendien werd geen rekening gehouden met het gegeven dat in de gewenning aan een hoger welvaartsniveau ook weer het verlangen naar iets nieuws vrijkomt. In dit verlangen neemt het geluksgevoel, dat ervaren werd in de periode van gewenning, weer af.[390] Neoklassieke economische theoretici hebben gelijk als zij stellen dat de middelen die mensen tot hun beschikking hebben op zeker moment als onvoldoende worden ervaren en er zich dan een aan ongeluk grenzend onbehagen aandient.

Dat dit onbehagen funeste gevolgen kan hebben wordt door de eeuwen heen overigens het meest pregnant duidelijk gemaakt door pausen in hun zogenaamde sociale encyclieken. In *Rerum Novarum* (1891) stelt paus Leo XIII de enorme welvaartskloof tussen de onderbetaalde arbeiders en de fabriekseigenaren aan de kaak omdat hij levensgeluk en welvaart intrinsiek verbonden ziet. Iedereen dient voldoende bezit te hebben om in het levensonderhoud te voorzien. Zoals hierboven reeds vermeld: in *Laudato Si'* beschrijft paus Franciscus de ongebreidelde behoefte aan consumptiegoederen in het rijke Westen als oorzaak van de klimaatverandering en klaagt hij het mechanisme aan dat de ernstige gevolgen voor het milieu van louter consumentisme voor rijken makkelijker zijn te ondervangen dan voor armen. Economie, ecologie en sociale rechtvaardigheid hebben een direct verband en de ecologische crisis wortelt in een morele crisis.

Hoe dit ook zij: er is dus een intrinsiek verband tussen economische groei enerzijds en anderzijds het levensgeluk. Dit valt ook uit twee andere voorbeelden af te leiden. Een exuberante behoefte aan consumptieve goederen – vooral in 'het rijke Westen' – kan ernstige gevolgen hebben voor het milieu of zelfs voor de wereldvrede omdat er strijd om grondstoffen door kan ontvlammen.[391] De bewustwording van deze beide consequenties alleen al maakt dat het 'geluksgevoel' afneemt, waar ook ter wereld. Ten slotte is ook aangetoond dat mensen gelukkiger worden als zij zich geen zorgen hoeven maken over de balans tussen hun inkomsten en uitgaven

---

390 Graafland, *Het oog van de naald*, 139-148.

391 Cf. B. Goudzwaard, H. de Lange, *Beyond Poverty and Affluence: Toward an Economy of Care*. Grand Rapids. Michigan: Eerdmans, 1995. Zij bieden een 'twelve-step program for economic recovery'.

en armoede weten te vermijden. Een ordelijk leven in welbevinden is in een land meer gewaarborgd als voorzien is in extra inkomen aan de onderkant van de inkomensverdeling. Hoe minder zorgen de kwetsbaren zich in een samenleving hoeven te maken over voldoende inkomen en bezit, hoe gelukkiger het leven in een natie is. Niet verwonderlijk is dan ook dat er in Frankrijk en Nederland stemmen opgingen het maatschappelijke welzijn niet alléén vast te stellen op basis van meting van het nationaal inkomen of het Bruto Binnenlands Product en Bruto Nationaal Product.[392] Weliswaar worden relaties, vertrouwen, sociale cohesie, gezondheid, geluksgevoel bepaald door economische ontwikkelingen, maar deze niet-economische welvaartsfactoren vallen er niet mee samen. Daarom ook nam de algemene vergadering van de Verenigde Naties (VN) in 2011 zelfs een motie aan waarin werd voorgesteld om niet alleen het bruto nationaal product maar ook het bruto nationaal geluk te gaan meten. De interesse voor geluk in beleid bleek te groeien.[393]

De vraag rijst dan wel wat er precies onder 'geluk' moet worden verstaan. In vroeger tijden dachten theologen na over een vorm van eeuwig geluk. Dit was op aarde nauwelijks voorstelbaar maar werd, volgens onder anderen Thomas van Aquino, in de zogenaamde *visio beatifica* volkomen. Deze *visio* behelsde een 'zien' na de dood, dat op aarde in de gave van het vertrouwen of geloof of dankzij de menselijke rede toch niet vaardig over de mens was geworden. De *visio beatifica* stond gelijk aan een volmaakt 'bestaan' waarin het verlangen van de mens naar een zinvol en goed 'leven' in het 'zien' van God volledig tot vervulling was gekomen.[394] In recentere tijden

---

392 Cf. J.E. Stiglitz, A. Sen, J.P. Fitoussi, *The Measurement of Economic Performance and Social Progress: Report by the Commission on the Measurement of Economic Performance and Social Progress*. Paris, 2009; Centraal Planbureau, *Memorandum Economische beleidsevaluaties en welvaart*. Den Haag: CPB, 2010; Centraal Planbureau, *Notitie Aspecten van brede welvaart in CPB-studies*. Den Haag: CPB, 2015; Planbureau voor Leefomgeving, Sociaal Cultureel Planbureau, Centraal Planbureau, *Naar een Verkenning Brede welvaart*. Den Haag: PBL, SCP, CPB, 2017.

393 R. Veenhoven, 'Het grootste geluk voor het grootste aantal. Geluk als richtsnoer voor beleid', in: *Sociale Wetenschappen* (2002), nr. 4, 1-43, inzonderheid 12-18.

394 Zie bijvoorbeeld Thomas van Aquino, *Summa Theologiae* I-II, quaes-

stond geluk – op aarde – vooral op de onderzoeksagenda van psychologen, die wilden weten wat mensen voelen als ze gelukkig zijn; van neurowetenschappers, die onderzochten hoe prikkels als beloningen verband hielden met gelukkig zijn, en van economen, die wilden achterhalen wat mensen waarderen in hun zoektocht naar geluk. Allen gingen voortvarend te werk: 'Papers on happiness are published in *Science*, people who study happiness win Nobel prizes, and governments all over the world are rushing to figure out how to measure and increase the happiness of their citizens.'[395]
Maar de definitie van 'geluk' was niet eenduidig. In de brede zin van het woord werd het in verband gebracht met 'kwaliteit van leven'. Aan politici wordt de taak toegekend om de randvoorwaarden als veiligheid, rechtszekerheid en goede medische zorg, te scheppen die de kwaliteit van leven van burgers waarborgen. Geluk in de beperkte zin van het woord heeft vooral betrekking op de vaardigheden die iedere individu bezit om wat van het leven te maken en die verband houden met het ontbreken van functionele stoornissen en het vermogen tot persoonlijke groei. Zoals de randvoorwaarden die voor het geluk in brede zin van belang zijn, valt deze levensvaardigheid niet samen met geluk in de beperkte zin van het woord. Maar randvoorwaarden en levensvaardigheden dragen er beide wel toe bij dat mensen zo gaan denken, oordelen en handelen dat zij gelukkig worden.[396] Meer concreet werd er vastgesteld dat een goede fysieke en mentale gezondheid, een prettige, veilige woonomgeving; vrijheid en autonomie bij het vormen van een mening en bij de levensinrichting, goede relaties, een zinvolle dagbesteding en materiële welvaart bijdragen aan de totstandkoming van geluk.[397]

---

tiones 2-5; inzonderheid *Summa Theologiae* I-II, q.2. a.8; I-II, q.3. a.8. Cf. ook *Summa Theologiae* I, q.12. a.4.

395 G. Morset, 'The Science behind the Smile. An interview with Daniel Gilbert', in: *Harvard Business Review* 2012, nr. 1 (January-February issue), 3-8, citaat 3-4. https://hbr.org/2012/01/the-science-behind-the-smile

396 R. Veenhoven, 'Wat is geluk?', in: G. van Liemt (ed.), *Het rendement van geluk. Inzichten uit wetenschap en praktijk* (Den Haag: SMO, 2014), 18-26; L. Bormans (red.), *Geluk. The World Book of Happiness.* Tielt: Lannoo, 2010. www2.eur.nl/fsw/research/veenhoven World Database of Happiness.

397 R. Veenhoven, 'Het grootste geluk voor het grootste aantal: Geluk als richtsnoer voor beleid', in: *Sociale Wetenschappen* (2002), nr. 4, 1-43, inz. 10-12.

Economen stonden dus stil bij de betekenis van het woord 'geluk'. Maar zij onderkenden dat het lastig was 'geluk' te meten. De notie heeft immers een verstandelijke en een gevoelsmatige component en kent bovendien een hoge subjectieve belevingsgraad. De vragenlijsten waarmee getracht werd de mate en intensiteit van geluk in relatie tot inkomen, of levensgebeurtenissen te achterhalen, varieerden nogal.[398]

Of theologen aan economen iets te bieden hebben als zij economische processen en de intensivering van geluk in verband willen brengen valt te betwijfelen. Zij lijken niet de meest aangewezen personen om de notie 'geluk', zoals deze gedefinieerd wordt ten behoeve van economisch onderzoek, te verdiepen of te verbreden. Zij lijken zich te diskwalificeren omdat, zoals even hierboven gezien, zij ervan uitgaan dat het geluk niet op aarde gevonden kan worden. In een eeuwenoud en wereldwijd in kloosters nog dagelijks gezongen Marialied, het *Salve Regina*, wordt de aarde zelfs vergeleken met een vallei van tranen. Zelfs in zijn jonge jaren verzuchtte Augustinus al dat ieder mens het lichaam gezond en vrij van klachten zou willen houden, als hij dat kon, maar omdat het menselijk lichaam kwetsbaar is, 'leeft hij echt niet zoals hij wil'. [399] Voor hem kan verlangen naar geluk daarom alleen vervuld worden als er een geluk is dat niet verloren gaat. En dat bestaat niet op aarde omdat alles veranderlijk en vergankelijk is.[400] En als zestiger stelt Augustinus nog steeds dat het leven in het *saeculum*, de dimensie van tijd en ruimte, niet gevrijwaard is van lijden. Dat lijden wordt door mensen vaak zelf veroorzaakt. Een zekere mate van rechtvaardigheid wordt in zijn idee bewerkstelligd door het opofferen van het eigen winstbejag ten behoeve van het gemeenschappelijk goed.[401] Maar

---

398 N.J.A. van Exel, *Waarde(n)volle economie. Over geluk, welvaart en morele dilemma's. Rede in verkorte vorm uitgesproken bij de aanvaarding van het ambt van bijzonder hoogleraar Economics & Values aan de Erasmus School of Economics, Erasmus Universiteit Rotterdam, vanwege de Vereniging Trustfonds EUR, op 30 juni 2017* (Rotterdam: ESE, 2017), 8, 18-20.

399 Augustinus, *De Trinitate* 13.7.10.

400 Augustinus, *De beata vita* II, 11.

401 R. Markus, *Saeculum: History and Society in the Theology of St Augustine* (Cambridge: Cambridge University Press, 1970), 72-104.

deze opofferingsgezindheid is weinigen gegeven.[402] Of Augustinus nu cynisch is of realistisch – of beide – studie van zijn werk lijkt economen niet te helpen in hun zoektocht naar een meer genuanceerd spreken over geluk.

Ten slotte is de raad van Jezus zélf zich niet al te veel zorgen te maken over de kleding en voeding voor de dag van morgen 'omdat elke dag genoeg heeft aan zijn eigen leed' (Mat. 6:26-27) zinvol om angst klein te houden in tijden van onzekerheid. Maar deze schriftpassage lijkt minder nuttig ten behoeve van de ontwikkeling van een meetinstrument om inzicht te krijgen in de wisselwerking tussen geluk enerzijds en anderzijds werktevredenheid, productiviteit, economische crises, 'conscious capitalism' of het economisch rendement van gelukkige mensen.

En toch. De afgelopen decennia is er relatief veel onderzoek gedaan naar de wisselwerking tussen bescheidenheid en gematigdheid enerzijds en anderzijds geluk. Van deze eigenschappen werd onderkend dat zij gedragsmatig een gunstige uitwerking heeft op de gezondheid, op emoties, zelfeffectiviteit of ook op het vermogen respect voor anderen te ontwikkelen, conflicten uit de weg te gaan en met anderen goede relaties aan te gaan. De studies wezen uit dat bescheidenheid en gematigdheid mensen ervoor behoedt in het publieke domein en het economisch verkeer te veel risico te nemen en (slechte) beslissingen te nemen die worden ingegeven door 'ego threats'.[403] Zeer recent onderzoek onder 500 Chinezen wees uit dat emotionele intelligentie en gevoel voor eigenwaarde tot een bescheidenheid en gematigdheid kunnen leiden, die geluk bewerkstelligen en depressie te herleiden is tot een gebrek aan

---

402 Augustinus, *De civitate Dei* 19.6 (670-671); *De civitate Dei* 2.21 (52-54); cf. D. Burt, *Friendship and Society. An Introduction to Augustine's Practical Philosophy* (Grand Rapids-Cambridge: Wm. B. Eerdmans Publishing, 1999), 127-129; cf. P. van Geest, *Waarachtigheid. Augustinus over levenskunst* (Zoetermeer: Meinema, 2011), 122-123.

403 C.R. Colvin, J. Block, D.C. Funder, 'Overly positive self-evaluation and personality: negative implications for mental health', in: *Journal of Personality and Social Psychology* 68 (1995), nr. 6, 1152-1162; D. Dunning, C. Health, J. Suls, 'Flawed self-assessment', in: *Psychological Science in the Public Interest* 5 (2004), nr. 6, 69-106.

deze eigenschappen.[404]

De 39 vragen op de *Modest Behavior Scale* (MBS) hadden betrekking op bijvoorbeeld de eigenschappen sterke kanten te ontkennen als deze worden geprezen; de persoon te prijzen door wie men bekritiseerd wordt; of: niet te veel over zichzelf te willen praten.[405] Nu is de betekenis van het woord 'modesty' (gematigdheid, gepastheid) te herleiden tot *modestus* (maathoudend, bezonnen, beheerst, gepast), dat in het middeleeuws Latijn verband ging houden met *moderantia* (gematigdheid). In het werk van vroegchristelijke theologen zijn vele betekenislagen te onderkennen in beide termen en hun synoniemen. Augustinus' interpretatie van de matigheid vormt het laatste voorbeeld om de onontbeerlijkheid van de theologie voor de economie aan te tonen; bij de ontwikkeling van een rijkere taal – en een geschakeerder denken – dus ten behoeve van de reflectie op economische processen, waarin de mens niet alleen als *homo economicus* maar vooral als relationeel wezen wordt opgevat, dat door het betrachten van gematigdheid mogelijk gelukkiger wordt.

In 386 leverde Augustinus een bijdrage aan de laatantieke discussie over levenskunst, geluk en levensorde in de vorm van een klein boekje getiteld: *De beata vita* ('Over het gelukkige leven').[406] Een van de uitgangspunten hierin is het destijds breedgedragen idee dat het houden van de juiste maat in alles wat men onderneemt, denkt of voelt, niet alleen goed is maar ook tot geluk leidt. Voor Socrates behelsde een leven waarin maat gehouden werd, een deugdzaam leven.[407] En preluderend op de neoklassieke economische theorie waarin ervan uitgegaan wordt dat beschikbare middelen als onvoldoende worden ervaren, waarschuwt Democritus van Abdera (460-370 v.Chr.) ervoor dat grotere begeerten grotere behoeften veroorzaken die, onmatig genuttigd of nagestreefd, van geluk tot

404 Ch. Zheng, Y. Wu, 'The More Modest You are, the Happier You are: The Mediating Roles of Emotional Intelligence and Self-esteem', in: *Journal of Happiness Studies. An Interdisciplinary on Subjective Well-Being* 21 (2020), vol. 5, 1603-1615.

405 Ch. Zheng, Y. Wu, 'The More Modest You are, the Happier You are', 1606.

406 Augustinus, *De beata vita* I, 6.

407 Diogenes Laërtius, *Vitae philosophorum* 1.41; 1.93; 2.32.

ongeluk leiden.[408] Een onmatige behoefte aan rijkdom, aldus Epicurus, houdt eigenlijk armoede in.[409] En in het bewustzijn dat bezit zorgen met zich meebrengt en armoede nog meer bekommernis behelst, schrijft Philodemus dat rijkdom te prefereren is boven armoede, maar dus wel in die mate dat het geen zorgen met zich meebrengt.[410] Het stoïcijnse motto *ne quid nimis* ('niets te veel, alles met mate') is het handelingsprincipe waarin deze inzichten resoneren. Ook Cicero ten slotte noemt gematigdheid (*temperantia*) een van de belangrijkste aspecten van de deugd (*virtus*).[411]
Vooral schatplichtig aan de inzichten uit de laatantieke filosofie adstrueert Augustinus in *De beata vita* Philodemus' betoog over de gematigdheid als weg tot geluk met een prachtig voorbeeld. Hij brengt Orata in herinnering, die, onmatig rijk, toch wordt beheerst door eenzelfde gevoelen als iemand die onmatig arm en behoeftig is. Orata en de niet nader bij name genoemde arme worden namelijk beheerst door angst: de arme omdat gebrek aan bezit gebrek aan levensmiddelen inhoud en Orata omdat hij zich ervan bewust is dat hij door de grillen van het lot al zijn bezittingen kan verliezen.[412] Hier bevestigt Augustinus de positieve correlatie tussen inkomen en geluk niet evenals de negatieve correlatie tussen overvloed en geluk. Tot angst is iemand gedoemd die de *opulentia* als doel en graadmeter van succes gaat opvatten maar niet als middel om een evenwichtig bestaan op te bouwen. Wie niet in staat is de juiste maat te houden, brengt zichzelf uit balans en zal gebukt gaan onder angsten:
'Al wat dus te veel of te weinig is, is aan gebrek onderhevig, omdat het gebrek heeft aan maat ... vandaar die prachtige spreuk die niet ten onrechte zo'n faam geniet, dat in de eerste plaats in het leven nuttig is dat men "alles met mate doet".'[413]

---

408 Democritus, *Fragmenta* 319 (219). Ed. F.G.A. Mullach. Berlin: G. Besseri, 1843.

409 Epicurus, *Sententiae Vaticanae* 25.

410 Philodemus, *Peri oikonomias* 12. Zie Hengstmengel, *De homo economicus. Een familiegeschiedenis*, 39-43.

411 Augustinus, *De beata vita* II, 8.

412 Augustinus, *De beata vita* IV, 26.

413 *Ibidem.*

Schatplichtig aan het stoïcijnse *ne quid nimis*-principe, stelt Augustinus dus dat zowel 'overvloed' als 'tekort' gebreken zijn omdat in beide de juiste maat niet gehouden is.[414] Een vruchtbaar leven ziet hij, zoals Cicero, voortkomen uit gematigdheid en zelfbeheersing.[415] Het *ne quid nimis*-principe zal hij zijn leven lang overigens altijd trouw blijven, zoals bijvoorbeeld blijkt uit de definitie van hebzucht in zijn *In epistolam Ioannis ad Parthos*: 'Hebzucht is "meer willen dan nodig is".'[416] De apostelen en de filosofen verenigd in het streven hebzucht 'te beschuldigen', omdat de gematigdheid hier niet in betracht is.[417]

Augustinus' inzichten weerklinken tot op de dag van vandaag. Paus Franciscus vatte ze zeer recent kernachtig samen:

> 'Anderzijds kan niemand rijpen tot een gelukkige soberheid, als hij niet in vrede met zichzelf is ... De innerlijke vrede van iemand is nauw verbonden met de zorg voor de ecologie en het algemeen welzijn, omdat zij zich, als zij authentiek wordt beleefd, weerspiegelt in een evenwichtige levensstijl die verbonden is met een vermogen tot verwondering dat leidt tot een diepgang van het leven.'[418]

Dat mensen zich door onmatigheid zelf tekortdoen, maakt Augustinus ten slotte duidelijk door in *De beata vita* een bepaalde semantische strategie toe te passen. De betekenis die hij geeft aan het woord 'maat' (*modus*) sluit aan bij de betekenis die deze notie in de filosofische scholen had gekregen. Zonder een 'neoplatoons' woord van haar betekenis te ontdoen, voegt hij een bepaalde betekenislaag aan dit woord toe.[419] Het houden van de juiste maat (*modus*) behelst voor hem een goede levensvorm, omdat de mens hierdoor gevrijwaard blijft van angst. Met 'de hoogste maat' (*sum-*

---

414 Augustinus, *De beata vita* IV, 32.

415 Augustinus, *De beata vita* IV, 31: 'temperantia', 'modestia'.

416 Augustinus, *In epistolam Ioannis ad Parthos* 8.7.

417 Augustinus, *Sermo* 177.2.

418 Franciscus, *Laudato Si'*, 225.

419 *De beata vita* IV, 33-34. Cf. G. Madec, 'Si Plato viveret ... Augustin, De vera religione 3.3', in: *Néoplatonisme: Mélanges offerts à Jean Trouillard.* Fontenay-aux-Roses: École Normale Supérieure, 1981.

mus modus) duidt hij een 'werkelijkheid' aan die de mens in tijd en ruimte en daarbuiten volledig overstijgt: God. God de Vader is voor hem Degene in wie alle maten, gewichten en getallen besloten ligt en uit wie de orde voortkomt, waarin alles zich in de schepping verhoudt tot elkaar. Zo tracht Augustinus duidelijk te maken dat gematigd leven een openheid naar grotere gehelen bewerkstelligd die, niet door angst bepaald, inzicht in het geheel waarin men zich bevindt, bevordert.[420]
Augustinus betoont zich dus een van de meest uitgesproken vertolkers van de laatantieke en vroegchristelijke gedachte dat gematigdheid een weg is naar *beatus* zijn: naar een gevrijwaard zijn van zorgen.[421] Expliciet en impliciet bevat zijn werk een uitnodiging om de betekenis van het woord 'geluk' te verdiepen. Impliciet stelt hij dat overmatig streven naar roem, rijkdom en eer tot ongeluk leidt omdat dit leidt tot angst en dientengevolge tot een isolement. Expliciet schrijft hij dat geluk pas wordt ervaren in het bewustzijn een deel van een geheel te zijn: de natuur, een mensengemeenschap. Veel later zou hij in *De civitate Dei* duidelijk maken, zoals gezien, dat wie niet aanvaardt dat tragiek en lijden inherent zijn aan het menselijk bestaan, ook niet de vrede zal ervaren die paradoxalerwijs ook met geluk te maken heeft.

---

420 Augustinus, *De beata vita* IV.6; IV.25.

421 Zie voor de betekenis van 'beatus', A. Blaise, *Dictionnaire Latin-Français des auteurs chrétiens* (Strasbourg: Le Latin Chrétien, 1954), 100.

Epiloog

1. Naastenliefde en zelfliefde

De economie en de theologie zijn 'kinderen van dezelfde vader', namelijk van het christelijke denken in de middeleeuwen en vroegmoderne periode van de zestiende en zeventiende eeuw. De moraalfilosoof Adam Smith (1723-1790) was de grondlegger van de economie als aparte wetenschap. Maar net als bij andere moraalfilosofen die in die tijd reflecteerden op handel zoals de Italiaan Antonio Genovesi, stond bij Smith de economie in dienst van deugden zoals matigheid en naastenliefde. De deugden van matigheid en naastenliefde als de smalle weg naar geluk was ook voor Adam Smith een belangrijk onderwerp. Hij zag met lede ogen aan hoe leiders met een monopolistische machtspositie het individu onderdrukten onder het mom van het belang van de gemeenschap. De moralistische zedenpreken van de elite waren bewust of onbewust een dekmantel voor het veiligstellen van hun eigen privileges. Hij observeerde ook dat mensen in een afhankelijke positie terechtkwamen als ze een beroep moesten doen op liefdadigheid: giften die uit liefdadigheid waren gedaan bleken vaak giftig te zijn. Hij zocht daarom naar een menswaardiger manier dan dwang en liefdadigheid om samenwerking en vertrouwen van de grond te krijgen. Hij vond die in de vrijheid van mensen om de ene samenwerkingspartner in te wisselen voor een ander.

Mede dankzij de vrijhandel die in zijn tijd opkwam, doorzag Adam Smith hoe vrijheid en eigenliefde de broedplaats konden worden van naastenliefde. Als iemand zichzelf liefheeft en vrij is, dan leren degenen die met deze persoon samenwerken zich in te leven in wat deze persoon liefheeft. De meest geciteerde zin van Adam Smith gaat over een bakker, een brouwer en een slager: 'It is not from the benevolence of the butcher, the brewer, or the baker that we expect our dinner, but from their regard to their own self-interest'. Deze zin, uit zijn beroemdste boek *The Wealth of Nations*, is vaak begrepen als de legitimatie van het streven naar eigenbelang als enige drijfveer in de economie. Maar direct op deze befaamde zin volgt een nog belangrijker regel: 'We address ourselves not to their humanity but to their self-love, and never talk to them of our own necessities, but of their advantages'.[422] Hier komt de aap uit de mouw: de zelfliefde van de één stimuleert anderen tot empathie en naastenliefde. Zo mobiliseert eigenliefde de matigende krachten van de naastenliefde.

Smith doorzag dat eigenliefde en naastenliefde niet op gespannen voet staan maar voortkomen uit dezelfde goddelijke familie, namelijk die van de liefde. Smith maakt expliciet wat eigenlijk altijd al impliciet was in de gouden regel van de ethiek: Behandel anderen dus steeds zoals je zou willen dat ze jullie behandelen (Mat. 7:12). Je weet alleen hoe je anderen moet behandelen als je weet hoe je zelf behandeld wilt worden. Naastenliefde bouwt voort op eigenliefde: Heb de naaste lief als jezelf (Marc. 12:31). De eerste verantwoordelijkheid voor de mens is jezelf leren liefhebben. Een gezond mens groeit van daaruit naar liefde voor zijn familie en andere naasten, en uiteindelijk ook naar liefde voor alles wat leeft – de onbestemde naaste. Dat is de reis waarop we als mens en als mensheid zijn. De vrije markt zou de mens helpen om de volgende stap te maken op deze reis van liefde voor je familie naar de liefde voor vreemden verder weg.

Het civiliserende effect van zelfliefde vraagt om vrije concurrentie: mensen moeten vrij kunnen kiezen tussen verschillende samenwerkingspartners. Met andere woorden: vrijheid zorgt ervoor dat de eigenliefde van de één in balans wordt gehouden door de naastenliefde van de ander en andersom. Zo ontwikkelen zowel eigenliefde als naastenliefde zich in balans en matigen ze elkaar. Door de disciplinerende kracht van concurrentie ontstond als aanvulling op de gouden regel (behandel anderen zoals je zelf behandeld wil worden) de platina regel: behandel anderen zoals zij behandeld willen worden. Zo geeft de eigenliefde van de ander richting aan jouw naastenliefde.

Het civiliserende effect van de combinatie van vrijheid en eigenlief-

422 Adam Smith, *The Wealth of Nations* [02].

de was misschien wel een van de meeste waardevolle ontdekkingen van de mensheid. Adam Smith doorbrak met zijn wereldschokkende idee namelijk de dialectiek tussen eigenliefde en naastenliefde, waardoor veel moralistische literatuur in de filosofie en theologie eeuwenlang werd gekenmerkt. De liefde voor jezelf en anderen bleek effectiever in het bevorderen van samenwerking en vertrouwen dan moralistische zedenpreken die zich richten op het onderdrukken van de zelfliefde.
Na deze even geniale als bevrijdende ontdekking veranderde de wereld. De menselijke welvaart, creativiteit en innovatie explodeerde. De combinatie van vrijheid, eigenliefde en naastenliefde bleek een beter fundament voor vertrouwen in wederkerigheid dan moralisme alleen. Door de geest van geloof, hoop en liefde kon het samenwerkingsproject van de economie bloeien en groeien als nooit tevoren. Oudere generaties konden slechts dromen van de ongehoorde welstand en veiligheid waarin wij in Noordwest-Europa mogen leven. Nog nooit hebben mensen zo veel vertrouwen in elkaar gehad; zij durven kwetsbaarder te zijn dan ooit tevoren door zich te specialiseren en zo afhankelijk te zijn van anderen.

2. Zondeval van de economie

Op de verlossing van Adam Smith uit de gevangenis van de tegenstelling tussen eigenliefde en naastenliefde volgde de zondeval van zijn volgelingen die vrijheid en eigenliefde gingen loskoppelen van de naastenliefde. De balans tussen vrijheid en zelfliefde aan de ene kant en naastenliefde aan de andere kant raakte zoek. In plaats van dat ze eigenliefde en naastenliefde als broer en zus beschouwden die elkaar nodig hebben om te groeien, vielen ze terug in de klassieke dialectiek tussen eigenbelang en naastenliefde. Het resulteerde in een individualistisch mensbeeld waarbij het belang van verankering, relaties, waardering en betekenis ondergesneeuwd raakte.
Ook gingen sommige volgelingen van Adam Smith de markt verheerlijken in plaats van de markt te zien als een van de drie essentiële besturingsvormen van markt, overheid en ethiek. Door het verabsoluteren van de vrije markt ten koste van overheid en ethiek ontstond scheefgroei. Juist instituties, als een inclusieve overheid

die met haar geweldsmonopolie eigendomsrechten afdwingt, bleken essentieel voor het goed functioneren van de markt. En zo'n inclusieve overheid vereiste op haar beurt ethische waarden als de heiligheid van elke persoon. Alleen door dat commitment kon de macht van de overheid beteugeld worden. Ook moraal en ethiek bleken essentiële bouwstenen voor een gezonde samenleving.

Maar in de negentiende eeuw scheidde de economische wetenschap zich geheel af van de familie waaruit hij is voortgekomen: de theologie en de filosofie. Vilfredo Pareto was de aanstichter van deze Copernicaanse revolutie: de economie draaide niet langer om de ethiek maar het was andersom. In plaats van dat goede keuzes werden afgeleid uit de ethiek, werden waarden afgeleid uit het keuzegedrag van mensen. Economie werd een positieve, empirische wetenschap die zich niets meer liet gezeggen door filosofie en ethiek. Het fundament van de economie als autonome wetenschap was de rationale keuzetheorie. De *homo rationalis* – de mens die rationele keuzes maakt – neemt afscheid van de nutsethiek van de *homo economicus*. De rationele mens doet wat hij wil en heeft genoeg aan zijn eigen rationaliteit om te bepalen wat goed is. Daarvoor heeft deze individualistische mens geen anderen nodig. Hij is los van God en gebod.

Deze zondeval van het economisch denken heeft bijgedragen aan de drie grote uitdagingen waar de wereld nu voor staat: het waarderen van kwetsbaarheid, inclusiviteit en duurzaamheid. Dit alles vraagt om een meer relationeel economisch denken als tegenkracht tegen de destabiliserende krachten van meritocratie, klimaatverandering en machtsconcentratie.

3. Verlossing in economie

Het rationele-keuzemodel dat in de vorige eeuw dominant was in het economisch denken heeft zijn beste tijd gehad. Door de opkomst van de gedragseconomie zijn veel economen van hun geloof afgevallen: mensen blijken niet altijd te doen wat ze willen. Daarom is de veronderstelling die economen in staat stelde om waarden af te leiden uit geobserveerd gedrag aan het wankelen. Economen zijn daardoor op zoek naar andere manieren om waarden te achterhalen.

Gedragseconomen hebben ook volop aandacht voor interne conflicten binnen een persoon. Daarbij zien ze een rol voor persoonlijke waarden bij het betekenis geven aan moeilijke maar goede keuzes die gepaard gaan met aanzienlijke persoonlijke offers. Ook erkennen economen steeds meer dat sociale waarden zoals rechtvaardigheid en wederkerigheid een belangrijke rol kunnen spelen in het verklaren van menselijk gedrag, conflict en samenwerking. Economie draait niet alleen meer om harde instituties zoals wet- en regelgeving en financiële prikkels maar ook om zachte instituties die de intrinsieke motivatie beïnvloeden om anderen te schaden of te dienen. Door al deze ontwikkelingen ontstaat er binnen de economische wetenschap ruimte voor eeuwenoude begrippen uit de geesteswetenschappen, zoals deugden, waarden, vertrouwen en liefde. De verloren zoon van de economie zoekt toenadering tot de familie waar hij uit voortkomt: ethiek en theologie.

De zoektocht van economen naar een simpel gedragsmodel met grote verklaringskracht gaat door. Een belangrijke kandidaat is de *homo reciprocitans* – de mens die hecht aan rechtvaardigheid en wederkerigheid. Dit mensbeeld is een synthese tussen het individualisme van het westen (en de economische wetenschap) en de gemeenschapszin van het oosten (en de theologie). In een onveilige omgeving waarin zijn belangen niet veilig zijn, verdedigt de *homo reciprocitans* vooral zijn eigen belang. Maar in een veilige omgeving waar hij erop kan vertrouwen dat anderen zijn belang behartigen, vindt hij betekenis door zich in te zetten voor het grotere geheel. Het belang van veiligheid verklaart ook waarom de instituties die vertrouwen in wederkerigheid bouwen – denk aan de rechtstaat, democratie en een vrije, concurrerende markt – zo belangrijk zijn om mensen te stimuleren zich in te zetten voor anderen.

Dit mensbeeld sluit aan bij de deugd van de matigheid. Mensen hechten aan het evenwicht tussen geven en ontvangen. Niet alleen staat wederkerigheid en het vertrouwen daarin aan de basis van een goed functionerende economie, mensen houden intrinsiek van de rechtvaardigheid van wederkerigheid. Rechtvaardigheid en wederkerigheid zijn dus niet alleen een middel om welvaart te scheppen, ze zijn ook een zelfstandig doel waar mensen geluk aan ontlenen. Matigheid als het evenwicht tussen eigenliefde en naastenliefde is zo de smalle weg naar duurzaam subjectief welbevinden.

4. De verloren zoon, de oudere broer en compatibele wetenschappelijke fundamenten

Misschien kunnen de economie en theologie als wetenschapsdisciplines wel worden vergeleken met de twee zonen die een rol spelen in het voornoemde en befaamde verhaal van de verloren zoon (Luc. 15:11-32). Maar het vertrek van de puberende zoon van de economie uit het ouderlijk huis van de geesteswetenschappen is niet voor niets geweest. De zwerftocht van de economie heeft zowel de jongere als de oudere zoon veel geleerd. De jongere zoon die verloren was, staat voor het westerse, economische denken dat prioriteit geeft aan het individu. De oudere zoon die thuisbleef symboliseert het oosterse, theologische denken dat de gemeenschap centraal stelt. Maar uiteindelijk kan de ene zoon niet zonder de ander.
Nu economie weer terugkeert naar het huis waar het ooit uit vertrok kunnen economen en theologen elkaar in balans te houden. Zo kunnen theologen scheefgroei in de economie voorkomen door het belang van dienstbaarheid en de ander te benadrukken. Het eigen belang staat niet los van anderen. Doelmatigheid kan niet zonder rechtvaardigheid. De enige manier om de munt van welvaart te winnen is het kruis: in alle kwetsbaarheid de ander dienen. Zonder de investering van het kruis is er geen winst van de munt. De munt heeft dus de matigende invloed van het kruis nodig om in balans te blijven.
Ook omgekeerd heeft het kruis de matigende invloed van de munt nodig. Economen kunnen scheefgroei in de theologie voorkomen door erop te wijzen dat er niets mis is met het verlangen naar het eigen goed. Zelfliefde, vertrouwen en vrijheid zijn immers het fundament van naastenliefde.

5. Van visioen naar concrete raakvlakken

Het visioen mag dus helder zijn. Maar welke zijn de concrete raakvlakken tussen economie en theologie die de interdisciplinaire samenwerking vruchtbaar maken? Hoe ziet samenwerking van economen en theologen er dan concreet uit?

Zoals voor iedere, al dan niet getoetste, schetsmatige weergave van de werkelijkheid geldt ook voor een economische theorie dat het een bepaalde voorstelling van zaken is. Dat leren ons de boeken van economen. En boeken van theologen brachten ons al eerder bij dat aan voorstellingen onuitgesproken uitgangspunten, verwachtingspatronen, vooringenomenheden, selectieve waarnemingen en psycho- of sociopathologische factoren ten grondslag liggen. Concreet: Christus wordt in de eerste eeuwen van het christendom niet als gekruisigde verbeeld, maar als een koning die, in kalme waardigheid, zijn handen uitstrekt naar de uiteinden der aarde en zo het kruis bedekt waaraan hij hangt. Deze voorstelling is te herleiden tot de gevoeligheid van de vroege christenen voor de tijdsgeest. Schatplichtig aan zowel het platoonse als het stoïcijnse denken werd deze in de tweede eeuw heel pregnant verwoord door de Griekse filosoof Celsus. In zijn polemische *Alèthès logos*, 'Woord van de waarheid', dreef hij de spot met christenen omdat zij meenden dat een almachtige god zich in een 'zwakke', gekruisigde figuur als Jezus van Nazareth had geopenbaard. Zijn ridiculisering liet christenen niet onberoerd: hun verbeelding van de Heer lieten zij door de vooringenomenheden van de tijdsgeest bepalen, zoals zij dit ook deden toen zij in de middeleeuwen ten tijde van de pest de gekruisigde Christus ten volle de trekken van een lijdende figuur gaven, of weer als Koning verbeeldden in de periode van de opkomst van fascisme en nationaalsocialisme.

De boeken waarin theorieën over de economie als een deel van de empirisch waargenomen sociale werkelijkheid worden uiteengezet, leerden ons dat onuitgesproken verwachtingspatronen en vooringenomenheden de uitgangspunten van de economie als wetenschapsdiscipline evenzeer bepalen. Concreet: Adam Smith hanteert in zijn *Wealth of Nations* een enkele maal de metafoor van 'de onzichtbare hand' om aan te geven dat het dienen van het eigenbelang ook goed is voor het algemeen belang omdat hierdoor de productie wordt verhoogd en de welvaart dus stijgt. Zijn woordkeus is te herleiden tot zowel de tijdsgeest als een verder in de onmiddellijke context van dit citaat onuitgesproken gebleven wereld-, mens- en godsbeeld. Levend in de periode van het achttiende-eeuwse deïsme, streefde Smith ernaar de schepping én de sociale werkelijkheid beide als een ordelijk geheel weer te geven. De wetmatig-

heden in de natuur én in de sociaal-maatschappelijke en economische orde leiden mensen in zijn idee tot het goede en gelukkige leven, als zij tenminste hun leven gestalte willen geven volgens de principes die in deze respectievelijke ordeningen zijn voorgegeven. Zo evoceerde Adam Smith een gevoel voor orde en harmonie op basis van een model, een theorie. Die theorie geeft te denken, zoals een verbeelding van een onverbeeldbare God of een Gekruisigde te geloven geeft.
Waar wij in deze verhandeling niet aan hebben willen toegeven is de neiging alle mogelijke stijlfiguren te onderzoeken die door neoklassieke economen, postkeynesianen, monetaristen, micro-, macro-, en gedragseconomen werden en worden gebezigd om hun theorieën zo te verpakken dat gewone stervelingen gaan denken dat hun voorstelling of model van de werkelijkheid ook samenvalt met die werkelijkheid zelf. Theologen kunnen 'de werkelijkheid' van God – gelukkig – niet vatten in een voorstelling die zij van God maken. Sterker nog: 'si comprehendis, non est Deus', zegt Augustinus in *sermo* 117: Als iemand denkt dat hij God kan vatten in een concept, beeld of begrip, dan is één ding zeker: God valt niet samen met dit concept of beeld. En economen kunnen – ook gelukkig – de werkelijkheid die door het gedrag van consumenten en producenten wordt gemaakt ook niet vatten in modellen en tabellen; ook al helpen die wel om bepaalde patronen hierin te herkennen; zoals het theologen helpt om over God te spreken teneinde het numineuze niet zo geheim te laten zijn dat niemand meer weet dat het leven omvat is door een Mysterie.

Wat ons in deze verhandeling voor ogen stond was in te gaan op de al dan niet expliciete uitnodiging van economen zélf aan theologen om mee te denken over een nieuw model van het verschijnsel mens. Het zijn economen die dit verschijnsel niet langer willen opvatten als een uitsluitend rationeel wezen dat met consistente preferenties vanuit eigenbelang zelfzuchtig en doelgericht handelt; zij willen dit zelfs niet als het bevorderlijk zou zijn voor een sluitende theorievorming. Er wordt daarom in de economie als wetenschapsdiscipline door niet de minsten gereflecteerd op noties als 'gratuïteit', 'vertrouwen', 'innerlijke drijfveren en intenties'. Het zijn noties die in Schriftuurlijke en patristische bronnen zijn overdacht in passages en traktaten over genade, geloof en over de wisselwerking tussen de zuiverende vrees en de vervolmakende liefde. Deze bronnen worden bestudeerd door theologen. Alleen daarom al zijn zij (wij), vermetel gesteld, onontbeerlijk voor economen, en wij zijn niet de enigen natuurlijk. Maar theologen kunnen mogelijk helpen een rijkere taal – en in wisselwerking hiermee een geschakeerder denken – te ontwikkelen ten behoeve van de reflectie op economische processen, waarin de mens vooral als relationeel wezen wordt opgevat, dat uiteindelijk geluk en vervulling vindt in een welwillende, begripvolle, altruïstische, of zelfs liefdevolle bejegening door anderen; ook in het publieke domein en ook in het economisch verkeer. Zoals religie en geloof zijn empathie en liefde natuurlijk niet alleen maar iets voor achter de voordeur.

Economen hebben theologen zeker niet nodig om zich ervan bewust te worden dat de werkelijkheid van het verschijnsel mens weerbarstiger is dan in de modellen van dit fenomeen wordt uitgedrukt en die zij, terecht, ontwikkelen om problemen adequaat te lijf te kunnen. Zij zijn zich hier al terdege van bewust geworden dankzij de studies van economen en psychologen, die kanttekeningen plaatsten bij de *homo economicus*. Zij deden dit door noties als *bounded rationality*, *bounded morality* en *bounded willpower* te doordenken met het oog op de verdieping van inzicht in de mens als economisch handelen wezen. Maar hier geldt, ook weer vermetel gesteld, dat theologen kunnen bijdragen aan de verdieping van het inzicht in de oorzaken en gevolgen van 's mensen onvermogen om alle consequenties van een keuze te overzien, of van diens onvermogen het goede te doen of zelfs ook maar te willen. Begrip van de diepte, reikwijdte, complexiteit en implicaties van de *bounded rationality*, *bounded morality* en *bounded willpower* kan worden vermeerderd als theologische bronnen worden geraadpleegd waarin de ontoereikendheid van het verstand en de liefde als kenweg worden beschreven; waarin de geschakeerdheid van de zonde tot in ieder detail aan het licht wordt gebracht en waarin de immensiteit en intensiteit van de begrenzing of verzwakking van de wilskracht worden beschreven. Werken van negatieve theologen, biechtspiegels, middeleeuwse theologisch-economische traktaten en vooral Augustinus' werken zijn *Fundgruben* waarin de uitnodiging de menselijke begrensdheden verder te doordenken van ongeveer elke bladzijde uitgaat.

De besproken werken zijn nog maar enkele voorbeelden uit de geschiedenis van de theologie. Er zijn talloos veel werken die de kennis over de ontstaansfactoren, de gevolgen en de immensiteit van de *bounded morality*, *bounded rationality* en *bounded willpower* enorm kunnen vergroten. En er zijn vele theologische werken geschreven waarin, bijvoorbeeld over de menselijke waardigheid is nagedacht. Die is niet te herleiden tot de sociale verbanden waarin de mens zichzelf bewijst, handhaaft, onderdrukt wordt of juist zegeviert. Zij is intrinsiek aan elk menselijk bestaan en als zodanig onvervreemdbaar. En tegelijk is de menselijke waardigheid ook een hoedanigheid die men verwerft door een respectvolle omgang met anderen en die men verliest als men de intrinsieke waardigheid van anderen aantast door uitbuiting van hen op welke wijze ook. Theologen die schrijven over de menselijke waardigheid: hun werk is voer voor economen.

En dit geldt ook voor theologen die schrijven over hoop: een deugd en kracht, die verlangen en waarschijnlijkheid impliceert. Filosofen en psychologen zijn door economen al ontdekt. In tegenstelling tot andere Verlichtingsfilosofen zoals Descartes, Hobbes, Spinoza zag Immanuel Kant de hoop in verband in verband met rationele verwachtingen omtrent de toekomst en niet als een van de passies.[423] In deze lijn stelde de marxistische filosoof Ernst Bloch dat hoop niet slechts verbeelding of dromen behelst, maar 'begrepen hoop' ook het vermogen impliceert om reële doelen te stellen tot verbetering van ons (voor Bloch: kapitalistische) noodlot in deze concrete wereld.[424] Door de psycholoog Erik Erikson werd hoop als de eerste deugd omschreven, zonder welke mensen niet kunnen overleven; de voornoemde achtte hoop dan ook, rationeel, een morele plicht zelfs in hopeloze situaties.

De laatste decennia is de interesse voor de hoop in verschillende disciplines enorm toegenomen. Onderzoek naar 1.936 publica-

---

423 Cf. C. Böser, 'Enlightenment Views of Hope', in: S.C. van den Heuvel (ed.), *Historical and Multidisciplinary Perspectives on Hope* (Springer: Open Access, 2020), 61-75.

424 E.H. Erikson, *Childhood and society*. New York: Norton, 1950; E. Bloch, *Das Prinzip Hoffnung: In fünf Teilen*. Frankfurt: Suhrkamp, 1977.

ties over 'hoop' in *Web of Science* bracht inzicht in de verschillen in benadering en definiëring in de onderscheiden wetenschapsdisciplines, alsook in de interne en externe bronnen van hoop, de sociale en individuele ervaring van hoop, interne en externe effecten, en de specifieke objecten waarop de hoop zich richt of uit voortkomt.[425] Ook al blijkt het object of subject van de hoop zeer verschillend: de historische bijdragen van het recent verschenen *Historical and Multidisciplinary Perspectives on Hope* leren dat de omschrijvingen van de hoop, zoals deze in de tijdvakken van de antieke en middeleeuwse wijsbegeerte, de scholastieke theologie, de Verlichting en het postmodernisme tot stand zijn gekomen, veel raakvlakken bevatten. Of de hoop nu aan door politiek filosofen nu aan deze of door godgeleerden aan gene zijde van het aardse even wordt gesitueerd: de karakteriseringen van 'het goede leven' waarop men hoopt – hier of later- kent vele parallellen.[426]

Ook met betrekking tot de uitgangspunten in het onderzoek naar de hoop in de psychologie, psychiatrie, economie, conflictstudies, gezondheidszorg, ecologie, filosofie en theologie blijkt er veel dat deze wetenschapsdisciplines verbindt.[427] De reden waarom 'hoop' geen onderwerp van belang in economisch onderzoek is geweest, is overigens gelegen in het feit dat deze kracht in de lijn van de meeste Verlichtingsfilosofen minus Kant als passie werd gepostuleerd en de mens als een *homo economicus* werd opgevat die niet hoopt op maar neigt naar rationaliteit. Maar in de laatste decennia werd er evenwel door vooral gedragseconomen op gewezen dat hoop een belangrijke rol speelt in het economische leven en ook kan worden

---

425 Cf. E. Pleeging, J. van Exel, M. Burger, 'Characterizing Hope: An Interdisciplinary Systematic Review of the Characteristics of Hope', ter perse.

426 Cf. S. Gravlee, 'Hope in Ancient Greek Philosophy', in: S.C. van den Heuvel, *Historical and Multidisciplinary Perspectives on Hope* (Springer: Open Access, 2020), 3-24; M. Webber, J. Kok, 'Early Christian Thinking on Hope', in: *ibidem*, 25-45; A. Pinsent, 'Hope as a Virtue in the Middle Ages', in: *ibidem*, 47-60; R.T. Michener, 'Post-Kantian to Postmodern Considerations of (Theological) Hope', in: *ibidem*, 77-95. In deze bijdragen wordt steeds de integratie van hoop in de deugdethiek centraal gesteld als menselijke verwachtingen radicaal veranderen door de veranderende tijden.

427 Zie p. 99-261 van het voornoemde boek.

ingegeven door de te meten ontwikkelingen op het gebied van innovatie, productiviteit en ondernemerschap, waarbij gebrek aan hoop gecorreleerd is met apathie.[428] In vele studies dat 'de economie' niet alleen door, zoals in dit boek zo vaak gezegd, rationele overwegingen of objectieve omstandigheden – inkomen, veiligheid – werd bepaald maar ook door de subjectieve ervaring van de kracht van de hoop, zoals John Stuart Mill kernachtig stelde: '... a hopeful disposition gives a spur to the faculties and keeps all the working energies in good working order'.[429]
Meer empirisch onderzoek op het gebied van de economie bevestigt overigens ook dat wanhoop economische groei kan verhinderen en hoop juist de kracht is waardoor werknemers betere prestaties leveren en voor investering en groei gaan. Aan de hand van 8453 enquêtes onder jongeren van 11 tot 15 jaar en hun ouders in 495 dorpen in India, werd bijvoorbeeld aangetoond dat meisjes hoopvoller zijn gestemd en daarom hogere onderwijsresultaten hebben, als er een vrouw een leidinggevende rol bekleedt op hun school.[430] Wie hoopt op een betere toekomst en hierbij bemoedigd wordt door een rolmodel, is bereid tijd en energie te investeren in werkzaamheden waarvan men verwacht dat deze zullen renderen. Ander onderzoek, op basis van gegevens uit de Verenigde Staten, wijst uit dat inkomensstijgingen niet alleen van invloed is op het subjectief welzijn (SWB) en de beleving van het toekomstperspectief maar ook op de kracht van de hoop die maakt dat doelen nog beter bereikt worden.[431] Ten slotte wijst onderzoek onder 1000 respondenten in Nederland uit dat de 'Willingness To Pay' (WTP) aan instanties die en bijdrage leveren aan de problemen die de klimaat-

---

428 M. Burger, E. Pleeging, 'Hope in Economics', in: S.C. van den Heuvel, *Historical and Multidisciplinary Perspectives on Hope* (Springer: Open Access, 2020), 165-178.

429 J.S. Mill, *Three Essays on Religion. Nature, the Utility of Religion and Theism* (London: Longmans, Green, Reader and Dyer, 1874), 246.

430 L. Beaman, E. Duflo, R. Pande, P. Topalova, 'Female Leadership Raises Aspirations and Educational Attainment For Girls: A Policy Experiment In India', in: *Science* 335 (6068) – (Febr. 2012), 582-586.

431 E. Pleeging, M. Burger, J. van Exel, 'Hope Mediates the Relation between Income and Subjective WellBeing', in: *Happiness Studies* (2020). https://doi.org/10.1007/s10902-020-00309-6

verandering met zich meebrengen, samenhangt met een bepaalde vorm van hoop. Het is een vorm die gevoed wordt door niet alleen het besef van de ernst van het probleem, maar ook door begrip en bezorgdheid.[432]

Zowel het theoretisch als het toegepast economisch onderzoek naar de hoop wijst dus uit dat deze kracht een niet te onderschatten drijfveer behelst voor innovatie en groei, omdat het vormen van doelen, afwegen van kansen, en het toetsen van vooruitgang hierdoor positiever uitpakt.[433]

Nu wordt in de *Brief aan de Romeinen*, een van de belangrijkste bronnen van de christelijke theologie aller tijden, hoop 'verlossing' behelst. Door hoop zijn wij gered,' zegt Paulus (Rom. 8:24) en een van zijn belangrijkste interpreten, Augustinus, stelt in zijn kielzog dat juist de hoop mensen waarlijk tot christenen maakt.[434] De ontelbare rij auteurs – profeten, evangelisten, apostelen en hun interpreten – die in de joodse en christelijke traditie stem gegeven hebben aan hun hoop op rechtvaardiger tijden juist in perioden van uitzichtloosheid en verdrukking kunnen een *Fundgrube* vormen voor economen die de immensiteit en intensiteit van de hoop als mens en maatschappij omvormende kracht willen doordenken.[435]

In de theologie is eeuwen nagedacht over de hoop, die als theologale deugd en kracht idealiter en bij uitstek de identiteit van christenen constitueert. Studie naar de wijze waarop in het christendom de hoop werd geconceptualiseerd kan helpen referentiekaders van wie ook te verbreden.

---

432 E. Pleeging, J. van Exel, M. Burger, S. Stavropoulos, 'Hope for the future and willingness to pay for sustainable energy', in: *Ecological Economics* 181 (2021) 106900. Zie ook hun 'hoop barometer', een meetinstrument dat is ontwikkeld met als doel om, in organisaties, hoop op een begrijpbare manier vast te kunnen stellen. https://www.thehopeproject.nl/nl/the-hope-barometer/; https://www.thehopeproject.nl/nl/over-ons/

433 Zie ook P. Nullens, M. Burger, S. van den Heuvel, E. Pleeging, 'Hoop als drijfveer', in: H. Commandeur, P. van Geest, F. Langerak (eds.), *Management en Organisatie.* Themanummer: *Inzicht in drijfveren III* (Deventer: Kluwer, 2016), 79-91 (*Management en Organisatie* 70-5\6).

434 Augustinus, *De civitate Dei* 6.9.

435 J. Moltmann, *Ethik der Hoffnung*. Gütersloh: Gütersloher Verlagshaus, 2010.

6. Tot slot

Dat economen en theologen compatibel zijn, valt zelfs af te leiden uit de gevleugelde woorden van John Maynard Keynes zelf. Hij zegt:

> '... the master-economist must possess a rare combination of gifts. He must reach a high standard in several different directions and must combine talents not often found together. ... He must understand symbols and speak in words. He must contemplate the particular in terms of the general, and touch abstract and concrete in the same flight of thought. He must study the present in the light of the past for the purposes of the future. No part of man's nature or his institutions must lie entirely outside his regard.'[436]

Wat Keynes over de 'master-economist' zegt, had hij evengoed over de theoloog kunnen zeggen. Theologen dienen evenzeer over een zeldzame combinatie van talenten te beschikken. Zij moeten zo minutieus zijn als een filoloog die een tekst kritisch uitgeeft of hierin redactielagen onderzoekt. Ze moeten zo ordelijk denken als een jurist, omdat zij vertrouwd moeten zijn met het canoniek recht. Ze moeten zo empathisch zijn als de beste klinische psycholoog omdat zij als pastoraalpsycholoog mensen naar inzicht en bevrijding moeten leiden. En bovenal moeten ze van mensen houden omdat de God die zij bestuderen, en in wie zij mogelijk geloven, als Liefde is omschreven. Deze God kan dus niet geloofwaardig aan de mens gebracht worden in de verkondiging van slechts een aantal proposities over God. Die proposities moeten theologen overigens dan wel kennen. En daarvoor dienen ze weer te beschikken over de dispositie van de mentaliteitshistoricus, die de ontwikkelingsgang van ideeën in kaart brengt en evalueert. Dat theologen geverseerd moeten zijn in de verklaring van symbolen in Schrift en traditie behoeft geen betoog; evenmin, dat zij details in de geschiedenis van

---

436 J.M. Keynes, *Essays in biography* (London: Macmillan, 1933), 170; geciteerd in: H. van Dalen, K. Koedijk, 'Gevraagd: een nieuwe kijk op economie', in: H. van Dalen, K. Koedijk (eds.), *Nieuwe Kijk op Economie Gevraagd* (Tilburg: Tilburg University Press, 2012), 64-69, citaat 67.

kerk en theologie moeten kunnen abstraheren en kunnen duiden in de grote lijn van de geschiedenis en omgekeerd. En uitdrukkelijk geldt voor hen dat geen enkel deel van de natuur van de mens buiten hun blikveld mag liggen. Dat doet het ook niet, en theologen zijn op grond van kerkhistorische gronden alleen al realistisch genoeg om deze niet al te rooskleurig voor te stellen. En soms weer wel, want wanhoop *is* de hel volgens Augustinus. Keynes sprak interdisciplinaire woorden.

Maar in elk geval een ding zou hij verafschuwd hebben in het leven van theologen. Wat betreft hun visie op mens, werk en de economie als deel van de sociale werkelijkheid geldt bovenal dat zij niet moeten werken. De reden daarvoor geeft Augustinus, die overigens zelf niet anders deed dan werken en zich daarvoor ook excuseert in *De opere monachorum*.[437] Desondanks schreef hij in zijn *In Johannis euangelium tractatus* dat werk niet wordt geweigerd als er in een gemeenschap liefde heerst. Maar dan is het geen werk. Want hier geldt: 'qui amat non laborat': wie liefheeft, werkt niet.[438]

---

437 Augustinus, *De opere monachorum* 37.

438 Augustinus, *In Johannis euangelium tractatus* 48.1: 'Non ergo recusetur labor, si adest amor: nostis enim quoniam qui amat non laborat. Omnis enim labor non amantibus gravis est.'

Literatuur

Primaire bronnen

S. Ambrosii de Helia et Ieiunio. A commentary, with an Introduction and Translation. Ed. J.M. Buck. Washington, D.C.: Catholic University of America, 1929 (*The Catholic University of America, Patristic Studies* XIX);

Augustinus, *Confessionum libri XIII*. Ed. L. Verheijen (*Corpus Christianorum Series Latina* 27);

Augustinus, *Contra duas epistulas Pelagianorum*. Ed. K. Urba, J. Zycha (*Corpus Scriptorum Ecclesiasticorum Latinorum* 60), 421-570;

Augustinus, *Contra secundam Iuliani responsionem imperfectum opus*. Ed. M. Zelzer, (*CSEL* 85/1);

Augustinus, *De beata vita*. Ed. P. Green (*CCSL* 29);

Augustinus, *De civitate Dei*. Ed. B. Dombart, A. Kalb (*CCSL* 48);

Augustinus, *De diversis quaestionibus ad Simplicianum*. Ed. A. Mutzenbecher (*CCSL* 44);

Augustinus, *De dono perseverantiae*. Ed. J. Chéné, J. Pintard (*Bibliothèque augustinienne. Oeuvres de Saint Augustin* 24);

Augustinus, *De doctrina christiana*. Ed. J. Martin (*CCSL* 32), 1-167;

Augustinus, *De Genesi ad litteram*. Ed. J. Zycha (*CSEL* 28.1), 1-435;

Augustinus, *De gratia Christi et de peccato originali libri duo*. Ed. K. Urba, J. Zycha (*CSEL* 42), 123-206;

Augustinus, *De gratia et libero arbitrio*. Ed. J. Chéné, J. Pintard (*Bibliothèque augustinienne. Oeuvres de Saint Augustin* 24);

Augustinus, *De libero arbitrio*. Ed. W.M. Green (*CCSL* 29), 205-321;

Augustinus, *De ordine*. Ed. W.M. Green (*CCSL* 29);

Augustinus, *De opere monachorum*. Ed. J. Zycha (*CSEL* 41);

Augustinus, *De Trinitate*. Ed. W. Mountain, F. Glorie (*CCSL* 50);

Augustinus, *Enarrationes in Psalmos I-L; LI-C; CI-CL*. Ed. E. Dekkers, J. Fraipont (*CCSL* 38-40);

Augustinus, *Epistulae*. Ed. A. Goldbacher (*CSEL* 34);

Augustinus, *Epistulae*. Ed. A. Goldbacher (*CSEL* 44);
Augustinus, *Expositio quarundam propositionum ex epistula apostoli ad Romanos.* Ed. J. Divjak (*CSEL* 84);
Augustinus, *In epistolam Johannis ad Parthos*, *Tractatus VII*, 5-7, in: P. Agaësse (intr., ed., trans.), *Commentaire de la première épître de S. Jean*. Paris: Cerf, 1961;
Augustinus, *In Johannis euangelium tractatus CXXIV*. Ed. R. Willems (*CCSL* 36);
Augustinus, *Retractationum libri II*. Ed. A. Mutzenbecher (*CCSL* 57);
Augustinus, *Sermo Casinensi* I, 33, in: *Sancti Augustini Sermones post Maurinos repertos*. Ed. G. Morin (Roma 1930), 401-412 (*Miscellanea Agostiniana* I);
Augustinus, *Sermo Dolbeau* 15, in: François Dolbeau (ed.), *Augustin d'Hippone: Vingt-six Sermons au Peuple d'Afrique*. Paris: Études Augustiniennes, 1996 (= *Collection des Études Augustiniennes Série Antiquité* 147);
Augustinus, *Soliloqviorvm libri duo*. Ed. W. Hörmann (*CSEL* 89);

Benedictus XVI, *Caritas in Veritate* (http://w2.vatican.va/content/benedict-xvi/nl/encyclicals/documents/hf_ben-xvi_enc_20090629_caritas-in-veritate.html);

Democritus, *Fragmenta*. Ed. F.G.A. Mullach. Berlin: G. Besseri, 1843;
Denzinger, H., *Kompendium der Glaubensbekenntnisse und kirchlichen Lehrentscheidungen*. Verbessert, erweitert, ins Deutsche übertragen und unter Mitarbeit von Helmut Hoping herausgegeben von Peter Hünermann. Freiburg: Herder, 1991[37;]
Diogenes Laërtius, *Vitae philosophorum*. Ed. G. Hübner. Leipzig: Teubner, 1828;
Diogenes Laërtius, *Leven en leer van beroemde filosofen*. Vert. R. Ferwerda. Budel: Damon, 2008;

Epicurus, *Over de natuur en het geluk*. Vert. K. Algra. Groningen: Historische Uitgeverij, 2011; Epicurus, *Sententiae Vaticanae*, in: id. *Epicurea*. Ed. H. Usener. Leipzig: Teubner, 1887;
Erasmus, *Collected Works of Erasmus* (Toronto: University of Toronto Press, 1991), vol. 61, *Patristic Scholarship. The edition of St.*

Jerome. Ed. J.F. Brady – J.C. Olin (Toronto: University of Toronto Press, 1992), vol. 1;

Erasmus, *Exhortation à la lecture de l'Évangile*. Ed. A. Vanautgaerden. 2 dln. (Turnhout: Brepols, 2005). Dl. 1: *Le texte Latin*. Edition, annotation et introduction J.-F. Cottier. Traduction J.-F. Cottier - A. Vanautgaerden (Turnhout: Brepols, 2005), 104-108;

Erasmus, *Hieronymi Vita in S. Hieronymi Stridonensis Opera Omnia* (Frankfurt am Main-Leipzig, 1684), vol. 1;

Erasmus, *Etiquette*. Vertaald door J. de Landtsheer en T. van Houdt, met een inleiding van R. van Ditzhuyzen (Amsterdam: Athenaeum-Polak & van Gennep, 2001);

Franciscus, *Laudato Si'*, http://www.vatican.va/content/francesco/en/encyclicals/documents/papa-francesco_20150524_enciclica-laudato-si.html

Franciscus, *Evangelii Gaudium*, http://www.vatican.va/content/francesco/en/apost_exhortations/documents/papa-francesco_esortazione-ap_20131124_evangelii-gaudium.html

Gabriel Biel, *Integerrimi profundissimique viri Magistri Gabrielis Biel ex Spira: Sacratissimarum litterarum licenciati: florentissimi gymnasij Tubingensis dum in humanis esset ordinarij lectoris resolutissimi Tractatus de potestate et utilitate monetarum* (Oppenheim: Köbel, 1516);

Gabrielis Biel, *Collectorium circa quattuor libros Sententiarum*. Auspiciis Hanns Rückert. Collaborantibus Martino Elze Volker Sievers et Renata Steiger. Ediderunt Wilfridus Werbeck et Udo Hofmann. Tübingen: J.C.B. Mohr (Paul Siebeck), 1973-1992. 4 dln. Dl. IV/2, *Libri quarti pars secunda (dist. 15-22)* (Tübingen: J.C.B. Mohr (Paul Siebeck), 1977), 175-189;

Gaudium et Spes 27, in: *Vaticanum II. Conciliedocumenten*. Latijnse tekst en nieuwe Nederlandse vertaling. Antwerpen: Halewijn, Baarn: Adveniat, 2019;

Giles van Lessines, *De usuris in communi et de usuram contractibus* IX en III, in: Thomas Aquinas, *Opera* (Parma Edition), vol. 17, 413-436;

Gregorius Magnus, *In homilia in euangelia*. Ed. J.-P. Migne (*Patrologia Latina* 76);

Irenaeus, *Adversus Haereses*. Ed. in: Bernhard Mutschler: *Das Corpus Johanneum bei Irenäus von Lyon. Studien und Kommentar zum dritten Buch von Adversus Haereses*. Tübingen: Mohr Sibeck, 2006 (*Wissenschaftliche Untersuchungen zum Neuen Testament* 189);

Joannis Calvini opera quae supersunt omnia. Ed. E. Cunitz, J.-W. Baum, E.W.E. Reuss. Brunsvigae: C.A. Schwetschke, 1863. 59 dln in 58 vols. Dl. 8;

Johannes Calvijn, *Responsio ad Sadoleti epistulam* (1539), in: *Ioannis Calvini Opera Selecta*. Ed. P. Barth). Dl. I (München: Kaiser Verlag, 1926), 457-490;

Johannes Calvijn, *Harmonie van de laatste vier boeken van Mozes*. Derde deel. [*Commentarius in Mosis reliquos quator libros*. Pars I, II]. Uit het Latijn vertaald door J. van den Heuvel. Kampen: De Groot Goudriaan, 1989;

Johannes Duns Scotus, *Opus Oxoniense*, in: *Opera Omnia*. Dl. 10 (Lyon, 1639); [herdruk Hildesheim: Olms, 1968];

Johannes Eriugena, *Periphyseon*, II, 597D-598A. Ed. E. Jeauneau (*Corpus Christianorum Continuatio Mediaevalis* 162);

Johannes Paulus II, *Centesimus Annus* (http://w2.vatican.va/content/john-paul-ii/en/encyclicals/documents/hf_jp-ii_enc_01051991_centesimus-annus.html);

Leo XIII, *Quod apostolici muneris* 11, in: Denzinger, H., *Kompendium der Glaubensbekenntnisse und kirchlichen Lehrentscheidungen*. Verbessert, erweitert, ins Deutsche übertragen und unter Mitarbeit von Helmut Hoping herausgegeben von Peter Hünermann (Freiburg: Herder, 1991[37]), 3133;

Leo XIII, *Rerum Novarum*, http://www.vatican.va/content/leo-xiii/en/encyclicals/documents/hf_l-xiii_enc_15051891_rerum-novarum.html

Leucippus, Democritus, *The Atomists, Leucippus and Democritus: Fragments*. Text and Translation with a Commentary by C.C.W. Taylor. Toronto-Buffalo-London: University of Toronto Press, 1999;

Nicolaas van Oresme, *De Origine et Natura Iure et Mutacionibus Monetarum (De Moneta of Nicholas Oresme and English Mint docu-*

ments). Translated with introduction and notes by Ch. Johnson. London-Edinburgh-Paris-Melbourne-Toronto-New York: Thomas Nelson and Sons, 1956 (*Medieval texts*);

Olevianus, C., Ursinus, Z., *Catechismus oder christlicher Underricht, wie der in Kirchenund Schulen der Churfürstlichen Pfaltz getrieben wirdt*. Heidelberg: J. Mayer, 1563;

Our World in Data, https://ourworldindata.org/grapher/average-real-gdp-per-capita-across-countries-and-regions (2018);

Pelagius, *Epistula ad Demetriadem*. Ed. J.P. Migne (*PL* 30), 15-45;

Pico della Mirandola, *Rede over de menselijke waardigheid*. Vertaald en van aantekeningen voorzien door Michiel Op de Coul, met een inleiding en nawoord van Jan Papy. Groningen: Historische Uitgeverij, 2008 (*Filosofie & Retorica* 2);

Richardus van Middleton, *Super quator libros Sententiarum*. 4. Vols. Brescia, 1591;

Smith, A., *The Theory of Moral Sentiments*. Ed. K. Haakonssen. Cambridge: Cambridge University Press, 2002 (*Cambridge Texts in the History of Philosophy*);

Smith, A., *The Theory of Moral Sentiments*. Glasgow Editions, 1759. Ed. D.D. Raphael, A.L. Macfie. Oxford: Clarendon Press, 1976;

Smith, A., *An inquiry into the Nature and Causes of the Wealth of Nations*. Ed. R.H. Campbell, A.S. Skinner. Oxford: Clarendon Press, 1976 [origineel uit 1776];

Tertullianus, *De idolatria*. Ed. J.H. Waszink, J.C.M. van Winden. Leiden: Brill, 1987;

Tertullianus, *De patientia*. Ed. J.W. Ph. Borleffs. Den Haag: Daamen, 1948;

The Shepherd of Hermas in Latin. Critical Edition of the Oldest Translation Vulgata. Ed. C. Tornau – P. Cecconi. Berlin-Boston: Walter de Gruyter, 2014. (*Texte und Untersuchungen zur Geschichte der altchristlichen Literatur* 173);

S. Thomae Aquinatis, *Opera omnia iussu impensaque Leonis XIII P. M. edita*. Deel 6-7: *Prima secundae Summae theologiae*. Roma: Ex

Typographia Polyglotta S.C. de Propaganda Fide, 1891-1892;
Thomas van Aquino, *Sancti Thomae Aquinatis Opera omnia*. Ed. R. Busa. Stuttgart-Bad Canstatt: Fromman-Holzboog, 1980;

Xenofon, *Oikonomos*. Ed. K. Schenkl. Berlin: Weidmann, 1876;

Secundaire literatuur

Acemoglu, D., Robinson, J.A., *Why Nations Fail. The Origins of Power, Prosperity and Poverty*. New York: Crown Publishing Group, 2012;
Ackoff, R.L., 'From data to wisdom', in: *Journal of Applied Systems Analysis* 16 (1989), 3-9;
Aertnys, J., *Theologia Moralis secundum doctrinam S. Alfonsi de Ligorio doct. Ecclesiae*. Torino: Marietti, 1950. 2 dln. (*Collectio Urbaniana* 12);
Aertnys, J., *Theologia Pastoralis complectens Practicam Institutionem Confessarii*. Paderborn: Ferdinand Schöning, 1901;
Akerlof, G., 'Loyalty filters', in: *The American economic review* 73 (1983), nr. 1, 54-63;
Akerlof, G.A., Kranton, R.H., *Identity Economics: How Our Identities Shape Our Work, Wages, and Well-Being*. Princeton: Princeton University Press, 2010;
Akerlof, G.A., Shiller, R., *Animal Spirits: How Human Psychology Drives the Economy, and Why it Matters for Global Capitalism*. Princeton-New Jersey: Princeton University Press, 2009;
Akerlof, G.A., Shiller, R., *Phishing for Phools: The Economics of Manipulation & Deception*. Princeton-New Jersey: Princeton University Press, 2015;
Amort, E., [*Historia indulgentiarum*] *De origine, progressu, valore, ac fructu indulgentiarum, necnon de dispositionibus ad eas lucrandas requisitis, accurata notitia, historia, dogmatica, polemica, critica* (Venetiis: apud Joannem Baptistam Recurti, 1733), 355-410;
Angenendt, A., *Geschichte der Religiosität im Mittelalter*. 3. Auflage. (Darmstadt: Wissenschaftliche Buchgesellschaft, 2005), 652-657;
Ariely, D., *The honest truth about dishonesty: how we lie to everyone – especially ourselves*. Durham, NC: Duke University Press, 2012;

Balliet, D., Wu, J., De Dreu, C.K.W., 'Ingroup Favoritism in Cooperation: A Meta-Analysis', in: *Psychological Bulletin* 140 (2014), nr. 6, 1556-1581;

Banzhaf, S., 'Economics and Theological Ethics: An Environmental Economist Replies to his Queen', in: *Journal of Economics, Theology and Religion* (*JETR*), ter perse;

Bavel, B. van, *The Invisible Hand? How Market economies have emerged and declined since AD 500*. Oxford: Oxford University Press, 2016;

Bavel, T. van, 'The influence of Cicero's Ideal of Friendship on Augustine', in: J. den Boeft (ed.), *Augustiniana Trajectina. Communications présentées au colloque international d'Utrecht (13-14 novembre 1986)* (Paris: Etudes Augustiniennes, 1987), 59-72 (*Collection des Études augustiniennes. Série Antiquité* 119);

Beaman, L., Duflo, E., Pande, R., Topalova, P., 'Female Leadership Raises Aspirations And Educational Attainment For Girls: A Policy Experiment In India', in: *Science* 335 (6068) – (Febr. 2012), 582-586;

Becker, G., *The Economic Approach to Human Behavior*. Chicago: University of Chicago Press, 1976;

Bell, D., *The Economy of Desire: Christianity and Capitalism in a Postmodern World*. Ada, MI: Baker Academic, 2012;

Bell, D., 'Justification and Salvation', in: S. Schwarzkopf (ed.), *The Routledge Handbook of Economic Theology* (New York: Routledge, 2020), 64-71;

Benjamin, W., Fragment 74, 'Kapitalismus als Religion', in: W. Benjamin, *Gesammelte Schrifte*. Ed. R. Tiedemann, H. Schweppenhäuser (Frankfurt am Main: Suhrkamp Verlag, 1991), 100-103;

Berlin, I., *Against the current: Essays in the history of ideas*. Ed. H. Hardy (New York: Viking Press, 1980), 25-79;

Bermon, E., 'La théorie des passions chez saint Augustin', in: B. Besnier, P.F. Moreau, L. Renault (ed.), *Les passions antiques et médiévales* (Paris: Presses Universitaires de France, 2003), 173-197 (*Théories et critiques des passions* 1);

Bernheim, B.D., Rangel, A., 'Beyond Revealed Preference: Choice-Theoretic Foundations for Behavioral Welfare Econom-

ics', in: *Quarterly Journal of Economics* 124 (2009), nr. 1, 51-104;
Biéler, A., *Calvin's Economic and Social Thought*. Geneva: World Alliance of Reformed Churches, World Council of Churches, 2005;
Biemond, A.J., Commandeur, H., Geest, P. van, '*Homo dignus*. Erkenning van de intrinsieke waardigheid van de mens in de organisatie', in: *Management en Organisatie* 72-6 (2018), 26-39;
Blaise, A., *Dictionnaire Latin-Français des auteurs chrétiens*. Strasbourg: Le Latin Chrétien, 1954;
Blaug, M., 'The fundamental theorems of modern welfare economics, historically contemplated', in: *History of Political Economy* 39 (2007), nr. 2, 185-207;
Bloch, E., *Das Prinzip Hoffnung: In fünf Teilen*. Frankfurt: Suhrkamp, 1977;
Blosser, J., 'Christian Freedom in Political Economy. The Legacy of John Calvin in the thought of Adam Smith', in: P. Oslington (ed.), *Adam Smith as Theologian* (New York-London: Routledge, 2011), 46-60;
Bormans L., *Geluk. The World Book of Happiness*. Tielt: Lannoo, 2010;
Böser, B., 'Enlightenment Views of Hope', in: S.C. van den Heuvel (ed.), *Historical and Multidisciplinary Perspectives on Hope* (Springer: Open Access, 2020), 61-75;
Boumans, M., Davis, J., *Economic Methodology: Understanding Economics as a Science*. London: Palgrave Macmillan, 2010;
Bovenberg, A.L., van Geest, P.J.J., Hengstmengel, J., Rupert, J. en Commandeur, H.R., *Simultaan Behartigen van Belangen. De liefde als de samenbindende kracht voor de economie*. Amsterdam: Boom, 2020;
Bovenberg, L., 'Economics as a discipline of hope', in: P. Nullens, S.C. van den Heuvel (eds.), *Driven by Hope: Economics and Theology in Dialogue* (Leuven: Peeters Publishers, 2018), 21-40 (*Christian Perspectives on Leadership and Social Ethics* 6);
Bovenberg, L., 'Finance: A Relational Perspective', in: C. van Beuningen, K. Buitendijk (eds.), *Finance and the Common Good* (Amsterdam: Amsterdam University Press, 2019), 79-97;
Bovenberg, L., 'Jezus Christus als econoom', in: P. van Geest, M. Poorthuis, Th. Wagenaar, A. Warringa (eds.), *Maak vrienden met de Mammon. Over de levensbeschouwelijke dimensie in de economie*

(Almere: Parthenon, 2013), 56-77;
Bovenberg, A.L., 'Vrijhandel vanuit relationeel perspectief: kansen en bedreigingen', in: *Christen Democratische Verkenningen* 2017, nr. 3, 53-63;
Bovenberg, L., 'Markteconomie is ondergeschikt aan menselijke relaties', in: P.J. Dijkman, e.a. (eds.), *Menselijke waardigheid* (Amsterdam: Boom, 2011), 97-104 (*CD Verkenningen* 2011-4);
Bowles, S., 'Endogenous Preferences: The Cultural Consequences of Markets and other Economic Institutions', in: *Journal of Economic Literature* 36 (March 1998), 75-111;
Bowles, S., *The moral economy. Why Good Incentives Are No Substitute for Good Citizens*. New Haven-London: Yale University Press, 2016;
Braudel, F., *Beschaving, economie en kapitalisme (15de-18de eeuw)*. Amsterdam: Contact, 1989. 2dln. [vert.];
Brewer, H., 'Die kirchliche Privatbusse im christlichen Altertum', in: *Zeitschrift für katholische Theologie* 45 (1921), 1-42;
Brown, B., *Dare to lead: Brave Work, tough Conversations, whole Hearts*. London: Vermillion, 2018;
Brown, B., *Daring Greatly: How the Courage to be Vulnerable Transforms the way we Live, Love, Parent, and Lead*. London: Penguin Publishing Group, 2015;
Brown, P., *Through the Eye of a Needle. Wealth, the Fall of Rome, and the Making of Christianity in the West, 350-550 AD*. Princeton-Oxford: Princeton University Press, 2012;
Bruni, L., *Civil Happiness: Economics and Human Flourishing in Historical Perspective* (London: Routledge, 2006), 34-117;
Bruni, L., 'Economics and Vulnerability: Relationships, Incentives, Meritocracy', in: P. Rona, L. Zsolnai (eds.), *Economics as Moral Science* (z.p.: Springer International Publishing, 2017), 107-128;
Bruni, L., *Gli imperi di sabbia. Logiche del mercato e beatitudini evangeliche*. Bologna: Edizioni Dehoniana, 2016;
Bruni, L., *Il mercato e il dono. Gli spiriti del capitalismo*. Milano: Università Bocconi, 2015;
Bruni, L., *Il prezzo della gratuità*. Roma: Città Nuova, 2006;
Bruni, L., *La sventura di un uomo giusto. Una rilettura del libro di Giobbe*. Bologna: Edizioni Dehoniana, 2016;
Bruni, L., *Reciprocity, altruism and civil society*. London: Routledge,

2008;
Bruni, L., *The Economy of Salvation. Ethical and Anthropological Foundations of the Market Relations in de First Two Books of the Bible*. Heidelberg: Springer Verlag, ter perse (*Virtues and Economics* 4);
Bruni, L., *The Genesis and the Ethos of the market*. Basingstoke: Palgrave Macmillan, Houndmills, 2012;
Bruni, L., *The Wound and the Blessing: Economics Relationships and Happiness*. New York: New City Press, 2012;
Bruni, L., Smerilli, A., *Benedetta Economia*. Roma: Città Nuova, 2008;
Bruni, L., Smerilli, A., *De ongekende kant van de economie. Gratuïteit en markt*. Nieuwkuijk: De nieuwe stad, 2014;
Bruni, L., Smerilli, A., *L'altra metà dell'economia. Gratuità e mercati*. Roma: Città Nuova, 2014;
Bruni, L., Sugden, R., 'Fraternity: why the market need not to be a morally free zone', in: *Economics and Philosophy* 24 (2008), nr. 1, 35-64;
Bruni, L., Sugden, R., 'Reclaiming virtue ethics for economics', in: *Journal of Economic Perspectives* 27 (2013), nr. 4, 141-164;
Bruni, L., Sugden, R., 'The road not taken: how psychology was removed from economics, and how it might be brought back', in: *Economic Journal* 117 (2007), 146-173;
Bruni, L., Stanca, L., 'Watching Alone: Relational Goods, Television, and Happiness', in: *Journal of Economic Behavior and Organization* 65 (2008), 506-528;
Bruni, L., Zamagni, S., Becchetti, L., *Dall'homo oeconomicus all'homo reciprocans*. Bologna: Il Mulino, 2010;
Buchanan, J., 'The Samaritan's dilemma', in: E.S. Phelps (ed.), *Altruism, Morality and Economic Theory* (New York: Russel Sage Foundation, 1975), 71-85;
Buijs, G., *Waarom werken we zo hard? Op weg naar een economie van de vreugde*. Amsterdam: Boom, 2019;
Burger, M., Pleeging, E., 'Hope in Economics', in: S.C. van den Heuvel, *Historical and Multidisciplinary Perspectives on Hope* (Springer: Open Access, 2020), 165-178;
Burt, D., *Friendship and Society. An Introduction to Augustine's Practical Philosophy*. Grand Rapids-Cambridge: Wm. B. Eerdmans Publishing, 1999;

Canning, R., *The Unity of Love for God and Neighbour in St. Augustine*. Louvain: Peeters, 1993;

Cantoni, D., 'The Economic Effects of the Protestant Reformation: Testing the Weber Hypothesis in the German Lands' [Job Market Paper] https://web.archive.org/web/20121119001845/http://www.people.fas.harvard.edu/~cantoni/cantoni_jmp_2_7_1.pdf

Casper, B., Hemmerle, K., Hünermann, P., *Theologie als Wissenschaft. Methodische Zugänge*. Freiburg im Breisgau: Herder, 1970;

Cavanaugh, W., *Being Consumed: Economics and Christian Desire*. Grand Rapids: Eerdmans, 2008;

Centraal Planbureau, *Notitie Aspecten van brede welvaart in CPB-studies*. Den Haag: CPB, 2015; Centraal Planbureau, *Memorandum Economische beleidsevaluaties en welvaart*. Den Haag: CPB, 2010;

Coase, R., 'The relevance of transaction costs in the economics analysis of law', in: F. Parisi en C. Kershaw Rowley (eds.), *The origins of law and economics: essays by the founding fathers* (Cheltenham, UK: Edward Elgar, 2005), 200;

Coase, R., *The Firm, the Market and the Law*. Chicago: University of Chicago, 1988;

Coase, R.H., 'The Problem of Social Cost', in: *Journal of Law and Economics* 3 (1960), 1-44;

Collier, P., *The Future of Capitalism. Facing the New Anxieties*. London: Penguin Books, 2019;

Colvin, R., Block, J., Funder, D.C., 'Overly positive self-evaluation and personality: negative implications for mental health', in: *Journal of Personality and Social Psychology* 68 (1995), nr. 6, 1152-1162;

Cook, R.M., 'Speculations on the Origins of Coinage', in: *Historia: Zeitschrift für Alte Geschichte* 7, nr. 3 (1958), 257-262;

Dahling, J.J., Whitaker, B.G., Levy, P.E., 'The Development and Validation of a New Machiavellianism Scale', in: *Journal of Management* 35 (2009), nr. 2, 219-257;

Dalen, H. van, Koedijk, K., 'Gevraagd: een nieuwe kijk op economie', in: H. van Dalen, K. Koedijk (eds.), *Nieuwe Kijk op Economie Gevraagd* (Tilburg: Tilburg University Press, 2012), 64-69;

Damasio, A.R., *The Feeling of What Happens: Body and Emotion in*

the Making of Consciousness. Boston: Boston Harcourt, 1999;
Damasio, A.R., *Descartes' error: emotion, reason and the human brain*. London: Penguin Books, 1994;
Damme, E. van, 'Liefde, geluk en economische wetenschap', in: *Economisch Statistische Berichten* 101 (2016), 57-61;
Damme, E. van, 'Verwevenheid van recht en economie', in: M. Groenhuijsen, E. Hondius, A. Soeteman (eds.), *Recht in Geding*. Den Haag: Boom Juridische uitgeverij, 2014;
Damme, E. van, 'Waarom doceren wij ouderwetse economie?', in: A.L. Bovenberg, R. Haan (eds.), *Preadviezen van de Koninklijke Vereniging voor de Staathuishoudkunde 2016: Economieonderwijs* (Amsterdam: Koninklijke Vereniging voor de Staatshuishoudkunde), 161-171;
Decock, W., 'The Catholic Spirit of Capitalism? Contrasting Views on Profit-Making Through Capital Investment in the Age of Reformations', in: W. Decock, J. Ballor, M. Germann, L. Waelkens (eds.), *Law and Religion: The Legal Teachings of the Protestant and Catholic Reformation* (Göttingen: Vandenhoeck und Ruprecht, 2014), 22-44;
Delumeau, J., *Le péché et la peur: La culpabilisation en Occident, 13e-18e siècles*. Paris: Fayard, 1983;
Denaux, A.J., *De plaats van theologie in universiteit, kerk en samenleving. Afscheidsrede, uitgesproken door Adelbert Denaux, bij zijn afscheid als decaan van de Tilburg School of Catholic Theology, op 14 december 2012* (Tilburg: Tilburg University Press, 2012), 10-21;
Dideberg, D., 'Amor', in: C. Mayer (ed.), *Augustinuslexikon* (Basel-Berlin: Schwabe Verlag, 1986-...), dl. 1, kol. 294-300;
Dideberg, D., 'Caritas', in: C. Mayer (ed.), *Augustinuslexikon* (Basel-Berlin: Schwabe Verlag, 1986-...), dl. 1, kol. 730-743;
Dunning, D., Health, C., Suls, J., 'Flawed self-assessment', in: *Psychological Science in the Public Interest* 5 (2004), nr. 6, 69-106;
Dur, R., 'De economie van de liefde', in: *ESB Gedrag* 99 (2014), 780-782;

Edmondson, A.C., *The Fearless Organization. Creating Psychological Safety in the Workplace for Learning, Innovation, and Growth*. New Jersey: Wiley, 2019;
Eijffinger, S., 'De val van de economie en de economie van het ver-

val', in: *Nexus* 64 (1999), 41-48;
Ekkart, R.E.O., 'De Leidse Bibliotheek in 1610', in: *De Boekenwereld* 1 (1984-1985), 13-17;
Ellemers, N., *Morality and the Regulation of Social Behavior. Groups as Moral Anchors*. New York: Routledge, 2017;
Elster, J., 'Emotions and economic theory', in: *Journal of Economic Literature* 36 (1998), 47-74;
Erikson, E.H., *Childhood and society*. New York: Norton, 1950;
Exel, van, N.J.A., *Waarde(n)volle economie. Over geluk, welvaart en morele dilemma's. Rede in verkorte vorm uitgesproken bij de aanvaarding van het ambt van bijzonder hoogleraar Economics & Values aan de Erasmus School of Economics, Erasmus Universiteit Rotterdam, vanwege de Vereniging Trustfonds EUR, op 30 juni 2017*. Rotterdam: ESE, 2017;

Fehr, E. en Gächter, S., 'Fairness and Retaliation: The Economics of Reciprocity', in: *Journal of Economic Perspectives* 14 (2000), nr. 3, 159-182;
Fergusson, D., *The Providence of God: A Polyphonic Approach* (Cambridge: Cambridge University Press, 2018), 110-133 (*Current Issues in Theology* 11);
Fiedrowicz, M., 'Ciues sanctae ciuitatis Dei omnes affectiones rectas habent' De ciuitate Dei 14,9): Terapia delle passioni e preghiera in S. Agostino', in: *L'etica cristiana nei secoli III e IV: eredità e confronti* (Roma: Institutum patristicum augustinianum, 1996), 431-440 (*Studia Ephemeridis Augustinianum* 53);
Finley, M.I., *The Ancient Economy*. London: Chatto & Windus, 1973;
Fitzgerald, J., 'Chapter 2: Early Greek economic thought', in: D.B. Hollander, Th.R. Blanton IV, J.T. Fitzgerald (eds.), *The Extramercantile Economies of Greek and Roman Cities. New Perspectives on the Economic History of Classical Antiquity* (London-New York: Routledge, 2019), 30-48 (*Routledge Monographs in Classical Studies*);
Flasch, K., *Logik des Schreckens. Augustinus von Hippo. De diversis quaestionibus ad Simplicianum* I 2. Mainz: Dieterich, 1990;
Florensky, P., *Early Christian Writings 1903-1909*. Translation B. Jakim. Grand Rapids: Eerdmans, 2017;
Frank, R.H., *Passions with Teason: the Strategic Role of the Emotions*.

New York: W. W. Norton & Company, 1988;
Franses, Ph.H., Heuvel, W. van den, 'Aggregate statistics on trafficker-destination relations in the Atlantic slave trade', in: *International Journal of Maritime History* 31 (2019), 624-633;
Franses, Ph.H., 'Een woord vooraf', in: S. Phlippen, G. Werner (eds.), *Canon van de economie* (Rotterdam: ESE, 2015), 8-11;

Galie, P.J., Bopst, C., 'Machiavelli & modern business: Realist thought in contemporary corporate leadership manuals', in: *Journal of Business Ethics* 65 (2006), nr. 3, 235-250;
Geest, P. van, '*Ante omnia igitur opus est Dei timore converti* (*doctr. chr.* 2.7.9). Augustine's Evaluation of Fear', in: A. Dupont, G. Partoens, M. Lamberigts (eds.), *Tractatio scripturarum. Philological, Exegetical, Rhetorical and Theological Studies on Augustine's Sermons* (Louvain: Peeters, 2012), 443-464 (*Instrvmenta Patristica et Medievalia. Research on the Inheritance of Early and Medieval Christianity* 65 - *Ministerium Sermonis* II);
Geest, P. van, 'Armoede en menselijke waardigheid. Het Magisterium van de katholieke kerk over de wisselwerking tussen beide – Poverty and human dignity: The magisterium of the Catholic Church on the interaction between the two', in: *Tydskrif vir Geesteswetenskappe/Journal of Humanities* 60 (2020), nr. 3, 646-658;
Geest, P., Hengstmengel, J., 'Lost in republication. Gabriel Biel's "humanistic" Treatise of Money compared with its late-scholastic original', ter perse;
Geest, P. van, 'Onenigheid en tweesporenbeleid. De visie op en omgang met slaven in de katholieke kerk tot de achttiende eeuw', in: *Nieuw Letterkundig Magazijn* 38 (december 2020), 6-11;
Geest, P. van, 'Patristics among the tulips. Interdisciplinarity as a chance for theology and patristics', in: *Gregorianum* 95 (2014), 73-94;
Geest, P. van, *Waarachtigheid. Augustinus over levenskunst* (Zoetermeer: Meinema, 2011), 122-123;
Geest, P. van, 'Sed ea quae obscura sunt praetermitto' (*Speculum* 108). Augustine' selection of Scriptural quotations as proof of his desire to effect a confrontation', in: *Rivista Augustinianum* 57 (2017), 493-513;

Geest, P. van, *The Incomprehensibility of God. Augustine as a Negative Theologian*. Leuven-Dudley: Peeters, 2010 (*Late Antique History and Religion* 4);
Geest, P. van, e.a., *De onvolkomenheid van de mens en het streven naar perfectie*. Amsterdam: Boom, 2019;
Geest, P. van, *Theology and Economics* (Leiden: Brill, 2021), ter perse;
Génicot, E., *Theologiæ Moralis Institutiones*. Louvain-Bruxelles: Museum Lessianum-Dewit, 1931;
Gerbner, K., *Christian Slavery. Conversion and Race in the Protestant Atlantic World*. Philadelphia: University of Pennsylvania Press, 2019;
Gigerenzer, G., 'Moral Satisficing: Rethinking Moral Behavior as Bounded Rationality', in: *Topics in Cognitive Science* 2 (2010), 528-554;
Gilles, D., 'Le remède et le venin, « Vrai mal dont Dieu tire de bons effets » Prohibition de l'usure et valorisation de l'intérêt à Port-Royal', in: L. Brunori, S. Dauchy, O. Descamps, X. Prévost (eds.), *Le Droit face à l'économie sans travail*. Dl. 2: *L'approche internationale* (Paris: Classiques Garnier, 2020), 107-133 (*History of Law* 7);
Gneezy, U., Rustichini, A., 'A fine is a price', in: *Journal of Legal Studies* 29 (2000), 1-17;
Gonzalez, J.L., *Faith and Wealth. A History of Early Christian Ideas on the Origin, Significance, and Use of Money*. San Francisco: Harper & Row, 1990;
Goodenough, O., Gruter Cheney, M., 'Is Free Enterprise Value in Action?', in: P. Zak (ed.), *Moral Markets. The Critical Role of Values in the Economy* (Princeton-Oxford: Princeton University Press, 2008), xxiii-xxx;
Goudzwaard, B., de Lange, H., *Beyond Poverty and Affluence: Toward an Economy of Care*. Grand Rapids, Michigan: Eerdmans, 1995;
Graafland, J., *Het oog van de naald. Over markt, geluk en solidariteit*. Kampen: Ten Have, 2007;
Graafland, J.J., 'Do Markets Crowd Out Virtues?', in: *Journal of Business Ethics* 91 (2009), 1-19;
Graafland, J.J., *Economics, Ethics and the Market. Introduction and Applications*. London-New York: Routledge, 2007;
Gravlee, S., 'Hope in Ancient Greek Philosophy', in: S.C. van den Heuvel, *Historical and Multidisciplinary Perspectives on Hope*

(Springer: Open Access, 2020), 3-24;

Haan, R., *Vergeten vragen. Humanisme in economisch-theologisch perspectief*. Vught: Skandalon, 2016;
Haas, G.H., *The Concept of Equity in Calvin's Ethics*. Waterloo, Ontario: Wilfrid Laurier UP, 1997;
Hadot, I., 'Amicitia', in: C. Mayer (ed.), *Augustinuslexikon* (Basel-Berlin: Schwabe Verlag, 1986-...), dl. 1, kol. 287-293;
Haidt, J., 'The emotional dog and its rational tail: a social intuitionist approach to moral judgment', in: *Psychological review* 108 (2001), 814-834;
Hamman, A.-G., Études patristiques. Méthodologie, liturgie, histoire, théologie. Paris: Beauchesne, 1991 (*Théologie historique* 85);
Handbuch der Ablässe (Roma: Libreria Editrice Vaticana, 2008 (tweede druk)), 17-24; 27-81;
Harari, Y.N., *Sapiens, a Brief History of Humankind*. London: Vintage UK, 2015;
Harrison, S., *Augustine's way into the will. The theological and philosophical significance of De Libero Arbitrio*. Oxford: Oxford University Press, 2006;
Helliwell, J.F., Layard, R. en Sachs, J., *World Happiness Report*. New York: United Nations, 2015;
Helmer, É., 'Platon et Aristote ou les pouvoirs politiques de la monnaie', in: *Revue du Mauss* 2015/2 (n° 46), 363-384;
Hengstmengel, J., 'Trade', in: D. Hunter, P. van Geest, B.J. Lietaert Peerbolte (eds.), *Brill Encyclopedia of Early Christianity* (Leiden: Brill), ter perse;
Hengstmengel, J., 'Wealth-Poverty', in: D. Hunter, P. van Geest, B.J. Lietaert Peerbolte (eds.), *Brill Encyclopedia of Early Christianity* (Leiden: Brill), ter perse;
Hengstmengel, J., *De homo economicus. Een familiegeschiedenis*. Amsterdam: Boom, 2020;
Hengstmengel, J., 'The Paradox of Value in the Teaching of the Church Fathers', in: *European Journal of the History of Economic Thought*, ter perse;
Hirschfeld, M., *Aquinas and the Market. Towards a Humane Economy* (Harvard: Harvard University Press, 2018), 34-65;

Hirschman, A., *The Passion and the Interests* (Princeton, New Jersey: Princeton University Press, 1977), 9-66;
Holman (ed.), S.R., *Wealth and Poverty in Early Church and Society* (Grand Rapids: Baker Academic, 2008), (*Holy Cross Studies in Patristic Theology and History*);
Hovind, C., *Godonomics. How to Save Our Country – and Protect Your Wallet – Through Biblical Principals of Finance* (Colorado Springs: Mutnomah Books, 2013), passim;
Hutchison, T., *Before Adam Smith: The Emergence of Political Economy, 1662-1776*. New York: Basil Blackwell, 1988;

Irwin, D.A., *Against the Tide: An Intellectual History of Free Trade*. Princeton NY: Princeton University Press, 1996;

Johnson, Ch., 'Introduction', in: *De Moneta of Nicholas Oresme and English Mint documents*. Translated with introduction and notes by Ch. Johnson (London, 1956), ix-xii (*Medieval texts*);
Jüngen, J., 'UB wordt E-learning center: de eurolib-projecten van de UB-EUR', in: *Informatie professional* 7 (2003), nr. 10, 18-23;

Kahneman, D., *Thinking, Fast and Slow*. London: Penguin Books, 2011 (Nederlandse vertaling: *Ons feilbare denken*. Antwerpen-Amsterdam: Business Contact, 2015);
Kahneman, D., 'A perspective on judgment and choice: Mapping bounded rationality', in: *American Psychologist* 58 (2003), nr. 9, 697-720;
Kahneman, D., 'A psychological perspective on economics', in: *American Economic Review* 93 (2003), nr. 2, 162-168;
Kern, W., Pottmeyer, H.J., Seckler, M., (eds.), *Handbuch der Fundamentaltheologie*. Deel 4: *Traktat theologische Erkenntnislehre*. Tübingen: Francke, 2000;
Keynes, J.M., *A Tract on Monetary Reform*. London: Macmillan & Co, 1923;
Keynes, J.M., *Essays in biography*. London: Macmillan, 1933;
Klaar om te wenden. De academische bestudering van religie in Nederland: een verkenning. Amsterdam: KNAW, 2015;
Kloppenborg, J.S., 'Fiscal Aspects of Paul's Collection for Jerusalem', in: *Early Christianity* 2 (2017), vol. 8, 153-198;

Koehn, D., Wilbratte, B., 'A Defense of a Thomistic Concept of the Just Price', in: *Business Ethics Quarterly* 22 (3), 501-526;
Koet, B., 'Maak vrienden met de Mammon?', in: P. van Geest, M. Poorthuis, Th. Wagenaar, A. Warringa (eds.), *Maak vrienden met de Mammon. Over de levensbeschouwelijke dimensie in de economie.* Almere: Parthenon, 2013, 352-373;
Kooi, C. van der, 'Protestant thinking on markets, morality and money: Calvin, Kuyper, and the Ecumenical Movement', ter perse;
Kooi, K. van der, *Als in een spiegel. God kennen volgens Calvijn en Barth.* Kampen: Kok, 2002;
Kooi, C. van der, *As in a Mirror. John Calvin and Karl Barth on Knowing God. A Diptych.* Leiden/Boston: Brill, 2005 [vertaling van *Als in een spiegel*];

Labellarte, A., (ed.), *Nicola Oresme. Trattato sull'origine, la natura, il diritto e i cambiamenti del denaro.* Bari: Stilo Editrice, 2016;
Ladaria, L., Turkson, P., *Oeconomicae et pecuniariae quaestiones.* Roma: Libreria Editrice Vaticana, 2018;
Landreth, H., Colander, D., *History of Economic Thought.* Boston-Toronto: Houghton Mifflin Company, 2006. Vierde druk;
Lang, P.H.D., 'Private Confession and Absolution in the Lutheran Church: A Doctrinal, Historical, and Critical Study', in: *Concordia Theological Quarterly* 56 (1992), nr. 4, 241-261;
Lange van Ravenswaay, J.M., *Augustinus totus noster. Das Augustinverständnis bei Johannes Calvin.* Göttingen: Vandenhoeck & Ruprecht, 1990 (*Forschungen zur Kirchen- und Dogmengeschichte* 45);
Langholm, O., *The Legacy of Scholasticism in Economic Thought: Antecedents of Choice and Power.* Cambridge: Cambridge University Press, 1998;
Langholm, O., *Economics in the Medieval Schools: Wealth, Exchange, Value, Money and Usury according to the Paris Theological Tradition, 1200–1350.* Leiden: Brill, 1992;
Libet, B., e.a., 'Time of conscious intention to act in relation to onset of cerebral activity (readiness-potential). The unconscious initiation of a freely voluntary act', in: *Brain* 106 (1983), 623-642;
List, G. van der, 'Nuttig besef van zondigheid. Oude christelijke denkers drukken ons met de neus op het menselijk tekort', in: *Elseviers Weekblad*, 21 september 2019, 60;

Long, D.S., Fox, N.R., *Calculated Futures: Theology, Ethics, and Economics*. Waco: Baylor University Press, 2007;

Lossky, V., 'Les éléments de théologie négative, dans la pensée de saint Augustin', in: *Augustinus Magister (Congrès International Augustinien, Paris, 21-24 Septembre 1954)* Paris: Études Augustiniennes, 1954. 2 dln. dl. 1, 575-581;

Lubac, H. de, *Augustinisme et Théologie moderne*. Paris: Cerf, 1965 (*Théologie. Études publiées sous la direction de la faculté de théologie S.J. de Lyon-Fourvière* 63);

Lucassen, J., Moor, T. de, Luiten van Zanten, J., 'The return of the guilds. Towards a global history of the guilds in pre-industrial times', in: *International Review of Social History* 53 (2008), 5-18;

Lucebert, *De zeer oude zingt*, in: *Verzamelde Gedichten*. Amsterdam: De Bezige Bij, 2002;

Lupieri, E., 'Businessmen and merchants will not enter the places of my Father', in: J. von Hagen, M. Welker (eds.), *Money as God? The Monetization of the Market and its Impact on Religion, Politics, Law, and Ethics* (Cambridge: Cambridge University Press, 2016), 379-413;

Madec, G., 'Si Plato viveret ... Augustin, De vera religione 3.3', in: *Néoplatonisme: Mélanges offerts à Jean Trouillard*. Fontenay-aux-Roses: École Normale Supérieure, 1981;

Mäkeler, H., 'Nicolas Oresme und Gabriel Biel. Zur Geldtheorie im späten Mittelalter', in: *Scripta Mercaturae. Zeitschrift* für *Wirtschafts und Sozialgeschichte* 37 (2003), 56-94;

Már Jónsson, E.M., *Le miroir. Naissance d'un genre littéraire*. Paris: Les Belles Lettres, 1995;

Markus, R., *Saeculum: History and Society in the Theology of St Augustine* (Cambridge: Cambridge University Press, 1970), 72-104;

Marshall, N., *The penitential discipline of the primitive church for the first four hundred years after Christ: together with its declension from the fifth century, downwards to its present state*. Oxford: Parker, 1844;

Mathur, V.K., 'How Well Do We Know Pareto Optimality?', in: *The Journal of Economic Education* 22 (1991), 172-178;

Maxwell, J.F., *Slavery and the Catholic Church: The history of Catholic teaching concerning the moral legitimacy of the institution of slavery*

(London: Barry Rose Publishers, 1975), 50-110;
McCarraher, E., *The Enchantments of Mammon. How Capitalism became the Religion of Modernity* (Cambridge, MA-London: The Belknap Press of Cambridge University, 2019), 6-13; 663-679;
McCloskey, D., *Bourgeois Equality. How Ideas, not Capital or Institutions, Enriched the World.* Chicago: The University of Chicago Press, 2016;
McCloskey, D., *The Bourgeois Dignity. Why Economics Can't Explain the Modern World.* Chicago: The University of Chicago Press, 2011;
McCloskey, D., *The Bourgeois virtues. Ethics in an Age of Commerce.* Chicago: The University of Chicago Press, 2007;
McCloskey, D., *The Vices of Economists: The Virtues of the Bourgeoisie.* Amsterdam: Amsterdam University Press, 1996 (Nederlandse vertaling: *De zondeval der economen: over wetenschappelijke zonden en burgerlijke deugden.* Amsterdam: Amsterdam University Press, 1997);
McLaren, B., *The Great Spiritual Migration: How the World's Largest Religion Is Seeking a Better Way to Be Christian.* z.p.: Convergent Books, 2016;
Meeks, M.D., *God the Economist: The Doctrine of God and Political Economy* (Minneapolis: Fortress, 1989);
Meché, F. van der, *Op de trap van Erasmus. De vrijheid van neuronen.* Rotterdam: Erasmus University Rotterdam, 2011;
Medieval Handbooks of Penance: A Translation of the Principal Libri Poenitentiales. Translated by J. McNeill, H.M. Gamer. New York: Columbia University Press, 1990;
Meens, R., *Het tripartite boeteboek. Overlevering en betekenis van vroegmiddeleeuwse biechtvoorschriften (met editie en vertaling van vier tripartita).* Utrecht: Verloren, 1994. (*Middeleeuwse Studies en Bronnen* 41);
Menger, K., *Principles of Economics.* Auburn-Alabama: Ludwig von Mises Institute, 2007 [herdruk];
Michener, R.T., 'Post-Kantian to Postmodern Considerations of (Theological) Hope', in: S.C. van den Heuvel, *Historical and Multidisciplinary Perspectives on Hope* (Springer: Open Access, 2020), 77-95;
Milbank, J., *Theology and Social Theory: Beyond Secular Reason* (Malden-Oxford: Blackwell Publishing, 2006. Tweede editie), 278-326;

Mill, J.S., *Three Essays on Religion. Nature, the Utility of Religion and Theism*. London: Longmans, Green, Reader and Dyer, 1874;
Mock, W.B.T., 'Pareto Optimality', in: D.K. Chatterjee (ed.), *Encyclopedia of Global Justice* (Dordrecht: Springer, 2011), 808–809;
Moltmann, J., *Ethik der Hoffnung*. Gütersloh: Gütersloher Verlagshaus, 2010;
Monroe, A.E., *Monetary Theory before Adam Smith* (Harvard: Harvard University Press, 2014 [reprint]), 14f (*Harvard Economic Studies* 25);
Moor, de, T., *Homo Cooperans. Instituties voor collectieve actie en de solidaire samenleving*. Utrecht: Universiteit Utrecht, 2013 [inaugurele rede];
Morset, G., 'The Science Behind the Smile An interview with Daniel Gilbert', in: *Harvard Business Review* 2012, nr. 1 (January-February issue), 3-8; https://hbr.org/2012/01/the-science-behind-the-smile;
Mullainathan, S., Thaler, R., 'Behavioral Economics' (October 2000). *NBER Working Paper No. w7948*. (https://ssrn.com/abstract=245733);

Nell-Breuning, O. von, 'Zur Kritik des wirtschaftlichen Liberalismus', in: id., *Wirtschaft und Gesellschaft heute*. Dl 1. *Grundfragen* (Freiburg im Breisgau: Herder 1956), 103-122;
Nell-Breuning, O. von, *Unsere Verantwortung. Für eine solidarische Gesellschaft*. Freiburg im Breisgau: Herder, 1987;
Noonan, J.T., *The Scholastic Analysis of Usury*. Cambridge, MA: Harvard University Press, 1957;
Nooteboom, B., *Trust, Forms, foundations, functions, failures and figures*. Cheltenham: Edward Elgar, 2002;
Nooteboom, B., *Vertrouwen. Opening naar een veranderende wereld*. Utrecht: Klement, 2017;
Norberg, J., *Progress: Ten Reasons to look forward to the Future*. London: Oneworld Publications, 2016;
Nullens, P., Burger, M., Heuvel, S. van den, Pleeging, E., 'Hoop als drijfveer', in: H. Commandeur, P. van Geest, F. Langerak (eds.), *Management en Organisatie*. Themanummer: *Inzicht in drijfveren III* (Deventer: Kluwer, 2016), 79-91 (*Management en Organisatie* 70-5\6);

Ogliari, D., *Gratia et certamen. The relationship between grace and free will in the discussion of Augustine with the so-called semipelagians*. Leuven: Peeters, 2003 (*Bibliotheca Ephemeridum Theologicarum Lovaniensium* 169);

Opdebeeck, H., 'Rediscovering a Personalist Economy', in: P. Rona, L. Zsolnai (eds.), *Economics as Moral Science* (z.p.: Springer International Publishing, 2017), 69-79;

Oslington, P., (ed.), *Handbook of Christianity and Economics*. New York: Oxford University Press, 2014;

Oslington, P., 'A theological economics', in: *International Journal of Social Economics* 27 (2000), 32-44;

Pannenberg, W., *Wissenschaftstheorie und Theologie*. Frankfurt am Main: Suhrkamp, 1987 (herdruk);

Pareto, V., *Manual of Political Economy. A Critical and Variorum Edition*. A. Montesano, A. Zanni, L. Bruni, J.S. Chipman, M. McLure (eds.). Oxford: Oxford University Press, 2014;

Perna, M.L., 'Genovesi Antonio', in: M. Caravale (ed.), *Dizionario biografico degli italiani* (Catanzaro, 2000). Vol. 53, 148-149;

Pessers, D., *Liefde, solidariteit en recht. Een interdisciplinair onderzoek naar het wederkerigheidsbeginsel*. Amsterdam: Universiteit van Amsterdam, 1999;

Piketty, Th., *Capital et idéologie*. Paris: Seuil, 2019;

Pinker, S., *Enlightenment Now: The Case for Reason, Science, Humanism, and Progress*. New York: Penguin Group US, 2018;

Pinsent, A., 'Hope as a Virtue in the Middle Ages', in: S.C. van den Heuvel, *Historical and Multidisciplinary Perspectives on Hope* (Springer: Open Access, 2020), 47-60;

Planbureau voor Leefomgeving, Sociaal Cultureel Planbureau, Centraal Planbureau, *Naar een Verkenning Brede welvaart*. Den Haag: PBL, SCP, CPB, 2017;

Pleeging, E., Exel, J. van, Burger, M., 'Characterizing Hope: An Interdisciplinary Systematic Review of the Characteristics of Hope', ter perse;

Pleeging, E., Burger, M., Exel, J. van, 'Hope Mediates the Relation between Income and Subjective Well-Being', in: *Happiness Studies* (2020). https://doi.org/10.1007/s10902-020-00309-6;

Pleeging, E., Exel, J. van, Burger, M., Stavropoulos, S., 'Hope for the future and willingness to pay for sustainable energy', in: *Ecological Economics* 181 (2021) 106900;

Rajan, R., *The Third Pillar, How Markets and the State Leave the Community Behind*. New York: Penguin Press, 2019;

Rannikko, E., *Liberium Arbitrium and Necessitas; A philosophical Inquiry into Augustine's Conception of the Will*. Helsinki: Luther Agricola Society, 1997;

Ratzinger, J., *Theologische Prinzipienlehre. Bausteine zur Fundamentaltheologie*. München: Wewel, 1982;

Rawls, J., *A Theory of Justice*. Cambridge Mass.,: The Belknap Press of Harvard University Press, 1971. (Herziene versie 1999);

Reiss, J., *Philosophy of economics: A contemporary introduction*. London-New York: Routledge, 2013;

Rick, S., Loewenstein, G., 'The role of emotion in economic behavior', in: M. Lewis, J.M. Haviland-Jones, L. Feldman Barret (eds.), *Handbook of emotions* (New York: Guilford Press, 2008), 138-156;

Rist, J., 'Augustine on Free Will and Predestination', in: *Journal of Theological Studies* 20 (1969), 420-447;

Rist, J., *Augustine. Ancient Thought Baptized*. Cambridge: Cambridge University Press, 1994;

Robbins, L., *An essay on the nature and significance of economic science*. [second edition, revised and extended]. London: Macmillan & Co, 1945;

Rocca, G.P., *Speaking the Incomprehensible God: Thomas Aquinas on the Interplay of Positive and Negative Theology*. Washington D.C.: Catholic University of America Press, 2004;

Rodrik, D., 'How Far will International Economic Integration go?', in: *Journal of Economic Perspectives* 14 (2000), nr. 1, 177-186;

Rosling, H., *Factfulness: Ten Reasons We're Wrong about the World--and Why Things are Better than You Think*. New York: Flatiron books, 2018;

Rothbarth, M.N., *Economic Thought Before Adam Smith. An Austrian Perspective on the History of Economic Thought* (Auburn, Alabama: Ludwig von Mises Institute, z.j.), 99-133;

Sapolsky, R., *Behave. The Biology of Humans at our Best and Worst*. London: Vintage, 2017;

Schelkens, K., Geest, P. van, Gennip, J. van, *Het Katholicisme in Europa. Een geschiedenis*. Amsterdam: Boom, 2018;

Schüle, A., 'Do not sell your soul for money; economy and eschatology in biblical and intertestamental tradition', in: J. von Hagen, M. Welker (eds.), *Money as God? The Monetization of the Market and its Impact on Religion, Politics, Law, and Ethics* (Cambridge: Cambridge University Press, 2016), 365-378;

Schulze, L., *Calvin and "social ethics": his views on property, interest and usury*. Pretoria: Kital, 1985;

Schumpeter, J., *History of Economic Analysis* [edited from manuscript by Elizabeth Boody Schumpeter] London-Boston-Sydney: Allen & Unwin, 1986 (paperback edition);

Schwarzkopf, S. (ed.), *The Routledge Handbook of Economic Theology*. New York: Routledge, 2020;

Schwarzkopf, S., 'An Introduction to Economic Theology', in: id., *The Routledge Handbook of Economic Theology* (New York: Routledge, 2020), 1-15;

Seabright, P., *The Company of Strangers. A Natural History of Economic Life*. Princeton: Princeton University Press, 2010;

Sedláček, T., *Economics of Good and Evil. The Quest for Economic Meaning from Gilgamesh to Wall Street*. Oxford: Oxford University Press, 2011;

Sedláček, T., *De economie van goed en kwaad. De zoektocht naar economische zingeving van Gilgamesj tot Wall Street*. Schiedam: Scriptum, 2015;

Sellars, W., *Empiricism and the Philosophy of Mind* (London: Routledge & Kegan Paul, 1963), 127-196;

Sen, A., 'Rational fools: A critique of the behavioral foundations of economic theory', in: *Philosophy & Public Affairs* (1977), 317-344;

Sen, A., *Development as freedom*. Oxford: Oxford Paperbacks, 2001;

Sen, A., *On ethics and economics (The Royer Lectures)*. Oxford: Blackwell, 1987;

Simon, H., 'A Behavioral Model of Rational Choice', in: *The Quarterly Journal of Economics* 69 (1955), nr. 1, 99-118;

Simon, H.A., 'Motivational and Emotional Controls of Cognition', in: *Psychological Review* 74 (1967), nr. 1, 29-39;

Simon, H.A., 'Rational Choice and the Structure of the Environment', in: *Psychological Review* 63 (1956), nr. 2, 129-138;

Simon, H.A., 'Rational Decision Making in Business Organizations', in: *The American Economic Review* 69 (1979), nr. 4, 493-513;

Simon, H.A., 'Rationality as process and as product of thought', in: *American Economic Review* 68 (1978), nr. 2, 1-16;

Simon, H.A., *Models of bounded rationality*. Cambridge, MA: MIT Press, 1982;

Sitskoorn, M., *Het maakbare brein*. Amsterdam: Bert Bakker, 2008;

Sløk, C., 'Guilt', in: S. Schwarzkopf (ed.), *The Routledge Handbook of Economic Theology* (New York: Routledge, 2020), 72-80;

Solomon, R., 'Free Enterprise, Sympathy and Virtue', in: P. Zak (ed.), *Moral Markets. The Critical Role of Values in the Economy* (Princeton-Oxford: Princeton University Press, 2008), 16-41;

Spanneut, M., 'Le stoïcisme et saint Augustin', in: P. Courcelle, *Forma futuri. Studi in onore del Cardinale Michele Pellegrino* (Torino: Bottega d'Erasmo, 1975), 896-914;

Spanneut, M., 'L'impact de l'apatheia stoïcienne sur la pensée chrétienne jusqu'à Saint Augustin', in: A. Gonzáles Blanco (ed.), *Cristianismo y aculturación en tiempos del Imperio Romano* (Murcia: Universidad de Murcia, 1990), 39-52 (= *Antigüedad y cristianismo* 7);

Stark, R., *The Victory of Reason: How Christianity Led to Freedom, Capitalism and Western Success*. New York: Random House Publishing Group, 2005;

Stichting Innovatie Economie Onderwijs, *Keuzekatern gedragseconomie*. Laren: PY-publicaties B.V., 2019; https://economieonderwijs.nl/wpcontent/uploads/2019/09/katern_gedragseconomie_herziening_web.pdf;

Stichting Innovatie Economie Onderwijs, *Keuzekatern geld*. Laren: PY-publicaties B.V., 2019; https://economie-onderwijs.nl/wp-content/uploads/2019/07/katern_Geld_web.pdf

Stichting Innovatie Economie Onderwijs, *Keuzekatern ethiek*. Laren: PY-publicaties B.V., 2019; https://economie-onderwijs.nl/wp-content/uploads/2019/09/katern_Economie-en-ethiek_web.pdf.;

Stigler, G., *Memoirs of an Unregulated Economist*. New York: Basic Books, 1988;

Stiglitz J.E., Sen, A., Fitoussi, J.P., *The Measurement of Economic Performance and Social Progress: Report by the Commission on the Measurement of Economic Performance and Social Progress*. Paris, 2009;

Tawney, R., *Religion and the Rise of Capitalism. A Historical Study*. Peter Smith: Reprint Edition, 1962, 317;
Teske, R.J., 'Properties of God and the Predicaments in *De Trinitate* V', in: *The Modern Schoolman* 59 (1981-1982), 1-19;
Teulings, C.N., Bovenberg, A.L. en van Dalen, H., *De cirkel van goede intenties: De economie van het publieke belang*. Amsterdam: Amsterdam University Press, 2005;
Trevena, J., Miller, J., 'Brain preparation before a voluntary action: Evidence against unconscious movement initiation', in: *Consciousness and Cognition* 19 (2010), 447-456;

Uhlaner, C.J., 'Relational Goods and Participation: Incorporating Sociability into a Theory of Rational Action', in: *Public Choice* 62 (1989), nr. 3, 253-285;

Veenhoven, R., 'Wat is geluk?', in: G. van Liemt (ed.), *Het rendement van geluk. Inzichten uit wetenschap en praktijk* (Den Haag: SMO, 2014), 18-26;
Veenhoven, R., 'Het grootste geluk voor het grootste aantal. Geluk als richtsnoer voor beleid', in: *Sociale Wetenschappen* (2002), nr. 4, 1-43;
Vink, M., 'Freedom and Slavery: The Dutch Republic, the VOC World, and the Debate over the World's Oldest Trade', in: *South African Historical Journal* 59 (2007), nr. 1, 19-46;

Wagner-Tsukamoto, S.A., *Is God an Economist? An Institutional Economic Reconstruction of the Old Testament*. Basingstoke, UK - New York: Palgrave Macmillan, 2009;
Weaver, G.R., Reynolds, S.J., Brown, M.E., 'Moral intuition: Connecting current knowledge to future organizational research and practice', in: *Journal of Management* 40 (2014), nr. 1, 100-129;
Webber, M., Kok, J., 'Early Christian Thinking on Hope', in: S.C. van den Heuvel, *Historical and Multidisciplinary Perspectives on Hope* (Springer: Open Access, 2020), 25-45;
Weber, M., *The Protestant Ethic and the Spirit of Capitalism*. London: Unwin University Books, 1930;
Welby, J., *Dethroning Mammon. Making Money Serve Grace. The Archbishop of Canterbury's Lent Book 2017*. London-Oxford-New York-

New Delhi-Sydney: Bloomsbury Publishing, 2017;
Wetzel, J., 'Snares of Truth: Augustine on Free Will and Predestination', in: R. Dodaro, G. Lawless (ed.), *Augustine and his Critics. Essays in Honour of Gerald Bonner* (London-New York: Taylor & Francis Group, 2000), 124-141;
Wilthagen, T., Aarts, E., Valcke, P., *Tijd voor interdisciplinariteit. Een essay over de meerwaarde van samenwerking voor wetenschap, universiteit en maatschappij*. Tilburg: Tilburg University Press, 2018;
Wirzba, N., *The Paradise of God: Renewing Religion in an Ecological Age*. Oxford: Oxford University Press, 2003;

Zak, P., 'Value and Values: Moral Economics', in: P. Zak (ed.), *Moral Markets. The Critical Role of Values in the Economy* (Princeton-Oxford: Princeton University Press, 2008), 259-279;
Zeeuw, A. de, *Integrating Economics and the Environment. Valedictory Adress delivered by Aart de Zeeuw as Professor of Environmental Economics at Tilburg University on 22 september 2017* (Tilburg: Tilburg University, 2017), 8-21;
Zheng, Ch., Wu, Y., 'The More Modest You are, the Happier You are: The Mediating Roles of Emotional Intelligence and Self-esteem', in: *Journal of Happiness Studies. An Interdisciplinary on Subjective Well-Being* 21 (2020), vol. 5, 1603-1615.

Register van personen

Register van zaken

Over de auteurs

Prof. dr. L. (Lans A.L.) Bovenberg is hoogleraar economie aan Tilburg University, alwaar hij de F.J.D. Goldschmeding-leerstoel bekleedt met als leeropdracht 'Verniewing van Economieonderwijs'. Daarnaast is hij hoogleraar Relational Economics, Values and Leadership aan de Erasmus School of Economics van de Erasmus Universiteit Rotterdam.

Prof. dr. P. (Paul J.J.) van Geest is hoogleraar Economie en Theologisch Denken aan de Erasmus School of Philosophy van de Erasmus Universiteit Rotterdam, hoogleraar Kerkgeschiedenis en Geschiedenis van de Theologie aan Tilburg University en bijzonder gasthoogleraar aan de Faculteit der Godgeleerdheid en Religiewetenschappen van de Katholieke Universiteit Leuven.